AF252882

8° R
15759

BIBLIOTHÈQUE INTERNATIONALE D'ÉCONOMIE POLITIQUE
publiée sous la direction de Alfred Bonnet

VII

LA RÉPARTITION

DU

REVENU NATIONAL

(Distribution of Income)

PAR

William SMART

PROFESSEUR D'ÉCONOMIE POLITIQUE
A L'UNIVERSITÉ DE GLASCOW

TRADUIT AVEC L'AUTORISATION DE L'AUTEUR

PAR

GEORGES GUÉROULT

Ancien Inspecteur des finances
Trésorier général honoraire

Avec une Préface de

Paul LEROY-BEAULIEU

PARIS

V. GIARD & E. BRIÈRE

LIBRAIRES-ÉDITEURS
16, RUE SOUFFLOT, 16
1902

8° K
15 759
(7)

LA

RÉPARTITION DU REVENU NATIONAL

BIBLIOTHÈQUE INTERNATIONALE D'ÉCONOMIE POLITIQUE

(SÉRIE IN-8)

COSSA (Luigi), professeur à l'Université de Pavie. — **Histoire des doctrines économiques**, traduit par Alfred Bonnet, avec une préface de A. Deschamps, 1899. 1 volume in-8, avec reliure de la Bibliothèque : 11 fr. Broché. . . . . 10 fr. »»

ASHLEY (W. J.), professeur d'histoire économique à Harvard-University. — **Histoire et Doctrines économiques de l'Angleterre**. Tome I. *Le Moyen Age*, traduit par P. Bondois. Tome II. *La Fin du Moyen Age*, traduit par S. Bouyssy, 1900. 2 volumes in-8, avec reliure de la Bibliothèque : 17 fr. Broché . . . . 15 fr. »»

SÉE (H.), professeur d'histoire à l'Université de Rennes. — **Les classes rurales et le régime domanial au moyen-âge en France**, 1901. 1 vol. in-8, avec reliure de la Bibliothèque : 13 fr. Broché. . . . . 12 fr. »»

CAIRNES (J. E.), professeur d'économie politique à l'« University College » de Londres. — **Le caractère et la méthode logique de l'Economie politique**. Traduit sur la 2e édition par G. Valran, docteur ès-lettres. 1 vol. in-8, avec reliure de la Bibliothèque. 6 fr. Broché . . . . 5 fr. »»

CARROLL D. WRIGHT, commissaire du travail des États-Unis. — **L'Evolution industrielle des Etats-Unis**, traduit par F. Lepelletier, avec une Préface de E. Levasseur, membre de l'Institut, 1901. 1 vol. in-8, avec reliure de la Bibliothèque : 8 fr. Broché. 7 fr. »»

SCHMOLLER. — **Questions fondamentales d'Economie politique et de politique sociale**, 1901. 1 vol. in-8 avec reliure de la Bibliothèque : 8 fr. 50. Broché . . . . 7 fr. 50

SMART (William), professeur à l'Université de Glascow. — **La Répartition du revenu national**, traduit par G. Guéronlt, avec une préface de P. Leroy-Beaulieu. 1 vol. in-8, avec reliure de la bibliothèque : 8 fr. Broché . . . . 7 fr. »»

(SÉRIE IN-18)

MENGER (Anton), professeur de droit à l'Université de Vienne. — **Le droit au produit intégral du travail** (essai historique), traduit par Alfred Bonnet, avec une préface de Charles Andler, 1900. 1 vol. in-18, avec reliure de la Bibliothèque : 4 fr. Broché. 3 fr. 50

PATTEN (S. N.), professeur d'économie politique à l'Université de Pennsylvanie. — **Les fondements économiques de la protection**, traduit par F. Lepelletier, avec une préface de Paul Cauwès, 1899. 1 volume in-18, avec reliure de la Bibliothèque : 3 fr. Broché . . . . 2 fr. 50

BASTABLE (C. F.), professeur à l'Université de Dublin. — **La théorie du commerce international**, traduit et précédé d'une introduction par Sauvaire-Jourdan, 1900. 1 vol. in-18, avec reliure de la Bibliothèque : 3 fr. 50. Broché . . . . 3 fr. »»

En Préparation

PANTALEONI. — **Principes d'Economie pure**.

MENGER (Karl). — **La Monnaie**.

DENIS (Hector). — **Histoire des systèmes économiques et socialistes au XIXᵉ siècle**.

MARSHALL. — **Principes d'Economie politique**.

WAGNER (Ad.). — **Traité d'Economie politique**.

WAGNER (Ad.). — **Traité de la science des finances**.

SAINT-AMAND, CHER. — IMPRIMERIE BUSSIÈRE

BIBLIOTHÈQUE INTERNATIONALE D'ÉCONOMIE POLITIQUE
publiée sous la direction de Alfred Bonnet

LA RÉPARTITION

DU

REVENU NATIONAL

(Distribution of Income)

PAR

William SMART

PROFESSEUR D'ÉCONOMIE POLITIQUE
A L'UNIVERSITÉ DE GLASCOW

TRADUIT AVEC L'AUTORISATION DE L'AUTEUR

PAR

GEORGES GUÉROULT

Ancien Inspecteur des finances
Trésorier général honoraire

Avec une Préface de
Paul LEROY-BEAULIEU

PARIS
V. GIARD & E. BRIÈRE
LIBRAIRES-ÉDITEURS
16, RUE SOUFFLOT, 16
1902

PRÉFACE

Le livre de M. William Smart sur « La Répartition
du Revenu national » constitue une des analyses les
plus intéressantes et les plus fines qui aient paru
depuis longtemps, de la répartition des richesses
dans nos sociétés industrielles, et de ce que l'on appelle
emphatiquement « la question sociale ».

L'auteur ne paraît pas être uniquement un homme
de science ; il transpire de son livre qu'il a traversé
le monde des affaires et qu'il a une expérience pratique, aussi bien qu'une connaissance théorique, des
questions qu'il traite.

Il ne s'est pas proposé de faire une apologie du régime économique contemporain non plus qu'une réfutation des systèmes qu'on prétend, de divers côtés,
lui substituer.

Il n'a pas obéi à aucune idée *à priori* ; il cherche
seulement, avec une investigation pénétrante, comment se répartit aujourd'hui dans le pays de la liberté
industrielle par excellence, l'Angleterre, le revenu
de la nation entre les différentes classes de la société ;
il décompose et étudie les rouages qui concourent à
cette répartition. S'intéressant d'une façon, non pas
exclusive, mais particulière, à la classe des salariés,

laquelle comprend les ouvriers et les employés, il note les recours et les moyens que lui offre la nature des choses pour n'être pas frustrée de son dû.

Il commence par fixer ce qu'on doit entendre par le revenu national ; il y en a deux conceptions : la première qui évalue ce revenu en monnaie, d'après des statistiques d'une exactitude approximative, par exemple pour le Royaume Uni de la Grande-Bretagne et de l'Irlande, actuellement à 1.500 millions de livres sterling, soit 37 1/2 milliards de francs, et qui ne considère que ce chiffre monétaire, c'est la conception la plus usuelle ; l'autre conception, qui offre à l'esprit un caractère moins net, au lieu de faire la somme des revenus individuels, recherche le montant de tous les produits, — mais il faudrait y ajouter aussi de tous les services, — et tâche de les additionner.

Quelle que soit la méthode que l'on emploie, il y a toujours une certaine somme de revenus privés qui ne sont pas compris dans le total ou ne peuvent y être que par une évaluation tout arbitraire : ainsi ceux qui représentent l'activité domestique et non rémunérée en argent consacrée à la production, à la réparation, à l'entretien, à la transformation d'objets consommés directement par le producteur ou par son ménage et sortant des catégories qui donnent lieu à des relevés statistiques. Ces parcelles occultes de revenu, qui n'existent' guère dans les classes riches, ne laissent pas que d'avoir une certaine importance dans les classes peu ou médiocrement fortunées. Et il y aurait là un appoint, non négligeable, à joindre à l'estimation du revenu national en monnaie.

Après avoir établi, aussi nettement que le phénomène le comporte, le revenu national, l'auteur en recherche la répartition entre les différents facteurs.

Ces facteurs, on sait que l'Économie politique didactique les a ainsi classés : l'entrepreneur d'industrie, comme nous disons en France, ou l'employeur, comme disent les Anglais avec plus de précision pratique, mais moins d'envergure idéale, le capitaliste, le propriétaire du sol et du sous-sol, enfin, prédominant par le nombre, l'ouvrier ou employé. Procédant encore avec plus d'abstraction, l'économie politique didactique arrivait à remplacer des personnes vivantes par des entités abstraites : le profit, l'intérêt, la rente, le salaire.

M. William Smart ne morcelle pas son étude dans ces cadres, si logiques qu'ils soient. Il suit une méthode plus concrète et s'y complaît. Il reste dans la complexité de l'industrie moderne, et il se livre à une série d'analyses des plus délicates, parfois subtiles, toujours attachantes, sur les fonctions et les rapports des diverses catégories d'êtres humains qui concourent à la production ou participent à la répartition des produits.

Chaque collaborateur à la production touche pour ses services le prix auquel ils sont estimés par le public ; c'est là le principe moderne, non pas qu'il ne subisse quelques exceptions, mais il est d'une application générale. Cela ne veut pas dire que ce prix corresponde toujours à la notion la plus élevée que nous ayons de la justice ; car le prix de tous les produits et de tous les services n'est que la traduction instantanée et monétaire de la valeur, et la valeur, comme l'écrit avec sagacité M. Smart, est l'expression commerciale des désirs humains.

Tous les collaborateurs à la production n'ont pas

directement à faire au public ; il y a un intermédiaire, qui est le patron, que M. Smart appelle le « payeur en chef » ; certes, ce rôle de payeur en chef est loin d'être le seul qui incombe au patron. C'est lui aussi qui apprécie par avance les désirs humains ainsi que les moyens de les satisfaire de la manière la plus simple et au moindre coût possible, et qui réunit ou cherche à réunir ces moyens.

En le faisant, il s'efforce d'abaisser le coût de production ; mais cet abaissement, dans l'industrie moderne si active et si ingénieuse, ne se recherche pas dans la baisse des salaires et surtout ne s'obtient pas par elle ; il s'effectue par l'application d'une grande loi, qui n'a été dégagée par la science qu'il y a peu d'années et que nous nous sommes efforcé personnellement de mettre en lumière : la loi de substitution ; la substitution d'un procédé à un autre, d'une méthode à une plus imparfaite, d'une machine plus perfectionnée à une plus défectueuse, d'une matière première moins coûteuse ou plus durable à une qui était plus chère ou de moindre durée. La loi de substitution a des applications infinies.

Beaucoup de critiques n'en ont vu, surtout au début ou vers le milieu de ce siècle, qu'une de ses faces, la substitution d'un travail moins payé à un travail plus payé ; on ne peut contester que ce cas ne puisse se rencontrer ; mais c'est, chez les grandes nations industrielles actuelles, l'Angleterre par exemple et surtout les États-Unis d'Amérique, le cas le plus rare de la loi de substitution.

M. Smart établit que l'ouvrier trouve, dans la constitution actuelle de l'industrie, beaucoup de recours contre ceux des effets qui pourraient lui être préjudiciables de la loi de substitution ; et qu'il est appelé, d'autre part, à grandement profiter de ceux des effets de cette loi qui, en élargissant le débouché, créent une plus grande demande de main-d'œuvre et ajoutent à l'efficacité de la main-d'œuvre.

En définitive, la mobilité industrielle de la main-d'œuvre, de même que la mobilité du capital, tournent d'une façon générale en faveur de l'ouvrier.

Les associations que les ouvriers forment entre eux, sous le nom de *Trade-Unions* en Angleterre, de syndicats ici, quand elles sont dirigées avec prudence et mesure, ajoutent au moyen qu'a l'ouvrier de défendre son dû.

M. Smart consacre six chapitres à l'examen du *Trade-Unionisme* ; il le fait avec sympathie.

« Le *Trade-Unionisme*, dit-il, est fondé sur la conviction que l'ouvrier, en tant qu'individu, n'est pas dans une position aussi forte pour vendre son travail que l'employeur pour le lui acheter et que, par conséquent, à moins d'être soutenu et renforcé par une action commune, il vend toujours son travail trop bon marché. »

L'auteur continue d'une manière pittoresque et qui prouve sa réelle sympathie pour la classe ouvrière : « Cet argument paraît avoir beaucoup frappé nos ancêtres, comme si leurs chevaux de labour, se retournant dans les brancards, s'étaient mis à se plaindre qu'ils n'étaient plus en situation d'obtenir leur ration de nourriture en avoine et en foin. » Et il continue : « Le sentiment des employeurs, il y a même une génération, était qu'ils se considéraient comme les seuls juges de ce que valait un homme ; une demande d'augmentation de salaires était ressentie comme une impertinence ; jamais, pourtant,

aucun employeur n'aurait songé à l'accorder spontanément. »

Nous citons ces lignes, qui peuvent être un peu
exagérées, la dernière surtout, qui oublie l'effet de la
concurrence des patrons entre eux, se disputant le
travail productif, parce que ce passage caractérise
l'esprit de l'auteur qui, on le voit, est, au plus haut
degré, sympathique à la classe ouvrière. L'éloge qu'il
fait, dans sa préface, de l'ouvrage *Industrial Democracy*, de M. et Mme Webb, deux des chefs du parti socialiste en Angleterre, témoigneraient, d'ailleurs, de
ses sentiments. La conclusion à laquelle il arrive ne
fait qu'y gagner en autorité.

M. Smart n'est pas, d'ailleurs, sans faire beaucoup
de réserves, très justifiées, relativement à l'action
des *Trade-Unions ;* voici l'argument du dernier chapitre qui leur est consacré.

« Spécialement en raison du caractère international de l'industrie, nous devons nous demander si le
Trade-Unionisme peut avec raison être regardé comme
accroissant la puissance productrice permanente de
la communauté. Peut-être le meilleur service qu'il
rend, est-ce l'élimination de la personne qui est
exposée à la tentation de payer des salaires peu élevés, du petit employeur. Car les salaires inférieurs
présentent un double danger : ils tendent non seulement à donner un travail inefficace dans le présent,
mais aussi à affaiblir la race. A peine moins importante est la prime qu'elle donne au bon ouvrier, excluant des bénéfices des *Trade-Unions* ceux qui n'arrivent pas à mériter le taux normal. Ainsi, indirectement, l'influence du *Trade-Unionisme* peut être
considérable. »

La conclusion à laquelle arrive l'auteur, après

toute une série, que nous ne pouvons résumer, de
fines analyses, c'est que la répartition du revenu national dans les sociétés industrielles modernes, sous
le régime de la liberté, n'offre aucun caractère d'arbitraire ni de privilège. Cette répartition s'effectue
d'une manière très voisine de l'équité que l'on peut
rechercher ou, en tout cas, de celle que l'on peut
obtenir.

« On peut peut-être imaginer, dit-il, une répartition meilleure, bien qu'à mon avis ce ne soit pas
facile, à moins de supposer une société beaucoup plus
simple que la société actuelle, ou disposée à renoncer
à beaucoup des mobiles et des gains qui la conduisent
ou l'attirent aujourd'hui. » La très grande et croissante complexité de l'industrie actuelle (et par ce
mot d'industrie nous entendons toutes les branches
de la production), condition même de sa grande productivité, laquelle est elle-même la source du bien-
être et du progrès général, s'oppose aux modes sé-
duisants de la répartition sous un régime patriarcal,
à supposer, ce qui est très contestable, qu'un régime
patriarcal quelconque soit, même au seul point de
vue de la répartition des produits, véritablement
supérieur au régime actuel.

« Je ne suis pas insensible à ses anomalies et à ses
duretés. J'avoue même que ses vices sont en nombre
suffisant pour attrister les âmes généreuses et les
pousser à des actions inconsidérées », écrit notre
auteur ; mais, ce tribut payé au sentiment, la raison
reprend le dessus et, empruntant à Adam Smith une
image célèbre et saisissante, il s'exprime ainsi :
« Quand on pose la question de savoir, dit-il, si une
forme de gouvernement conforme à l'idéal social, ou
socialiste, pourrait modifier les conditions de la vie

de manière que chacun pût réaliser son « être moral », être ce qu'on appelle « heureux », je suis disposé à croire que la « main invisible » — de quelque
façon qu'on interprète la pensée d'Adam Smith — est
en train de réaliser ces conditions mieux et plus vite
que n'importe quelle réorganisation systématique de
l'industrie. Comme « le malheur de l'homme vient
de sa propre grandeur », si la répartition actuelle ne
nous satisfait pas, cela tient à ce que nous savons ce
que la richesse a fait pour quelques-uns, et à ce que
nous ne savons pas s'il y a encore assez de richesse
pour améliorer le sort de tous. »

Telle est la conclusion à laquelle aboutit, après les
investigations les plus consciencieuses, un philanthrope instruit.

Quelles que soient les critiques — et certes il n'en
manque pas de justifiées — que l'on puisse adresser
au régime économique qui repose sur la pleine liberté naturelle, il est hors de doute que ce régime,
ainsi que le prouve triomphalement l'exemple de la
première société industrielle actuelle, qui n'est plus
la Grande-Bretagne, mais les Etats-Unis d'Amérique,
porte l'intensité et le progrès de la production au maximum que comportent les connaissances techniques
et les ressources d'une époque ou d'un pays. Or, c'est
de l'intensité et du progrès de la production, beaucoup plus que des lois, — toute l'expérience historique
le démontre, — que dépend le bien-être de toutes les
classes de la population sans aucune exception.

Tout ce qui, directement ou indirectement, est de
nature à atténuer les mobiles humains qui favorisent
l'intensité et le progrès de la production tourne à l'en-
contre du bien-être de la société tout entière, et notamment des classes les plus humbles qui vivent dans
son sein.

A côté de la discussion, en général toute théorique, qui remplit la plus grande partie du livre de M. Smart, on doit citer un chapitre qui offre un intérêt très vivant pour la description de la destinée de certaines classes de la société britannique, et qui mériteraient plus d'attention qu'elles n'en attirent : c'est le chapitre consacré aux revenus des professions libérales. Il y est fourni des renseignements très attachants sur les rangs inférieurs et modestes de ces professions : les médecins de campagne ou de petites villes, les maîtres et maîtresses de l'enseignement primaire, les traitements aussi des professeurs des universités écossaises, les revenus des ministres de l'église en Écosse. Il y a là un intérêt pittoresque qui se joint à l'intérêt doctrinal du livre.

On doit remercier M. Smart d'avoir écrit ce très original ouvrage, œuvre, s'il en fût, de bonne foi et de libre recherche.

On doit savoir gré aussi à M. Georges Guéroult de l'avoir fait passer dans notre langue.

PAUL LEROY-BEAULIEU

PRÉFACE DE L'AUTEUR

Ce livre reflète une partie de l'histoire de ma propre pensée. Celui qui n'entreprend l'étude systématique de l'Economie politique qu'après un assez long apprentissage de la vie pratique et des affaires, doit passer plusieurs années, non pas tant à acquérir des connaissances nouvelles qu'à reviser sa propre expérience et à se débarrasser de beaucoup d'idées fausses. Il est naturellement amené à critiquer les opinions communément reçues, les généralisations trop vastes, les conclusions prématurées. Dans une étude qui touche tellement plus aux hommes qu'aux choses, il lui est difficile de parvenir à l'exacte vérité, même pour les phénomènes économiques les plus usuels; il devient, sinon sceptique, tout au moins impatient et agacé de la crédulité des autres hommes. Il est de moins en moins disposé à dogmatiser, sachant très bien que l'évolution d'un homme autour d'un sujet s'arrête souvent à partir du moment où il arrive à une conclusion raisonnée. Il passe pour un silencieux qui pose des questions, et il encourt le reproche assez vraisemblable de ne pas y voir clair, parce qu'il ne se prononcera sur une question, de grève, par exemple, que longtemps après que la discussion sera terminée.

Il n'a rien de cette belle confiance qui chez les autres savants dissipe les nuages. Étant donnée la nature de ses études, il doit être — et je pense qu'il est généralement — le plus humble des hommes. Il n'est apte d'ordinaire qu'à dépenser les plus belles années de sa vie à attendre plus de lumière et, provisoirement, à jeter de l'eau froide sur l'enthousiasme de ses contemporains. Si, plus tard, il se sent une certaine supériorité sur ses élèves, ce n'est pas parce qu'il sait un peu plus qu'eux, mais parce qu'il sait le peu qu'on peut savoir de la loi et de l'ordre qui régissent les actes multiples et complexes de la vie et du travail de l'homme.

C'est ainsi que, pendant plusieurs années, je me suis acharné sérieusement sur le grand problème de la répartition, attendant, je puis le dire, que l'influence inconsciente de l'étude et de l'enseignement m'eût formé une opinion.

En effet, comme le dit Adam Smith, un professeur « obligé de travailler tous les ans sur le même sujet, « s'il est bon à quelque chose, arrive nécessairement en « peu d'années à le posséder à fond. Si, sur un point « particulier, il s'était formé une première fois une « opinion hâtive, en revoyant la question dans ses « leçons subséquentes, il est en excellente situation « pour la rectifier ». Quand, néanmoins, il me fallut conclure, je me décidai à considérer que les difficultés que je rencontrais étaient probablement les mêmes pour les autres hommes. Si mes collègues, les économistes, trouvent ce *processus* ennuyeux, et inclinent à croire que j'arrive aux conclusions anciennes par des voies détournées, je puis dire seulement, par mon expérience personnelle, que je suis peut-être mieux préparé qu'eux à savoir quelles sont les directions que suit la pensée des hommes ordinaires, et quelles sont les difficultés qui les empêchent d'accepter ces conclusions sans arrière-pensée.

La première chose à faire était de donner une idée bien définie de ce qui est distribué sous le nom de Richesse ; le résultat de cette première recherche est exposé dans la Première Partie. Lorsque je l'eus terminée, il devint clair pour moi que le colossal revenu dont jouit l'Angleterre est en grande partie réparti au fur et à mesure de sa production ; en un mot que le processus de production est aussi un processus de répartition. En suivant ce fil conducteur, je rencontrai, dès l'abord, le personnage qui, dans l'état actuel des choses, est avant tout le payeur en chef de l'industrie organisée, l'employeur, et je cherchai à déterminer les conditions, les règles qui régissent ses opérations. Travaillant dans cette voie, je me vis forcé de reconnaître, que, quelque durement que puissent être qualifiés les résultats de cette répartition, elle n'est point arbitraire, encore bien moins chaotique.

Partant de là, sans autre but que de pousser plus loin l'exposé des méthodes de la répartition actuelle des richesses, j'ai été amené à exprimer une opinion personnelle sur ses mérites. On peut peut-être imaginer une répartition meilleure, bien qu'à mon avis ce ne soit pas facile, à moins de supposer une société beaucoup plus simple que la société actuelle, ou disposée à renoncer à beaucoup des mobiles et des gains qui la conduisent ou l'attirent aujourd'hui. Je ne suis pas non plus insensible à ses anomalies et à ses duretés. J'avoue même que ses vices sont en nombre suffisant pour attrister les âmes généreuses et les pousser à des actions inconsidérées. Je serais plutôt disposé à mal augurer d'un étudiant qui, dès le début de ses études économiques, éprouverait une admiration quelconque pour le *statu quo*. Mais, quand on pose la question de savoir si une

forme de gouvernement conforme à l'idéal social, ou socialiste, pourrait modifier les conditions de la vie de
manière que chacun pût réaliser son « être moral », être
ce qu'on appelle « heureux », je suis disposé à croire que
la « main invisible » — de quelque façon qu'on interprète la pensée d'Adam Smith — est en train de réaliser
ces conditions mieux et plus vite que n'importe quelle
réorganisation systématique de l'industrie. Comme « le
malheur de l'homme vient de sa propre grandeur », si la
répartition actuelle ne nous satisfait pas, cela tient à ce
que nous savons ce que la richesse a fait pour quelques-
uns, et à ce que nous ne savons pas s'il y a encore assez
de richesse pour améliorer le sort de tous. Une étude
un peu plus approfondie de l'histoire, ou un enseignement qui nous ferait mieux connaître les conditions de
la vie de tous les jours du peuple dans le passé, nous
donnerait plus de satisfactions. Il est incontestable que
beaucoup de gens riches reçoivent plus qu'ils ne méritent ; mais il semble qu'on a négligé de rechercher si
des gens, même très pauvres, ne reçoivent pas aussi plus
qu'ils ne méritent.

Je sens très bien que d'émettre un jugement formel
sur cette question est un acte très grave dans la vie
d'un économiste ; l'opinion que j'ai émise va probablement, auprès de beaucoup de gens que je connais et
tiens en haute estime, me reléguer parmi les économistes « froids et secs », mais, en honnête homme,
je n'y puis rien. Je peux dire, peut-être, à ma décharge,
que j'ai commencé à écrire avec la conviction, depuis
longtemps enracinée, que la répartition actuelle était
mauvaise, injuste même, et que, de chapitre en chapitre,
je ne savais pas où le raisonnement allait finalement me
conduire.

Une partie de ma tâche, je dois l'avouer avec reconnaissance, est devenue plus facile qu'elle ne l'aurait été deux ans auparavant, grâce à la publication de l'*Industrial Democracy* de M. et Mme Webb. J'ai pu considérer cet ouvrage comme l'exposé le plus complet et la défense la plus vigoureuse du Trade-Unionisme, et je n'ai pas fait d'autres recherches pour savoir ce qu'est le Trade-Unionisme et quel est son but.

Je dois des remerciements à mes collègues, qui m'ont aidé de leurs statistiques, et à bien d'autres. Mais, par dessus tout, je suis redevable au Nestor des économistes anglais, au professeur Alfred Marshall et à mon ami M. Edwin Cannan. Mon livre n'aurait pu être écrit sans les *Principles* du professeur Marshall, dont je me suis servi comme de manuel pendant plusieurs années, et dans lequel, chaque fois que je le relisais, je trouvais de nouvelles et profondes suggestions. En cette occasion comme en beaucoup d'autres, son auteur a été le plus aimable des critiques et des collaborateurs. Si les chapitres sur la mobilité et la *subsistance* (1) du capital sont clairs, je le dois au livre classique et définitif de M. Cannan, *Theories on Production and Distribution*, et à sa critique patiente et pénétrante au moment de la correction des épreuves du présent livre.

Enfin je cacherais ma pensée la plus intime, si j'oubliais ce que j'ai appelé p. 78 « le plus grand et le plus gratuit de tous les services », et si je ne proclamais ici que ce que j'ai pu faire de bien, dans ce livre ou ailleurs, je le dois à la fidèle coopération de celle qui m'a donné la condition indispensable de tout travail suivi et tranquille, la paix du foyer.

Université de Glasgow, juillet 1899.

(1) Voir la 2e partie pour la définition de ce mot.

RÉPARTITION DU REVENU NATIONAL

PREMIÈRE PARTIE

Le Revenu national.

—

CHAPITRE PREMIER

POSITION DU PROBLÈME

Deux choses portent le nom de Revenu national ; le revenu en numéraire annuel, et les produits et services annuels. Ces choses demandent d'abord à être expliquées et analysées séparément, et, ensuite, à être mises en relation l'une avec l'autre.

« Le revenu national » de l'Angleterre, disent les statisticiens, est d'environ 1.500.000.000 livres.

« Le revenu national, disent les économistes, est la totalité des biens, matériels et immatériels, y compris les services de tout genre, produits dans l'année » (1).

(1) MARSHALL, *Principles of Economeis*, 4ᵉ édit., p. 594; cf. p. 150.

A moins que les statisticiens et les économistes ne donnent à deux choses différentes un même nom ambigu, il semblerait qu'il faille admettre que la totalité des « biens » produits dans l'année, peut se chiffrer par environ 1.500.000.000 livres.

Si ces deux propositions étaient ainsi placées côte à côte, et que leurs relations mutuelles fussent discutées directement, cette assertion serait probablement acceptée sans débat. Mais ordinairement, elles ne figurent pas l'une à côté de l'autre.

L'homme d'affaires, le propriétaire, le capitaliste, le salarié, pense comme le statisticien. Son revenu figure à son crédit, en chiffres, sous forme de monnaie, ou lui est payé en numéraire. C'est son revenu qu'il « dépense », et ce qu'il dépense c'est du numéraire. Il ne pense jamais à ce revenu, si ce n'est en livres, en shellings et en pence.

L'économiste, d'autre part, et non sans raison, se défie du revenu en numéraire. Les premières années de ses études sont consacrées à rechercher la vraie nature et la mesure de la richesse sous les déguisements que l'argent lui impose ; il devient tellement conscient de l'inexactitude et de l'ambiguïté des mesures monétaires qu'il se montre souvent ombrageux à leur égard ; il parle du revenu comme d'un ensemble « de biens et de services », oubliant qu'en parlant ainsi il quitte le terrain où se place le commun des hommes. En même temps on peut reconnaître qu'il n'est pas tout à fait conséquent dans son attitude. Ordinairement, quand il passe de la considération des produits fabriqués à celle de la vente et du paiement des différents agents de la production, il retombe dans les habitudes des gens qui l'entourent, et, pour lui aussi, le revenu devient un certain nombre de shellings ou de souverains. Il semble donc que l'idée du revenu se présente alternativement sous ces deux formes dans la pensée de tout le monde.

Nous aurons donc successivement trois questions à résoudre. Il nous faut d'abord étudier et analyser ce que c'est que le revenu en numéraire. En second lieu, chercher, sous le revenu en numéraire, le revenu réel qu'il représente, en découvrir la nature et les sources. En troisième lieu, déterminer les relations qui unissent le revenu réel et le revenu en numéraire.

CHAPITRE II

LE REVENU EN NUMÉRAIRE

En prenant dans les rôles de l'income-tax la portion de l'impôt attribuable au capital, nous arrivons à un total de 488.000.000 livres. En y ajoutant les revenus gagnés dans les professions et commerces, mais non soumis à l'impôt, ceux attribuables aux petits capitaux inférieurs à la limite de la taxation, les revenus des placements à l'étranger qui échappent à la taxe, nous obtenons encore 131.000.000 livres, ce qui porte à 619.000.000 livres environ les revenus dérivant du capital. Les revenus inscrits dans les cédules E et D et les 666.000.000 livres de salaires portent à 896.000.000 livres le revenu présumé attribuable au travail. Ce qui forme en chiffres ronds un total de 1.500.000.000 livres.

Évalué en numéraire, le revenu national est d'environ 1.500.000.000 livres. Sur ce total, la portion attribuable au capital peut être évaluée à 600.000.000 livres et le restant à 900.000.000 livres.

Ces données reposent sur les chiffres admirablement clairs établis par Sir Robert Giffen dans la première série de ses *Essays in Finance*, n° VII, revisés dix ans plus tard dans *The Growth of Capital* (1). Tout ce que

(1) Les calculs originaux étaient fondés sur les résultats de l'année finissant le 31 mars 1875. Le revenu total, évalué comme précédemment, montait alors à environ 1.200.000.000 livres ; et la valeur en capital de la propriété, obtenue en prenant le revenu actuel et estimée d'après les rentes pendant tant d'années, et en y ajoutant la propriété mobilière, la propriété nationale et communale non productive de revenu, à 8.500.000.000 livres.

j'ai fait a été de les reporter à la date du 41° rapport des commissaires du revenu intérieur pour l'année finissant le 31 mars 1898.

Nous commençons par les rôles de l'income-tax comme fournissant la base la plus convenable. Pour l'année 1896-1897, le revenu annuel ainsi porté sur les rôles s'élève à 700.447.064 livres (1). Mais, sur ces états le revenu provenant du capital est confondu avec les revenus provenant d'autres sources. La première chose à faire est d'analyser ces rôles et d'éliminer tous les revenus qui ne sont pas présumés dériver du capital. Voici les principaux résultats auxquels on arrive :

Sous la cédule A

	Livres sterlings
Terre (2).	54.800.902
Maisons (3).	158.774.515
Autres propriétés (y compris les dîmes, manoirs, redevances, ...	623.915
Total.	214.199.332

Les calculs revisés étaient fondés sur les rôles de l'année finissant le 31 mars 1885. Là le revenu était d'environ 1.350.000.000 livres et la valeur en capital de 10.037.000.000 livres. Il faut noter, comme base de comparaison, que Dudley Baxter, dans son *National Income* (1868) évaluait le revenu total pour l'année précédente à 814.000.000 livres.

(1) Depuis 1885, il y a eu plusieurs fois des exemptions et des dégrèvements, et le chiffre des revenus a diminué proportionnellement. Mais il est probable que le total n'en est pas grandement affecté.

(2) Y compris les terres cultivées, les propriétés d'agrément, les jardins attenant aux maisons, quand leur superficie dépasse un acre, les fermes et les bâtiments.

(3) Y compris les usines, boutiques, entrepôts (probablement 1/3 du total), mais non compris les fermes qui figurent parmi les « terres ». Il est assez intéressant de noter que ce chiffre est presque identique avec celui du « drink bill » of the United Kingdom, présenté dans la lettre annuelle du Dr Dawson Burns au *Times* (février 1899).

Sous la cédule B

Profits des fermiers (1). 18.406.701

Sous la cédule C

Fonds publics (2). 24.850.338

Sous la cédule D

Carrières	1.200.511
Mines	10.500.202
Forges	1.840.350
Usines à gaz	5.529.456
Salines et alunières	182.082
Usines hydrauliques	4.015.316
Canaux, etc.	3.433.931
Pêche et chasse.	726.7 0
Marchés, péages.	738.001
Cimetières.	165.316
Autres entreprises publiques (3)	87.570.834
Revenus coloniaux.	9.351.688
Coupons	9.277.808
Chemins de fer intérieurs	37.511.260
Chemins de fer extérieurs	12.833.133
Intérêts sur prêts emprunts, des corporations ou des municipalités	5.235.680
Autres profits et intérêts	3.461.115
Revenus provenant des commerces et professions et dont le 1/5 dû au capital est 5/180.000.000.	36.096.000
Chiffre total de l'Income Tax . . .	487.260.004

(1) Par le *Finance-Act* de 1896, un tiers de la valeur annuelle totale des terres de la cédule A est attribué aux profits des fermes, sauf recours si le profit tombe au-dessous du chiffre présumé. En faisant la comparaison du montant actuel de la cédule B avec celui de 1885, il faudrait tenir compte des grands changements introduits par l'*act* ci-dessus.

(2) Inclus les Foreign and Colonial Funds : 16.790.472 £, Indian Government Stocks and Loans 3.485.634 £, Indian Guaranteed Railways, Canals, Irrigation Works, 4.580.212, mais non compris la charge permanente de la dette nationale.

(3) Y compris les banques, télégraphes, compagnies d'assurance, etc.

Ce chiffre de 487.260.901 £ est le revenu dérivant du capital qui apparaît dans les rôles de l'income-tax. Il faut y ajouter deux autres articles.

I. — On sait (1) que sur les rôles de l'income-tax ne figurent pas tous les revenus qui dérivent du capital. Beaucoup d'Anglais cherchent à frauder, s'ils le peuvent sans danger, et n'éprouveront que peu de honte d'être pris : comme pour le braconnage, ils considèrent que, dans ce sport où on lutte d'habileté avec l'Etat, le délit disparaît. Tant de gens semblent prendre leur inscription sur les rôles comme un jeu qu'ils jouent contre le taxateur ! C'est ainsi que nous pouvons calculer que 20 0/0 des revenus des professions et commerces (Cédule D), soit 7.200.000 £, échappent à l'impôt et qu'une somme non inférieure à 50.000.000 £ des revenus sur les fonds étrangers échappe aux cédules C et D (2).

II. — Une certaine proportion du revenu des classes laborieuses, revenu inférieur à la limite de la taxation, peut être imputée au capital, représenté sous forme d'outils, de petits fonds de marchandises au détail, etc. ; peut-être le 10°

(1) M. Gladstone, dans son discours sur le budget de 1853, a dit que quand Cannon Str. a été construit, vingt-huit personnes ont demandé une indemnité évaluant à 48.159 £ leur revenu annuel dans leur réclamation. Ils obtinrent du jury 26.973 £. Il a été trouvé ultérieurement qu'ils avaient évalué à 9000 £, ce qu'ils avaient gagné sur l'income-tax.

(2) Pour le calcul qui conduit à ce chiffre considérable, voir *Essays*, p. 170 et *The Growth of Capital*, p. 27 : « Il faut expliquer « qu'une grande partie de ce revenu peut échapper à l'income-« tax d'une façon qui n'est pas malhonnête. Les actionnaires « domiciliés au loin, intéressés dans des firmes réellement an-« glaises, mais siégeant à l'étranger, ne sont peut-être pas dans « l'obligation morale de déclarer leur revenu, bien que ce re-« venu et leur fortune soient anglais ; beaucoup des gains réa-« lisés par ces actionnaires peuvent être importés en Angleterre, « mais plutôt sous forme de capitaux que de revenus, et échap-« pent ainsi à l'impôt. »

des 740.000.000 £ gagnées par ces classes ou 74.000.000 £.

Ces sommes réunies forment un total de 131.000.000 livres. En y ajoutant le chiffre précédent de 488.000.000 £, nous arrivons à un revenu total de 619.000.000 £, qui serait soumis à l'income-tax, si tous les revenus de tous les capitaux étaient sujets à l'impôt. Ceci est la part du revenu national qui peut être imputée au capital.

Le complément provient, en gros, de trois sources :

1° La cédule E de l'income-tax qui comprend les salaires, honoraires, traitements, etc. des employés, des corporations etc., 38.594.508, puis les « traitements » des services publics, Armée, Marine, Administration civile, 17.854.757 £, en tout 56.449.265 £, y compris les pensions.

2° La cédule D comprend les revenus provenant des commerces et professions, montant à 180.000.000 livres. Mais, comme on l'a dit, un cinquième de ces revenus n'est pas inscrit sur les rôles ; il faut donc ajouter 36.000.000 livres, soit, en tout, 216.000.000 £. Un cinquième en a déjà été déduit et imputé au revenu des capitaux. Il reste pour le revenu attribuable au travail effectué dans le commerce 173.000.000 £.

3° Le revenu des classes laborieuses, inférieur à la limite imposable de l'income-tax, a été évalué suivant la méthode de Dudley Baxter à 600.000.000 £ en 1873, à 670.000.000 £ en 1885. Si, pour un intervalle de 12 ans nous ajoutons encore 70.000.000 £, nous arrivons à 740.000.000 ; déduisant un dixième pour les petits capitaux employés (déjà notés), il reste 666.000.000 £.

Le total de ces trois chiffres est de 896.000.000 £. C'est probablement le revenu qui dérive du travail.

Si maintenant nous ajoutons ces deux grandes divisions — les 896.000.000 £ provenant du travail et les 619.000.000 £ provenant du capital — nous arrivons, pour le Revenu national, au total de 1.515.000.000 £. C'est la somme que rapporterait l'income-tax si tous les revenus y étaient assujettis, et si aucun revenu n'échappait à l'impôt (1).

Par conséquent, le Revenu national, exprimé en numéraire, est un total composé de rentes (loyers de terre et de maisons), de profits (réalisés par les fermiers, les manufacturiers, les marchands, les commerçants, les propriétaires de mines, de forges, d'usines à gaz, de canaux et de chemins de fer), de dividendes et d'intérêts (pour argent prêté à l'intérieur et à l'extérieur du pays), de salaires professionnels et autres. Pour employer les termes techniques : ce revenu consiste en rentes et quasi rentes, en profits rémunérant l'organisation, l'administration, et couvrant les risques ; en intérêts sur capitaux ; en salaires, traitements, honoraires, gages de toute nature, du travail. En gros nous pouvons dire qu'il s'élève à 1.500.000.000 £, dont 600.000.000 £ probablement imputables au capital et 900.000.000 £ au travail.

(1) Il est bon de noter que je ne discute pas ces évaluations. Cela n'est pas nécessaire pour l'objet que je poursuis. Mais il est évident que tout essai de répartition du Revenu national entre le *Travail* et le *Capital* doit être largement interprété.

CHAPITRE III

LE REVENU RÉEL

Dans les sociétés primitives les produits en nature constituaient
évidemment le revenu, et si, dans une communauté semblable
en voie de progrès, les produits avaient été créés par voie
d'association, si on les avait accumulés dans un magasin central, dans lequel chacun aurait eu le droit de réclamer sa
part, il est évident que le revenu national aurait été constitué
par l'ensemble de tous ces produits. Il n'y a pas là une différence essentielle avec ce qui se passe aujourd'hui, quand, au lieu
de livrer nos produits pour une ou plusieurs parts à prendre
dans le total, nous les échangeons contre de la monnaie, la
marchandise universelle. C'est ainsi que les 1.500.000.000 £
représentent un revenu réel que la communauté nous fournit
pour les besoins de notre vie.

Le Revenu national, sous la forme que nous venons
de considérer, est un total de paiements en numéraire
dont les individus des différentes classes sont débités ou
crédités pendant l'année. Que représente ce numéraire ?
Nous le trouverons très facilement si nous revenons au
système plus simple dont le numéraire nous a délivrés.

Dans le bon vieux temps,—dont nous connaissons très
peu de choses et très peu de celles qui étaient bonnes, —
la famille ou la tribu se suffisait presque à elle-même, produisant la plus grande partie de ce qu'elle consommait.
On contesterait difficilement que le revenu de chaque
groupe comprenait la nourriture, les vêtements, l'habitation, plus quelques autres jouissances qu'on pouvait
obtenir en échangeant le surplus contre le surplus des

autres groupes. Et le revenu de la communauté comprenait le total des aliments, des vêtements, des habitations et des excédents échangés.

Si nous nous représentons une communauté, dans laquelle existeraient la division du travail et l'échange des produits, il est évident que la « demande » de chaque groupe de producteurs — ce avec quoi il achète — consisterait dans les produits fournis ; que le total de ces demandes serait donné par la production totale de la communauté et que, par conséquent, le revenu total de celle-ci serait la demande totale ou la production totale.

Si nous supposons qu'une semblable communauté a établi, pour faciliter les échanges, un entrepôt central, où chaque groupe prendra ses produits et donnera en retour un « titre » permettant de prélever une valeur égale d'autres produits (quelle que soit la forme de cette valeur), il en résulte qu'au lieu d'un nombre de revenus individuels prélevés directement en objets de consommation, il n'y a qu'un seul revenu sur lequel les différents groupes producteurs se créent des titres échangeables à volonté contre un tantième quelconque du revenu unique. Le nom de « revenu » pourrait être dans ce cas attribué aux titres, sans que personne pût penser que ce revenu fût autre chose que la représentation des produits représentés par ces titres.

Il n'en est pas autrement, au fond, dans l'état économique moderne où, comme par une convention tacite, les groupes producteurs ne vendent pas leurs produits pour un titre, mais pour un produit ou un service, qui dérive lui-même du travail et du capital, visant autre chose que le numéraire, et échangeable à volonté contre des produits ou des services d'égale valeur.

Aujourd'hui le phénomène principal est, non seulement que le travail est divisé presque à l'infini dans le temps et dans l'espace, mais que tous les produits sont payés avant d'entrer dans la consommation de la nation. Les groupes se suffisant à eux-mêmes sont remplacés par des groupes travaillant suivant un plan sous la direction d'un payeur en chef, et la confection de chaque produit prend maintenant la forme d'un processus de production plus ou moins long. Durant le cours de ce processus cet « employeur », comme on l'appelle, paye aux divers individus employés par lui un revenu en numéraire, équivalant dans sa pensée au travail de chacun. Quand les produits qui sont le résultat ultime du processus de production lui reviennent entre les mains, il les vend, rentre dans les avances qu'il a faites, et conserve l'excédent. Lui et tous ceux qui travaillent sous sa direction « se payent » dans la marchandise unique qui, en puissance, représente toutes les autres, et le numéraire prend le nom de revenu.

Le phénomène moderne, par conséquent, consiste en ce que le produit total de l'industrie, qui, autrefois, était conservé dans le ménage pour la consommation et constituait le « revenu » visible, est maintenant prélevé dans les boutiques, et prend le nom de « marchandises »; tandis que les divers titres permettant de prélever des produits dans les boutiques prennent le nom de « revenu ». Il semble donc évident que le revenu en numéraire se réduit encore pratiquement à une somme de titres permettant d'obtenir un revenu réel constitué par des produits.

Par conséquent, la réponse à notre question est que les 1.500.000.000 £, représentent en réalité un revenu concret que la communauté se crée pour les besoins de sa vie. Sous la forme moderne du numéraire gît un revenu national constitué par des « produits » ou des services, correspondant aux aliments, aux vêtements, aux habitations qui constituent le revenu dans les communautés primitives.

CHAPITRE IV

On est conduit à penser que le revenu réel est ce qu'achète le
revenu en numéraire. Mais ceci nous donne l'idée peu courante
que le Revenu national réel, que nous supposons naturellement
formé de produits « achevés », et employés par les hommes
pour vivre, consiste en produits et services intermédiaires,
échelonnés suivant une longue hiérarchie de processus. Ce
sont, en réalité, des manières différentes de compter une
même somme de choses. La division des économistes autrichiens, commode mais vague, en objets de production et objets
de consommation, conduit à penser que le Revenu national
peut être conçu comme une somme d'objets de consommation
augmentée d'accroissements du capital, mais calculée sur la
somme des services qui produisent ces objets de consommation. L'identité de ces deux idées implique qu'il y a une identité pareille dans les prix. De quelque manière qu'on imagine
la détermination de la valeur, le total des paiements pour les
services contributifs doit être égal au prix total des objets de
consommation et de ceux qui viennent s'ajouter au capital ;
ces prix apparaissent comme revenus dans nos cédules. Ainsi
le revenu total en numéraire apparaît comme un paiement
de tous les objets produits, et chaque revenu en numéraire
peut être, économiquement, conçu comme représentant un
tantième des produits.

Ainsi le Revenu national prend deux formes. D'un
côté, il y a un revenu en numéraire de 1.500.000.000 £ ;
de l'autre, il y a un revenu concret sur lequel un certain
nombre de personnes se sont créé des titres pour une
somme de 1.500.000.000 livres. La relation entre les

deux se déduit d'elle-même. C'est que les différents revenus en numéraire sont payés au moyen de contributions prélevées sur le revenu réel. Tout l'ensemble de la hiérarchie des professions énumérées p. 12, commence par les propriétaires de terres et de mines, comprend tous les gens engagés directement ou indirectement dans les usines et les transports, et finit par les marchands au détail ; depuis le premier ministre qui dirige un empire, jusqu'au chanteur des rues faisant sa tournée dans un « music-hall », tout ce monde touche son revenu parce qu'il produit quelque chose. Le revenu réel est ce que le revenu en numéraire achète.

Mais, si nous suivons cette voie, elle nous conduit à une idée du Revenu national qui n'est certainement pas courante. Nous admettons facilement la proposition que, dans les sociétés primitives, le revenu comprenait incontestablement les aliments, les vêtements, les habitations et les excédents. Mais quand la production est répartie en processus de durée et de complexité différentes, nous sommes forcés de nous demander ce qui, aujourd'hui, correspond d'une manière précise au revenu primitif.

Supposons la fabrication des meubles partagée entre quatre industries. Sommes-nous disposés à dire que le revenu réel de la communauté moderne se compose des clous à vis, qui sont le produit final d'une des industries ; des planches de chêne fabriquées par la seconde ; de la combinaison des planches et des clous sous forme de tables et de chaises, fabriquées par la troisième ; de la mise en magasin et en vente, opérée par la quatrième ? Ou bien le revenu réel comprend-il seulement les meubles ?

Le premier venu n'hésitera pas ; il dira que c'est le meuble, c'est-à-dire le produit à la fabrication duquel les quatre industries ont coopéré, le produit qu'à un moment ou à l'autre il se procurera en sacrifiant une part de son revenu en numéraire. Mais si nous disons, comme nous l'avons fait, que le revenu réel consiste en ce qui est acheté par le revenu en numéraire, nous devons ajouter que le Revenu national est formé par les différents produits intermédiaires et par l'ensemble des services rendus, non par les meubles.

En analysant le phénomène avec soin, il y a une chose qui ressort très clairement : c'est qu'on ne peut calculer le Revenu national en ajoutant entre eux ces divers produits. « Si nous avons estimé, dit le professeur Marshall, un tapis à sa véritable valeur, nous avons déjà compté la valeur du fil et du travail qui ont servi à le faire, et nous ne devons pas les compter une seconde fois. » Et il en résulte, en revanche, l'idée que ce ne sont pas là des manières contradictoires, mais seulement alternatives, d'évaluer le Revenu national. Ceci, néanmoins, demande explications.

Dans les écrits des économistes autrichiens, la division des produits en objets de consommation et matières servant à la production joue un grand rôle. La vie, la satisfaction des besoins de l'homme, la réalisation des activités humaines, est le but auquel tend la fabrication de tous les produits et qui, en dernier ressort, leur donne leur valeur. Il en était ainsi dans les temps primitifs quand la vie était simple ; il n'en est pas autrement aujourd'hui que la vie est complexe. Si l'industrie est divisée entre un nombre infini de processus divers, c'est parce qu'ainsi seulement les biens nécessaires à la vie moderne peuvent être accrus et multipliés. Les économistes autrichiens donnent le nom d'objets de consommation aux produits ultimes, achevés, qui disparaissent et sont consommés pour maintenir la vie humaine. D'autre part, les matières nécessaires à la production sont celles qui servent à faire les objets de consommation, ces choses innombrables, ces procédés, ces services, qui s'incarnent dans les objets de consommation. Si ces matières ne se résolvent pas dans les marchandises qui servent à entretenir la vie de l'homme, elles sont aussi inutiles que les soixante millions jetés dans le canal de Panama. C'est ainsi que les matières nécessaires à la production peuvent être considérées comme des objets de consommation *en voie de formation.* Pour nous servir de l'exemple déjà cité, les meubles représentent les objets de consommation, les différents services ou actes qui s'incorporent d'abord dans les vis et dans les planches, ultérieurement dans les tables et chaises livrées aux consommateurs, rentrent dans la catégorie des matières servant à la production.

En examinant cette classification, nous trouvons une lacune, un défaut dans la définition. La majorité des produits ne sont pas nettement classés dans la production ou dans la consommation. Une machine, par exemple, est le vrai type d'un instrument de production et un pain le type d'un objet de consommation. Mais, soit un wagon de chemin de fer prenant les hommes à leur travail et les ramenant à la ville, il sera appelé un instrument de production ; si, au contraire, il va chercher nos cousins à la campagne un jour de fête, il passe à l'état d'objet de consommation. Le pain qui, pour le consommateur, est un objet de consommation, sert au boulanger à gagner sa vie. Et c'est parce que nous ne pouvons faire rentrer tous les produits dans une catégorie ou dans une autre, que plusieurs auteurs ont proposé de repousser en bloc cette classification.

Mais ceux-là du moins qui sont appelés à enseigner l'économie politique à des auditoires populaires mélangés, portant avec eux toute sorte d'idées préconçues sur « la valeur intrinsèque », les « droits du travail » etc., regretteraient probablement que cette classification fût abandonnée. Si nous arrivons à établir une distinction claire entre la richesse considérée comme un ensemble d'instruments et le bien-être, l'aisance, la satisfaction, considérés comme un état subjectif qui est à lui-même sa propre fin, il nous faut une troisième catégorie pour les biens arrivés à leur dernière métamorphose, cette catégorie est représentée par les objets de consommation. Personnellement je trouve aussi impossible de se passer de cette classification que de tracer exactement la ligne-frontière qui sépare les deux catégories de biens.

En tout cas, la tentative d'établir une classification semble mettre hors de doute qu'on peut concevoir deux manières d'évaluer le Revenu national réel : l'une, qui le considère comme la somme des objets de consommation, à laquelle s'ajoutent quelques accroissements de capital ; l'autre, qui le considère comme la somme des services qui servent à fabriquer les objets de consommation, Chacun des deux systèmes peut être adopté suivant les buts différents qu'on se propose ; la thèse que j'avance est que, si le Revenu national doit être *conçu* comme consistant dans la somme totale des objets de consommation, comme ceux-ci et ceux-ci seulement donnent le moyen de remplir le but de l'activité économique, la conservation de la vie humaine, il doit être *évalué* comme la somme de tous les services qui ont contribué à former ces produits.

Nous cherchons, pour le moment, à établir une relation entre le revenu en numéraire et le revenu réel. Il est clair que nous ne pouvons rattacher le revenu en numéraire à un revenu formé d'objets de consommation. Même si la distinction entre les moyens de production et les objets de consommation était aussi nette qu'elle est vague, si certains objets étaient aussi clairement destinés

à la consommation immédiate que le petit pain du
déjeuner, il n'existe ni statistiques ni inventaire pour en
connaître les prix.

Mais nous pouvons et nous devons rattacher ce revenu
aux services incorporés dans les produits, et si nous
nous souvenons que les matières nécessaires à la production sont de simples objets de consommation en voie
de formation, nous voyons qu'il y a une identité parallèle
dans les prix.

Dans l'argumentation des économistes autrichiens,
le prix payé pour l'objet de consommation est reporté
sur les services antérieurs et en assure la rémunération.
Pour expliquer la chose d'une façon concrète : un pain
coûte six pence au consommateur. De ce prix une partie
rémunère le boulanger pour son travail personnel ; le
reste sert à payer la farine qu'il a employée comme matière première, le matériel d'exploitation et les salaires.
Prenons la farine seule, telle qu'elle est payée au meunier ; une fraction du prix paie le meunier de ses services ; le surplus rémunère les facteurs qu'il a lui-même
achetés, le blé, le matériel d'exploitation, le travail. Prenons le blé seul ; une fraction du prix réalisé revient au
fermier pour ses services ; le reste couvre les avances
qu'il a faites, la terre, le matériel d'exploitation, le travail, et ainsi de suite.

Dans l'argumentation des économistes anglais, d'autre
part, la valeur va des facteurs de la production au produit ; le prix payé pour chaque facteur entre dans la
valeur de chaque produit intermédiaire ; leur somme
entre finalement dans le prix de l'objet de consommation et le détermine (1). De quelque façon qu'on éta-
blisse la valeur, — et, finalement, on doit arriver au

____

(1) Voir *passim*, « The Standard of Comfort », dans *Studies in
Economics*.

même résultat — le total des paiements effectués pour rémunérer les services accessoires est le même, en définitive, que le total des paiements des objets de consommation, augmenté des accroissements au capital et *vice-versa*. A chaque stade du *processus* de production, les services sont incorporés dans des produits intermédiaires, et, quand tous ces produits intermédiaires sont rémunérés, les services le sont aussi. En d'autres termes, pour arriver à un concept suggestif du Revenu national, nous sommes amenés à le considérer comme le total de produits de consommation de tout genre. Mais quand nous voulons établir un rapport direct entre le revenu en numéraire et le revenu réel, nous sommes obligés de considérer ce revenu comme un total de services contributifs rendus pendant l'année, qu'ils soient transformés définitivement en services de consommation ou qu'ils soient incorporés dans des produits qui sont seulement préalables aux produits de consommation, ou qu'ils consistent en simples additions au capital.

Nous pouvons maintenant soutenir la thèse suivante. Tandis, comme nous l'avons dit, qu'il nous est impossible d'arriver jusqu'aux objets de consommation et à leurs prix, nous pouvons déterminer les divers prix payés, dans l'ordre où ils se succèdent, à tous les facteurs qui, directement ou indirectement, sont nécessaires à la fabrication de l'objet ultime, final, de la consommation. Car ces prix figurent dans nos cédules comme revenus.

Prenons pour exemple de produit achevé un lot de drap. La matière première, la laine, est achetée par le filateur. Supposons qu'il ait acheté toute la tonte d'un an ; le prix qu'il en a donné doit rémunérer la rente de la terre, l'intérêt du capital (bâtiments, fermes, etc.), les profits des fermiers, les salaires du travail. La rente de la terre et l'intérêt ressortent dans la cédule A ; les profits des fermiers dans la cédule B ; les salaires dans la cédule D, s'ils ne sont pas au-dessous de la limite de l'impôt. Les prix des instruments, etc., sont des résultantes de rentes, profits et salaires provenant d'autres processus de production et apparaissent dans une autre classe de revenus.

Le phénomène consiste donc en ce que les facteurs de la production appelés terre, édifices, outils et machines, travail des fermiers et des journaliers, ont tous coopéré — à des titres divers — à fabriquer la laine, et que le prix auquel se vend la laine paie ou couvre toutes les dépenses ou avances faites pour le compte de ces différents facteurs. Aucun de ces facteurs ne figure probablement en totalité dans le processus considéré. Ils n'y figurent que pour une portion d'eux-mêmes, l'usage pendant un an, le service qu'ils rendent pendant un an. Le point qu'il faut mettre en évidence est que le paiement de chacun de ces services annuels figure dans le Budget national à titre de revenu. Le total de ces revenus est le même que le prix total de la laine ; ici le total du revenu en numéraire représente le revenu total réel en laine.

Dans le stade suivant, la laine entre à plein prix dans le processus de production du filateur comme matière première, c'est-à-dire apparaît sous forme de capital. Supposons maintenant un marchand en gros achetant le produit annuel d'une filature. Le prix qu'il paye pour les tissus de drap rémunère le loyer annuel de la terre, l'intérêt annuel du capital (y compris l'usine, l'exploitation, le charbon, l'huile etc.), indépendamment de ce qu'on pourrait très bien appeler les services annuels du manufacturier et des gens qu'il emploie. Or tous ces paiements se retrouvent dans les diverses cédules comme revenus.

Enfin supposons qu'une douzaine de tailleurs achètent ce drap et le façonnent en un certain nombre de vêtements ; dans ce cas, au prix plein du drap vient s'ajouter le service du marchand en gros, celui des tailleurs et tous les intérêts et amortissements afférant à leurs capitaux ; le prix auquel les vêtements sont achetés n'est rien autre chose que la résultante des prix payés pour tous les services rendus, depuis le commencement jusqu'à la fin de l'opération.

Comme on l'a dit, nous n'avons point de statistiques des vêtements fabriqués et des prix correspondants. Mais nous avons les statistiques des prix payés pour tous les services intermédiaires dont la valeur annuelle figure individuellement sur les rôles de l'income-tax à titre de revenu dans les différentes cédules. Pour ceux qui n'y figurent pas nous en avons fait le calcul approximatif.

Ainsi le revenu total en numéraire représente le total des produits, et chaque revenu individuel peut être, économiquement, considéré comme représentant une fraction de ce total des produits.

CHAPITRE V

LE REVENU RÉEL CONSIDÉRÉ COMME UNE SOMME DE PRODUITS
OU DE SERVICES RENDUS

Les deux revenus étant ainsi mis directement en relation comme (*a*) une somme de produits payés (*b*) par 1.500.000.000 livres de monnaie, nous arrivons à considérer la société comme une coopération de services mutuels, où les propriétaires de revenus figurent comme producteurs. Ce concept est étrange pour le salarié, qui voit dans l'employeur un exploiteur ; pour l'employeur, qui considère ses profits comme une différence de valeurs ; pour le marchand, qui est crédité d'une sorte de péage sur les produits déjà fabriqués ; pour les hommes exerçant des professions libérales, dont le produit est un pur service ; pour les fonctionnaires, qui rendent possible l'exercice des industries. Toutes ces personnes produisent des utilités, et ceci doit être bien mis en évidence quand on voit dans le Revenu national une somme de services, incorporés ou non dans des produits.

Au début de notre étude, nous avons considéré les 1.500.000.000 livres en numéraire, comme ayant le droit le plus incontesté à la dénomination de Revenu national. Mais, il est également incontestable que ce numéraire n'est pas du numéraire proprement dit, mais l'évaluation en numéraire de choses très variées. Comme dans la société primitive, les gens travaillent pour gagner leur vie ; les moyens d'entretenir cette vie consistent proprement en une somme de produits destinés à s'anéantir et à disparaître en maintenant la vie de la société elle-même, pour employer le terme « vie » dans son extension moderne. Si donc, le revenu primitif consiste « en aliments, en vêtements, logements » et en excédents annuels, le revenu moderne est aussi formé de produits ou services achevés et c'est sous cette forme que nous concevons le Revenu national quand nous le concevons comme le but de l'activité économique. Mais ce revenu ne peut pas être chiffré pour servir aux calculs et aux mesures. Quand nous voulons établir un lien entre le revenu moderne concret et le revenu en numéraire, la seule manière d'arriver est de les examiner l'un après l'autre et de considérer les services contributifs qui figurent dans le revenu annuel comme des biens réels. Pour rentrer dans les termes de l'exemple précédent : le Revenu national peut, et, dans beaucoup de circonstances, doit être conçu comme consistant en certaines utilités comme les meubles ; mais, pour le but que nous nous proposons actuellement, il doit être considéré comme étant l'ensemble des choses créées pendant l'année où le meuble a été fabriqué et pour rendre possible cette fabrication. De cette façon le revenu en numéraire apparaît comme l'équivalent direct du revenu en produits réels.

Ceci nous amène à l'idée essentielle qui seule permet de comprendre réellement l'économie politique -- au concept de la société considérée comme une coopération de services mutuels. Le numéraire payé ou porté au crédit des propriétaires, employeurs, capitalistes, professeurs, légistes, etc., fonctionnaires, rémunère et représente un revenu de produits ou d'utilités créés, lesquels, échangés contre du numéraire, sont la même chose que s'ils étaient échangés entre eux. Ce qui est fourni par chaque groupe équivaut ainsi à ce qui est demandé par d'autres groupes, et nous entrevoyons pour la première fois ce que veut dire le Professeur Marshall quand il dit que le Revenu

national (ou le « dividende », comme il préfère l'appeler),
est « à la fois le total du produit net et la seule ressource
utilisable pour payer tous les agents de la production à
l'intérieur du pays ; il est partagé en salaires du travail,
intérêts du capital, et enfin en excédents pour le producteur, c'est-à-dire rente de la terre ou autres avantages ; il
constitue l'ensemble de tous ces produits, et il est entièrement distribué entre eux. Plus il est grand et plus, toutes
choses égales d'ailleurs, est grande la part de chacun » (1).

Ce concept d'une mutualité de services — de gens
qui reçoivent un revenu à titre de producteurs de revenus, c'est-à-dire d'utilités — n'est pas une idée familière
et généralement admise.

En règle générale, les ouvriers ont l'idée bien arrêtée
que l'employeur n'est pas le serviteur de la société mais
« l'exploiteur » du travail, quelqu'un qui reçoit le service
fait pour lui et retient la plus grande part du paiement.
Même quand ils admettent qu'il rend service, ils disent
carrément qu'il est trop payé. Nous aurons à examiner
plus bas cette question en détail (2).

De son côté, l'employeur a une raison particulière
pour ne pas admettre aisément la vérité du principe
posé. C'est que son revenu se présente à lui comme une
différence ou un excédent — quelque chose qui reste
quand le total des dépenses ou avances est déduit du
total des recettes. Il compte en valeurs plutôt qu'en produits. Il sait très bien que pour fabriquer un certain
genre de produits, il en consomme et détruit d'autres, et
cette destruction semble aussi inhérente à sa fonction
que la production elle-même. Dire qu'il produit une
quantité donnée chaque année, implique seulement
qu'il consomme chaque année un peu moins. Et encore,

(1) *Principles of Economics*, 4ᵉ édit., p. 609.
(2) IIᵉ partie, ch. II.

si on lui demandait à brûle-pourpoint d'où il tire son revenu, il laisserait échapper la vérité en disant que c'est en fabriquant du drap, du fer, des produits chimiques, ceci ou cela. Il y a ici un courant continu de produits envoyés pour être vendus, et c'est le prix de la vente de ces produits pendant un an qui paie tous les coopérateurs de leurs services respectifs. L'employeur est le payeur en chef. Il doit reconstituer le capital — et c'est là le sens de l'expression *produit net* dans la définition du Revenu national — puis, de la balance des prix réalisés, il prélève les intérêts dûs au capital, la rente due à la terre, les salaires dûs au travail, et inscrit le surplus aux profits. Que les produits soient monopolisés ou soumis à la libre concurrence, cela ne fait pas de différence sous ce rapport. Avec le monopole, le prix à répartir est plus grand ; il revient davantage au monopoleur et seulement la part ordinaire aux autres facteurs, mais ce qui importe ici, c'est que le public paie le prix et que l'employeur le répartit. Par conséquent, dans le cas des industries organisées sous la direction d'employeurs, qu'elles soient extractives, manufacturières, transitoires, le revenu total afférant à chaque unité de production n'est autre chose que la dénomination, en numéraire, des produits fabriqués et vendus pendant l'année.

Dans le cas du commerce, la chose est plus obscure. Ici le phénomène consiste en ce que, par la division du travail, certains hommes s'occupent à prendre les produits où ils sont fabriqués ou entreposés, et à les distribuer dans les différentes régions où ils sont employés. Il est facile, même pour les auteurs de l'opération eux-mêmes, de se tromper sur son caractère essentiel, comme si la besogne du marchand se bornait à prélever une sorte de péage sur les produits qui lui passent par les mains, et il faut ajouter que M. Ruskin a donné dans cette interprétation dans *Unto this Last*, p. 55. Il s'y exprime comme si le type de l'industrie commerciale était donné par le cas d'un tiers entreprenant simplement de transférer des produits d'une ferme à l'autre, recevant sur chaque opération une rémunération suffisante, mais gardant par devers lui les marchandises qui lui ont été confiées jusqu'au moment où une nécessité extrême se produisant chez l'un ou l'autre des fermiers les oblige à subir les exigences du marchand, en prenant sur l'épargne provenant d'autres produits. Peut-être est-il exagéré de dire que M. Ruskin voit là réellement le type du commerçant, mais il en donne l'impression quand il s'exprime en ces termes : « Ce serait un cas de richesse commerciale acquise suivant les principes les plus rigoureux de l'économie politique moderne », — phrase qui semble inférer que la spéculation connue sous le nom de « corners in wheat ». ou l'accaparement opéré par une personne chargée de veiller aux intérêts de ses clients, payée pour cela, ou l'action d'un courtier qui spécule pour son compte contre les intérêts de ses clients est l'occupation normale d'un commerçant.

La vérité, en ce qui concerne le commerçant, est ceci : comme les autres, il est, pour sa part, producteur d'utilités — un des agents de la production à long terme. Le processus de la production n'est achevé que quand les produits sont arrivés chez le consommateur. Quand ils quittent l'usine, ils ont parcouru un nouveau stade, mais non le dernier. Le marchand en gros est au manufacturier ce que le marchand en détail est au marchand en gros. Les produits qu'il prend sont la matière première de son industrie. Il rompt charge pour satisfaire les clients. Il distribue les produits en groupes ou paquets appropriés, il les dispose pour le transport et finalement les place aux endroits où le consommateur peut aisément les prendre. Tout manufacturier confirmera ceci. Il ne lui entrerait pas dans la tête que son profit est amoindri quand il vend ses produits à un marchand plutôt qu'à un consommateur. S'il les livrait lui-même au public, il lui faudrait dépenser davantage, et il devrait augmenter d'autant le prix. S'il emploie un agent pour faire ces opérations, la rémunération de cet agent viendra en addition du prix. S'il n'en emploie pas et vend directement à un autre marchand, le phénomène apparent est que le commerçant achète les produits à un prix et les vend à un autre, et ceci permet d'interpréter cette différence comme un tort fait au nouvel acheteur. On suppose que si l'acheteur avait acheté le produit directement sans l'intervention d'un « intermédiaire », comme on l'appelle à tort, il aurait payé moins et que le consommateur, en dernière analyse, aurait eu les produits à meilleur marché. Mais c'est une pure hypothèse. Il est probable que le consommateur n'a point de facilités pour aller jusqu'au manufacturier, qui peut être dans une autre contrée, qui peut vendre ses produits à un cours différent, comprenant tout le mystérieux mécanisme des échanges à l'étranger. Il est probable que le manufacturier ne vendrait pas au consommateur les petites quantités dont il a besoin, ou qu'il les lui vendrait plus cher.

Il est évident que si le commerçant ne rendait point de véritables services, s'il se bornait à « prélever un péage » sur les produits sans rien ajouter en retour, il ne pourrait obtenir une situation permanente dans une organisation fondée sur la concurrence. Il rencontre la concurrence des agents réguliers des employeurs ; certains consommateurs achètent directement, et cette double concurrence maintient ses profits entre des limites normales.

Mais on peut admettre qu'il est difficile de mettre

clairement en lumière le mécanisme de cette industrie.
Au moment où j'écris, par exemple, le marché des cé-
réales est désorganisé par la guerre hispano-américaine.
La France a laissé ses ports ouverts au blé, et il y a une
demande soudaine et exceptionnelle pour cette denrée.
Les commerçants sont peu pourvus en stocks, avec des
prix variant d'heure en heure ; les détenteurs de blé
s'en vendent les uns aux autres, l'un vendant un jour et
rachetant le lendemain. Tout ceci présente les appa-
rences d'un jeu — non de relations utiles entre le producteur et le consommateur, — mais d'un mouvement
fébrile de ventes et d'achats entre intermédiaires. Le cultivateur américain qui, le mois dernier, a vendu son blé
très bas, le voit maintenant entre les mains d'un tiers à
un prix ridiculement élevé et, assez naturellement, il
pense que s'il n'avait pas vendu la marchandise le mois
dernier, il serait aussi sur le point de profiter des hauts
prix. De là à l'idée qu'il a été volé et que de tels marchands sont le fléau de son industrie, il n'y a qu'un pas.
La seule réponse à lui faire c'est que tous les hommes
sont exposés à se tromper quand il vendent. Il a vendu
à un mauvais moment, voilà tout. Mais s'il avait tenu bon
jusqu'à maintenant, il est difficile d'admettre que le consommateur aurait eu son blé un farthing moins cher. Si
les choses avaient suivi une marche opposée, si les prix
avaient baissé entre les mains des intermédiaires, et que
ceux-ci eussent désespérément acheté et vendu pour
couvrir leurs pertes, le cultivateur aurait remercié le
ciel d'avoir créé des intermédiaires.

Tout de même, il est aisé de voir que le marchand
lui-même est trop disposé à ne pas se prendre lui-même
au sérieux ; à penser qu'il prélève une sorte de péage
sur les produits qui lui passent entre les mains ; il est
ainsi exposé à méconnaître que son revenu est la rému-

nération d'un équivalent de services rendus ou de produits fabriqués pendant l'année.

Il n'en est pas autrement, en substance, des occupations qui n'aboutissent pas à envoyer au marché des produits matériellement séparables et transférables, mais à vendre directement des services. Le pharmacien du West End, en vérité, incarne ses services dans la « fiole » qu'il vend un shelling. Le médecin du West End vend des avis, des soins, « la belle façon de se tenir à côté du lit », etc. Il n'y a pas plus de différence entre les deux qu'il n'y en a entre le service rendu par le dentiste quand il plombe une vieille dent et la remet en état, ou quand il en pose une neuve fabriquée à l'étage au-dessous. Les services rendus par ces professions sont des produits offerts, estimés, vendus. Les « honoraires » sont la rémunération d'une valeur reçue en « produits immatériels ».

Enfin, considérons le cas des salaires ou traitements payés par les gouvernements ou les municipalités. Ici la vérité est plus voilée encore, parce que la chose payée, en général, n'est ni incorporée dans des produits réels, ni payée spontanément par un groupe déterminé de consommateurs. Les revenus de ce genre sont le prix employé à réaliser certaines conditions générales nécessaires au commerce et à l'industrie et leur valeur est allouée, une fois par an, aux payeurs pour être distribuée. Nous pouvons payer ces services trop ou trop peu ; comme dans le cas des produits monopolisés par une manufacture, ce n'est pas la question. Mais quand le Parlement vote tant de millions pour ce service et tant pour les autres, il agit dans la pensée très claire qu'il ne paie pas des traitements à des gens privilégiés pour ne rien faire, mais pour rémunérer des services évidents rendus dans le but d'assurer la sécurité, et d'améliorer la condition générale des industries, de la vie nationale. L'impôt, par exemple, est une des dépenses comptées parmi les frais généraux ; en fait il est de même nature que le salaire payé au garde de nuit.

Le lecteur aura probablement noté ici quelques difficultés en ce qui concerne la terminologie. Le professeur Marshall parle du Revenu national comme d'un ensemble « d'utilités, matérielles et immatérielles, y compris les services », et cela est suffisant pour un traité d'économie politique. Mais, dans le langage ordinaire, le mot « utilité » (commodity) implique quelque chose de matériel et ne serait pas compris pour exprimer des services directement rendus. « Produits ou utilités », (commodities) en vérité, est un terme plus élastique et pourrait mieux signifier à la fois « produits immatériels et services ». Mais, encore une fois, le rapprochement de *produits* ou *biens* et de *services*, montre suffisamment que le mot *biens* (goods) par lui-même peut induire en erreur.

Une solution simple consiste à employer, le mot « service ». Elle a un avantage évident ; c'est qu'elle suggère, à titre de principe essentiel, qu'une société industrielle est une grande coopération de services mutuels. Un autre avantage, c'est de mettre en ligne les divers facteurs de la production. Nous ne pouvons arriver à une idée satisfaisante du Revenu national tant que nous ne reconnaissons pas que, si nous payons des hommes et des femmes, ou si nous payons pour avoir des produits, ce qu'on paie c'est toujours un service. Il y a des services qui ne peuvent être rendus que par des êtres humains, d'autres que par des produits, quelques-uns qui peuvent être rendus indifféremment par les uns ou les autres ; d'autres enfin — peut-être la majorité — qui exigent la coopération des êtres vivants et des produits matériels.

Nous sommes facilement trompés par quelques termes usuels. Nous parlons de la « consommation » de certains produits, de « l'usage » de certains autres, tandis que nous parlons toujours des « services » d'un être humain. Nous incorporons le travail et le capital indifféremment dans du pain ou dans des maisons, dans du charbon ou dans des machines. L'une des choses n'est employée qu'une fois, l'autre un très grand nombre de fois ; mais toutes les deux sont usées au service de la vie humaine. Nous incorporons le travail et le capital dans l'entretien, l'éducation d'un homme, juste comme nous le ferions pour une machine. Tous deux s'usent avec le temps, bien que tous deux puissent s'améliorer pour un temps par une adaptation plus parfaite à leur travail. Et l'« usage » d'un homme se montre souvent identique à celui d'une machine, quand l'une peut remplacer l'autre et inversement. En tout cas, on paie toujours les hommes et les choses pour ce qu'ils *font* et non pour ce qu'ils *sont*. Nous ne payons pas le médecin pour sa « belle façon de se tenir à côté du lit », mais pour la santé qu'il maintient ou restaure. Nous payons nos soldats, non parce qu'ils portent de beaux uniformes — ceci, en réalité, forme une partie de leur salaire — mais parce que le sabre qu'ils portent nous dispense d'en porter un nous-même. Peu importe, en essence, que la terre produise du blé ou soit réservée à des promenades d'agrément ; peu importe que le capital soit employé à fabriquer du drap ou à soutenir le crédit ; peu importe que l'homme travaille avec des outils pour produire des utilités, ou qu'il exerce simplement ses facultés pour le bénéfice et le plaisir de ses semblables — tous sont payés pour ce qu'ils *font*, pour les services qu'ils rendent. Si l'on demande aux différents facteurs qu'est-ce qui est rémunéré par le revenu qu'ils touchent, le propriétaire dira que c'est la jouissance annuelle de ses champs, le capitaliste que c'est l'emploi annuel de son capital. Interrogés de la même manière, l'employeur, le professeur, le médecin, le légiste, l'ouvrier, répondraient de même qu'ils tirent leur revenu de la société pour l'usage annuel que la société fait d'eux.

Si donc nous parlons du Revenu national comme d'une somme de services incorporés ou non dans des formes matérielles, il semble que nous faisons usage d'une expression également applicable au concept de ce Revenu considéré comme une somme de biens ou produits répondant aux besoins et aux activités de l'homme, ou comme une somme de services.

CHAPITRE VI

LE REVENU COMME PHÉNOMÈNE ANNUEL.

Il y a une relation particulièrement trompeuse entre les deux
formes du Revenu national. Le revenu en numéraire est établi
et estimé *par an*. Le revenu réel, au contraire, n'est pas ren-
fermé dans cette limite, si ce n'est, exceptionnellement, dans
le cas de l'agriculture. Ordinairement la moisson de l'industrie
est un perpétuel courant de récoltes et l'année n'est pas autre
chose qu'une période commode pour faciliter le calcul des
gains et des pertes.

Dans les chapitres précédents nous avons essayé de
définir les deux formes du Revenu national et d'indiquer
leur relation directe si on le considère comme la totalité
des services et comme la rémunération en numéraire des
services. Nous avons maintenant à étudier une autre
relation, particulièrement apte à induire en erreur.

Les revenus en numéraire sont payés à des intervalles
réguliers ou irréguliers. Le salaire de l'ouvrier lui est
payé une fois par semaine, pendant cinquante-deux semaines. Le revenu du capitaliste lui revient sous forme
de dividendes payés peut-être une fois par an. Le propriétaire touche ses loyers tous les trimestres. L'homme
d'affaires touche généralement un salaire régulier pendant l'année, mais il ne connaît son vrai revenu que
quand le compte annuel est établi. En règle générale,

pourtant, le revenu est calculé par an. Par définition c'est une recette *annuelle*. La question est celle-ci : L'année correspond-elle à quelque chose dans la production du revenu réel, ou est-elle simplement une période arbitrairement choisie pour la facilité du calcul ?

Dans l'industrie qui est en même temps la plus ancienne et même encore maintenant la plus universelle, le processus de production a une relation très définie avec l'année. Tandis que la terre fait son voyage de 365 jours 1/4 autour du soleil, nous avons l'hiver, le printemps, l'été, l'automne pour l'ensemencement, la germination, la croissance et la récolte de la denrée qui fait le fond de l'alimentation humaine dans les climats tempérés, puis pour laisser reposer le sol après le travail. A l'alimentation il faut associer la seconde nécessité de la vie, le vêtement. La toison qui est nécessaire pour réchauffer les brebis pendant l'hiver devient, au printemps, un fardeau, et à la fin de l'été, on fait la récolte annuelle de la laine. C'est encore pendant une année que le ver à soie fait son cocon et que le lin donne sa récolte. L'arrivée de la récolte du coton en Europe coïncide avec la crue annuelle du Nil. Ces diverses matières premières, si importantes, sont obtenues en 365 jours seulement. On voit facilement ainsi que, pour nos ancêtres, la récolte annuelle était la période naturellement indiquée pour emmagasiner les produits, pour calculer les pertes et les gains. En ce qui concerne les récoltes les plus usuelles, le processus de production, le temps qui s'écoule entre le commencement et la fin de l'opération, c'est l'année. Cette période est nettement distincte de celle qui la suit, et nous retrouvons encore ici une identité entre le paiement du revenu en numéraire et le recouvrement du revenu en produits.

Mais pour certains autres produits des champs, la périodicité annuelle n'a pas un caractère aussi évident. Il y a certaines récoltes, celle du foin par exemple, qui ont lieu plus d'une fois par an. Il y a d'autres végétaux qui mettent beaucoup plus d'un an à parvenir à l'âge de l'exploitabilité, les arbres de haute futaie par exemple. Il y a des plantes, comme le gazon, qui sont toujours plus ou moins prêtes à être récoltées. En ce qui regarde le bétail, l'année peut marquer ou ne pas marquer la période économique de production.

En tout cas, même si, en agriculture, il y avait la plus étroite connexion entre l'année et la période de production, cette connexion n'existe pas pour d'autres formes de la richesse. Dans la production des matières premières, des objets achevés, c'est à peine si les saisons jouent un rôle. Le blé, qui a mis un an à pousser, est transformé en farine en un jour et en pain le jour suivant. A Chicago le cochon, vivant à l'entrée de la machine, en sort à l'état de charcuterie. En quelques jours, le coton brut peut quitter le filateur à l'état de fil, le tisseur à l'état de drap, le tailleur à l'état de vêtement. Quelques processus de production prennent des heures, d'autres des jours, d'autres des mois. Beaucoup, comme les vins, prennent des années.

En outre, si nous prenions le tissage comme industrie typique, au lieu de l'agriculture, nous verrions que la récolte industrielle ne se fait pas à intervalles nettement distincts. Il y a un courant continu de drap établi entre le métier et le magasin. Si nous prenions la boutique au lieu de la grange, au lieu d'une récolte restant un an en magasin, nous verrions la marchandise y arriver par un flux incessant de jour en jour, d'heure en heure.

Notre conclusion est que, s'il est aisé de voir comment l'année a été prise comme période naturelle pour emmagasiner les stocks, évaluer les gains ou les pertes, ce choix repose seulement sur des convenances de calcul et peut même, jusqu'à un certain point, nous empêcher d'avoir des idées claires sur la nature du processus de production.

CHAPITRE VII

LE REVENU CONSIDÉRÉ COMME LE CROÎT DE QUELQUE CHOSE
DE PERMANENT.

Nous tirons cette idée de l'agriculture où les champs subsistent
après la récolte faite et nous l'appliquons à d'autres industries. Ainsi nous nous imaginons qu'il y a une distinction
claire et évidente à faire entre le revenu et quelque chose de
permanent, d'où il provient. Mais les champs eux-mêmes sont-ils
des sources permanentes de moissons ? La terre, les établissements, le bétail ont une certaine durée, mais ne sont pas
permanents. Et, en dépit d'Henry George, l'idée que la reproduction est plus que la production, est suffisamment décriée.
Ainsi, en essence, l'agriculture ne diffère pas de l'industrie ;
ni dans l'une, ni dans l'autre, il n'y a quelque chose de permanent d'où provient le revenu.

Il semblerait que l'acceptation générale de la période
d'un an comme le temps indiqué pour faire le compte
des profits et des pertes ait conduit à une autre
croyance erronée, à savoir que le revenu soit le croît
annuel de quelque chose de permanent. Chaque année,
1.500.000.000 £ de richesses sont mises au monde
en Angleterre. La plus grande partie est consommée dans l'année, et il pourrait en être de même de la
totalité, sans que la communauté fût plus pauvre au
commencement de l'année suivante. Ceci paraît correspondre exactement au phénomène du revenu en numéraire. De même qu'un dividende peut être distribué aux

actionnaires sans que le « capital » de la compagnie soit entamé, de même, on le conçoit, les 1.300.000.000 £ que vaut le revenu, peuvent être consommées, anéanties, sans que le capital, la richesse soit diminuée.

Il est facile de se tromper complètement lorsqu'on retrace la genèse des idées courantes, mais il me semble que dans ce cas aussi, toujours depuis les Physiocrates, les vues des économistes, en ce qui concerne le revenu en général, ont été fondées, plus ou moins consciemment, sur les phénomènes de l'industrie considérée comme l'industrie type. En agriculture, comme nous l'avons vu, l'année marque une période naturelle d'ensemencement, de gestation et de récolte. Au bout de chaque année, les champs sont dépouillés de leurs produits principaux. Le grain est emporté dans la grange par des charrettes, ou vendu hors de la propriété, — mais le champ demeure. N'est-ce pas le revenu, alors, cette richesse qui est venue dans l'année — le grain, les plantes, les racines et les fruits ? N'y a-t-il pas quelque chose qui est suffisamment distinct de ceci, et qui reste comme un fonds productif prêt à donner un revenu semblable une autre année, c'est-à-dire les champs ? Par conséquent, quand la balance est faite pour un an, il est aisé d'établir le compte du capital, des pertes et des profits. L'actif net ce sont les champs ; le revenu brut est la récolte, et ce revenu est visiblement sorti du fonds pendant l'année, en laissant l'actif intact.

Cette opinion est corroborée par d'autres phénomènes de la ferme. La vache qui a nourri son veau est dans l'étable, et le lait qu'elle lui donne ne semble pas épuiser sa vie. Les brebis paissent côte à côte avec leurs agneaux, et leur toison repousse sur leur dos. Tous les phénomènes de la reproduction animale, en réalité, tendent à établir cette idée. Les bâtiments de la ferme sont des abris permanents. Les fossés et les clôtures ne sont pas détériorés d'une façon appréciable dans les douze mois de l'année ; les outils servent. même pendant plusieurs saisons.

Dans le cas de cette industrie, également, tout nous incite à penser qu'il y a une distinction nette entre le revenu et la chose d'où vient le revenu — le croît et le fonds. Chaque année, quand la récolte est faite, et que la terre accumule des forces pour une nouvelle production, il semble démontré que le revenu est la récolte annuelle des champs, qui ne sont pas entamés par ce qu'on en a retiré.

Mais nous transportons. trop vite le même concept dans l'industrie manufacturière sans tenir compte des différences. Quand l'homme d'affaires établit son bilan, il ne sait ce qu'a été son revenu que quand il s'est assuré que l'usure de son usine et de son outillage a été compensée par un amortissement. C'est son affaire de voir si son capital concret demeure intact — capable de produire l'année suivante le même flux sans fin de marchandises que l'année précédente. Ce qu'il ne peut aussi promptement percevoir, c'est qu'il procède dans une voie tout à fait différente de celle que la nature suit en agriculture ; c'est que le fonds d'amortissement est un phénomène nouveau : que, conserver son capital intact implique la mise en réserve d'une portion du produit, pour remplacer ce qui a été détruit, tandis que, dans le cas de la terre, la nature fournit un capital qui ne s'use pas en substance. Dans un capital proprement dit, il n'y a rien qui corresponde aux champs ; il n'y a pas un lit de rochers recouverts par le sol. La véritable analogie se retrouve entre l'usine et l'outillage d'une part, les bâtiments et le matériel de la ferme d'autre part.

Quand nous passons au commerce, la différence est

plus évidente encore. Si nous éliminons les entrepôts ou magasins, — comme nous devons le faire par la considération que la plus grande affaire du commerçant consiste à transférer les marchandises de l'usine où elles sont fabriquées chez les gens qui en ont besoin, — il n'y a rien qui corresponde soit aux champs, soit aux bâtiments, soit à l'outillage. Le « capital » du commerçant peut être un crédit sur une banque. Suivant l'importance de ce crédit, il achète des marchandises à une certaine minute et les revend peut-être la minute suivante. Quand il fait son bilan au bout de l'année, il trouve tant de créances d'une part à lui dues, tant de créances dues par lui d'autre part. Il dit aussi cependant que son capital est intact après qu'il en a tiré son revenu annuel, et prend à témoin ses créanciers que son crédit sur la banque — son capital — est aussi élevé qu'il l'était au commencement de l'année.

Toutes ces différences qu'on pourrait supposer connues, au moins des intéressés, tendent à se dissimuler quand il s'agit des sociétés anonymes. Un grand nombre, un nombre croissant, de gens savent peu de chose ou rien des industries où leur fortune est engagée. Que la société soit agricole, extractive, industrielle, commerciale, ou s'occupe de transit, la seule chose que sache l'actionnaire c'est que l'affaire est un « placement », et la principale, presque la seule chose, qui l'intéresse, c'est le dividende qu'il en tire chaque année. Pour lui, par conséquent, le revenu est quelque chose comme un greffon détaché d'une plante qui reste intacte. Car, par définition, le paiement du dividende laisse intacte l'organisation productive de la société. Un dividende fictif payé « sur le capital » est à juste titre considéré comme relevant de la fraude.

Pour certains revenus à la vérité, les gens d'affaires

reconnaissent que, sur chaque paiement annuel, une certaine portion du capital est remboursée — le cas typique est celui des navires et des mines, dont l'existence industrielle est limitée. Le revenu est plus élevé que l'intérêt proprement dit supposé nécessaire du fonds engagé. Mais, dans les cas de cette nature, chacun sait que, dans ce qu'il touche, il y a quelque chose qui excède le dividende proprement dit, et le fait qu'on s'attend à voir des paiements de ce genre cesser au bout d'un certain nombre d'années, implique bien la définition que le dividende proprement dit laisse le capital intact.

Ainsi, à l'époque où la société à responsabilité limitée est la forme la plus ordinaire de l'organisation industrielle, nous arrivons, sans nous en apercevoir, à l'idée qu'il y a une distinction nette à faire entre le revenu et quelque chose d'où il tire son origine. Sans très bien comprendre ce que nous entendons par là, nous imaginons le revenu comme le croît annuel de quelque fonds éternel, ou comme un lac qui déborde ses rives une fois par an. Là où l'on peut peut-être reconnaître le plus clairement cette idée, c'est dans le grief populaire contre l'income-tax, qui ne fait pas de distinction entre le revenu professionnel et le revenu dérivant du capital. Quand on considère que le revenu du professeur, du légiste, etc., périt avec lui, tandis que le revenu du capitaliste passe à son héritier, il semble qu'il y a une injustice de commise dans la taxation uniforme. On admet comme établi que certains revenus au moins proviennent d'une source qui reste distincte et permanente.

Mais il est temps de couper court à cette erreur fondamentale — qu'en agriculture, un peu plus que dans les autres industries, il y a un fonds qui reste intact quand la récolte a été faite.

Il y a longtemps aujourd'hui que les économistes ont eu à modifier et à restreindre la phrase que Ricardo a rendue célèbre par sa théorie de la rente, c'est-à-dire « les facultés originaires et indestructibles du sol ». La terre qui produit la récolte dont vit l'être humain n'est pas un instrument d'une productivité permanente. Chaque récolte emporte avec elle un certain nombre d'éléments organiques et inorganiques, et la culture permanente d'une denrée rendrait bientôt stérile, en ce qui la concerne, le terrain qui la produit. Il existe, à la vérité, cette particularité qu'en laissant le sol en friche pendant assez longtemps, la nature elle-même se charge de reconstituer ses facultés ; dans un pays neuf où la population se contente d'un faible revenu par acre, parce que les acres sont nombreuses, il peut s'écouler plusieurs années avant que la constante succession d'une même récolte appauvrisse sensiblement la terre. Mais, dans un pays vieux, une des principales fonctions de l'agriculteur est, par les façons données au sol, par le pâturage des bestiaux, par des rotations de cultures appropriées, de rendre à la terre ce que chaque récolte lui enlève. Le plus que puisse signifier la phrase « indestructibilité du sol », c'est que la terre cultivée contient plus de nourriture végétale qu'on n'en pourra jamais utiliser, et que le sol est moins destructible que la plupart des autres instruments de production (1).

(1) Le professeur Marshall, à la vérité, trouve le seul attribut fondamental de la terre dans ce qu'il appelle son *extension*, — ses relations dans l'espace et l'annuité que la nature lui fournit en lumière solaire, en air et en pluie. « Nous trouverons que c'est là la propriété de la « terre », qui, quoi qu'on en ait souvent sous-estimé l'importance, est la cause ultime de la distinction que tous les écrivains ou économistes sont obligés de faire entre la

Un industriel qui engage son capital dans l'achat d'un outillage sait que, quelque robustes et solides que puissent être les machines, il doit, pour leur conserver d'année en année leur puissance productive, faire face à deux natures de dépenses. Il doit d'abord dépenser une certaine somme pour les maintenir en bon état. Mais ce n'est pas tout ; il n'y a pas de soins, ni de réparations qui puissent les faire marcher éternellement. Il doit venir un moment où la machine est à bout, et doit être remplacée. En prévision de ce jour, l'industriel doit mettre de côté chaque année un faible pourcentage du revenu, qu'il accumule pour faire les frais d'une nouvelle machine. On pourrait dire, par conséquent, que, dans le cas de la terre, les agriculteurs sont dispensés de ce fonds d'amortissement, à la condition de faire une dépense importante pour compenser l'usure et les frais d'entretien. Mais ce n'est évidemment qu'une différence de degré.

En ce qui concerne l'outillage de l'agriculture comme aussi les bâtiments, les fossés, les tuyaux de drainage, les clôtures, etc., il est clair que nous n'avons là rien qui diffère du capital engagé dans une usine. Quelques-uns de ces éléments durent des années, d'autres seulement peut-être une saison, mais aucun n'a un titre quelconque à la permanence.

Quand, enfin, nous arrivons aux semences et au bétail, nous retrouvons la trace d'une ancienne erreur récemment rajeunie. « Supposons que, dans une contrée appropriée, dit Henry George, j'élève des abeilles ; à la fin de l'année, j'aurai des essaims plus nombreux et, en plus, le miel qui a été fabriqué par ces insectes. Supposons que, là où je le pourrai, j'élève des moutons, des porcs, du bétail ; à la fin de l'année, j'aurai aussi un

terre et les autres choses. » *Principles of Economics*, 4ᵉ édit., p. 221.

croît. Maintenant ce qui donne ce croît,.. c'est le pouvoir actif de la nature ; le principe de la croissance, de la reproduction qui caractérise toutes formes de cette chose mystérieuse que nous appelons la vie. Et il me semble que c'est là ce qui est la cause de l'intérêt, c'est-à-dire l'accroissement du capital en sus de ce qui est du travail » (1).

Dans ce curieux passage, le bétail est considéré comme un instrument de production différent des autres outils, comme une source durable, sinon permanente, de revenu, qui demeure intacte après que le surcroît de richesse a été prélevé. Les bestiaux, dit-il, s'accroissent d'eux-mêmes en nombre et il en est de même des semences. On peut trouver — ceci est à noter — les mêmes idées dans Adam Smith, et elles formaient probablement la base de la théorie des physiocrates.

Mais, incontestablement, le fait qu'on vend une brebis indifféremment pour en faire de la viande de boucherie ou pour devenir mère d'un futur agneau, et que les deux destinations sont comprises dans le prix, nous prouve bien que ce n'est pas la faculté de reproduction qui seule engendre l' « intérêt ». Le prix d'une chose contient le prix de tous les usages auxquels elle peut servir. Quelques produits ne peuvent servir qu'à un usage qui les fait disparaître. Si l'un d'entre eux, la semence, par exemple, peut servir à un autre usage, ce dernier est aussi compris dans le prix. Nous ne touchons pas un intérêt plus grand à cause de la faculté de reproduction d'une brebis qu'en raison de ses propriétés comme viande de boucherie. Il y a longtemps qu'on a montré que cette distinction entre le travail de la nature et le travail de l'homme ne repose sur aucun fondement réel. C'est la nature seule qui travaille dans les champs,

____

(1) Henry George *Progress and Poverty*, p. 108.

dans les machines, dans l'homme lui-même. La reproduction n'est pas du tout le plus grand des miracles dans la production de la richesse. La nature prend un grand nombre de mois pour produire un cheval ; il ne lui faut pas autant de minutes pour produire des centaines de chevaux-vapeur, en faisant bouillir de l'eau dans une grande chaudière.

Il en a été assez dit pour montrer qu'en essence l'agriculture ne diffère pas de l'industrie manufacturière, et nous retombons ainsi sur cette dernière comme donnant une idée plus exacte des phénomènes que nous voulons examiner. Ce qui est manifeste dans l'industrie, c'est que le capital ne conserve pas la même valeur à moins qu'une certaine portion du produit ne soit consacrée à en couvrir l'usure. Le revenu n'est pas du tout une branche enlevée d'un arbre qui demeure intact. On en trouvera plus exactement l'analogue dans la machine d'atelier qui construit des outils pour tous les genres d'industrie et qui, en même temps, refait ses propres organes par le même procédé (1).

Mais cette analogie elle-même est incomplète et trompeuse. Elle donne encore l'idée que le revenu est une chose différente de la richesse, sa parente. Il est temps d'arriver à un concept plus clair de ce qui reste et de ce qui disparaît.

(1) Cf. *Studies in Economics*, p. 231.

CHAPITRE VIII

La métaphore d'un « flux » nous dit que la consommation n'est pas un point terminal de la richesse ; que la production et la consommation forment un cycle. L'homme est une portion de la nature, — une incarnation momentanée, — un organisme qu'elle construit pour un temps et qu'elle reprend pour en construire d'autres. Ainsi ce que nous appelons « accumulation de la richesse » est une vue photographique instantanée de l'état de la nature (l'homme compris) relative aux désirs de l'homme. En d'autres termes, la richesse s'use comme quantité concrète et est remplacée ; l'homme s'use comme individu et est également remplacé. Ce qui reste constant, c'est l'*ensemble* de la richesse et de l'homme. En dernier ressort, les deux ne sont pas distincts et séparés, mais se combinent et se dissocient constamment l'un et l'autre.

Dans l'économie politique moderne, nous sommes familiarisés avec la métaphore de la richesse qualifié « de flux et non de fonds ». Cette expression a rendu plus de services que la plupart des métaphores. Elle nous met devant les yeux ce qui vient d'être développé, à savoir que la production de la richesse se poursuit sans interruption d'année en année, qu'elle ne comporte pas de limite naturelle ou d'arrêt au bout de douze mois, et que les différents revenus ne sont pas prélevés sur quelque fonds considérable accumulé dans le passé. Mais elle semble se prêter à des interprétations plus profondes.

La croyance populaire au sujet de la richesse est que ce que l'homme produit c'est pour sa consommation, pour être détruit par cette consommation même. On imagine que la production de la richesse est comme l'exploitation d'une mine. S'il en était ainsi, on pourrait à bon droit s'étonner que le monde s'enrichisse de jour en jour. Par contre, la richesse définie comme un *flux* ou un *courant* suggère l'idée que la production et la consommation de la richesse décrivent une sorte de cycle, passant d'une forme à l'autre et inversement. Car le courant d'un fleuve, par exemple, décrit un cycle fermé. Il passe à la mer ; il y est repris par l'évaporation ; il retombe en pluie sur les mousses et les montagnes, et s'enfonce dans le sol pour reconstituer la source d'un autre courant. Et aussi, comme le courant, aucune des gouttes qui le constituent ne revient peut-être à la même source. Nous ne nous baignons pas deux fois dans la même rivière. Les gouttes changent; le courant demeure.

La relation de l'homme avec le monde est d'abord la même que celle de l'animal. Il fait visiblement partie de la nature et se conforme à toutes ses lois. Il tire son existence de la terre et de l'air. Pendant un temps il s'édifie lui-même et grandit, après quoi il décline et retourne aux matériaux d'où il vient. Il n'est qu'un vermisseau qui remplit son enveloppe et qui tire son existence de la terre qu'il absorbe, puis laisse sur l'herbe. Il enrichit le monde comme le ver enrichit le sol, en prenant la matière à un endroit pour la laisser à un autre. Il est le passant, le tenancier d'une maison vivante qui n'est pas à lui, le détenteur provisoire d'une bourse qui se remplit et se vide sans cesse (1). Il pense complaisam-

____

(1) Cf. *Studies in Economics*, p. 274.

ment que tous les autres organismes sont faits pour
lui ; en réalité, il est lié à eux dans le faisceau de la vie.
Certes les vers se réjouissent quand l'homme perd ce
qu'il apprécie le plus. Après tout, il n'est qu'un des
innombrables organismes que la terre édifie de sa propre
substance, les réclamant plus tard pour en former
d'autres.

Nous arrivons ainsi à ce point de vue prédominant que
séparer l'homme du monde où il vit, c'est séparer ce que
Dieu a uni. La métaphysique met cette idée en pleine
lumière quand elle démontre qu'il n'y a point, en dehors
de nous, un monde extérieur où règnent la couleur, la
forme, le son, tels que nous les connaissons ; de même
que nous ne pouvons concevoir une matière qui n'aurait
ni forme, ni couleur, ni aucune des qualités dont nous
la dotons inconsciemment, de même il n'y a point
d'esprit qui existe en dehors du monde. En économie
politique c'est seulement une autre forme du même dua-
lisme apparent qui régit nos pensées. Nous concevons
l'homme comme quelque chose à part et en dehors de
son milieu naturel, le contemplant, le travaillant, le sou-
mettant. Une réflexion plus profonde nous le montre
simplement comme la dernière et la plus grande incarnation de ce milieu, mais, après tout, comme une incarnation simplement temporaire.

Autre manière d'arriver à la même conclusion. Certains groupes considèrent leur revenu comme « dû au
capital », d'autres comme « dû au travail ». Dans chacun des cas il y a quelque chose qui s'use et quelque
chose qui demeure. Tout capital — fût-ce de la terre —
s'use jour par jour, mois par mois, année par année.
Produits et services y incorporés sont également transitoires. Mais tout capital est reconstitué jour par jour,
mois par mois, année par année ; et tous les hommes

sont remplacés jour par jour, mois par mois, année par année.

Ainsi ce qui se présente à un esprit superficiel comme l'accumulation de la richesse sur un certain monde pour la satisfaction de l'homme, n'est rien autre chose qu'une vue photographique instantanée (1) de l'état de la nature (y compris l'homme). Et la consommation de la richesse est, non sa destruction, mais sa transformation; le passage du flux de richesse dans les nuages par évaporation, le retour à la matière, et, dans le cours du temps, de nouvelles incarnations des phénomènes jumeaux de la nature, l'homme et son milieu.

Bref, nous ne pouvons envisager séparément l'homme et la richesse, car la richesse est la substance de l'homme et l'homme est le point sensible où la matière apparaît pour un moment sous forme de richesse. Dans le temps, le capital s'accroît; la terre elle-même, sous un effort croissant, voit croître son aire économique et développe des puissances plus grandes; le nombre des hommes s'accroît aussi.

Ainsi, ce qui reste permanent, ou s'accroît, c'est la richesse considérée comme un total de formes concrètes qui s'usent constamment, et sont remplacées par d'autres probablement plus parfaites. Ce qui reste constant ou s'accroît, c'est une population dont les individus disparaissent constamment, remplacés par des familles plus nombreuses et, espérons-le, meilleures. Le fonds permanent, donc, c'est la richesse *et* l'homme.

(1) Cette phrase, ainsi que beaucoup plus d'autres encore dans l'analyse du capital, est empruntée à M. Irving Fisher, *Economic Journal*, vol. VI et VII ; elle mettra probablement fin à une vieille controverse et marquera un nouveau point de départ dans la nomenclature et la classification économique à un moment donné.

Mais ces deux éléments, en dernier ressort, ne sont pas distincts et séparés ; ils vivent l'un par l'autre et l'un pour l'autre, fidèlement associés dans une existence commune.

L'objection qui s'opposait à l'acceptation complète de la richesse comme un « flux », venait de ce qu'on semblait laisser en dehors l'homme, le consommateur. Ou plutôt on se le représentait en quelque sorte comme une personne venant sur le bord de l'eau, plongeant son seau dans la rivière et en prélevant une partie. Ou bien on concevait l'idée ridicule que le courant de la richesse était absorbé de cette manière par les divers participants au Revenu national, en sorte qu'aucune partie du courant n'arrivait à la mer. La métaphore semble complète quand on admet que l'homme est partie intégrante du courant — comme une truite plongée tout entière dans ce courant, qui se nourrit de ce qu'il contient, qui en vit, et qui en est constamment traversée.

Pendant que j'écris ceci, un matin de mai, un merle est en train de prendre son déjeuner sur l'herbe. Il vient justement de tirer un gros ver du sol. Le ver se tord, sur le gazon ; le merle en déguste à loisir les morceaux. En une minute le ver a disparu et l'oiseau après son repas va chanter des actions de grâces sur un arbre.

Ceci est une peinture assez exacte de la façon dont nous vivons, si ce n'est que notre existence réclame plus de meurtres, et que, comme nos estomacs délicats ne sont pas en état de déchiqueter les vers, nous utilisons les massacres opérés pour nous par les bouchers et les chasseurs.

Mais nous sommes plus exigeants que le merle. Il a ses plumes ; nous demandons aux moutons de nous fournir les nôtres. Il perche sur un arbre ; nous jetons dans le sol les fondements de nos maisons et nous les élevons à la surface. Pour séduire sa compagne, il n'emploie pas d'autres attractions que celles que la nature lui a données — son chant, sa brillante poitrine, ses formes gracieuses. Nous rançonnons le ciel et la terre pour avoir des vêtements et des bijoux qui nous donnent belle apparence, et nous permettent de « faire le beau » devant la dame de notre choix. Mais, essentiellement, nous vivons comme le merle, en dépouillant pour un moment la nature de choses et de créatures qui, précédemment aussi, l'avaient dépouillée d'autres choses et d'autres créatures. Le courant de la vie nous traverse ; il ne passe pas à côté de nous.

La différence caractéristique est que nous ne demandons pas à la nature de nous fournir tout faits, tout préparés, les objets qu'il nous faut pour vivre. Elle ne nous donne pas trop généreusement les choses dont nous avons besoin ; nous avons à les rechercher, à les combiner, à en faire des produits qu'elle ne ferait pas d'elle-même. C'est cette accumulation de produits que nous appelons richesse. De là vient l'idée que nous créons la richesse, et nous nous persuadons facilement que nous façonnons la nature à notre image et suivant nos désirs. Mais elle essaie toujours de reprendre sa voie et de faire rentrer notre richesse dans les formes usuelles de la matière ; chaque jour elle détruit ce que nous créons chaque jour. Ainsi les hommes vivent en s'incorporant la richesse, et la richesse vit en s'incorporant à eux. Elle est consommée, elle est reconstituée par leurs vies. L'homme, de son côté, se consume et se reconstitue en s'incorporant à la richesse. En un mot, il vit comme si son revenu s'absorbait en lui et passait par lui ; il ne vit que par son revenu périssant dans la fournaise appelée le corps. Le revenu n'est donc pas une chose dérobée à la nature par un être qui lui est étranger, mais sa substance même telle qu'elle passe pour un moment dans l'une de ses propres parties.

Ayant essayé ainsi de rendre plus claires des idées trop étroites sur le revenu, et, ce faisant, ayant pénétré dans une atmosphère peut-être plus subtile que celle où l'économiste est supposé remplir ses poumons, nous arrivons à un examen plus approfondi des éléments constitutifs du revenu réel.

CHAPITRE IX

Si le Revenu national consiste en ces choses que le revenu en argent paie, la science économique, en prenant la richesse pour son domaine, a un champ très vaste. Pour en juger, demandons-nous ce qui se passerait dans un État purement économique, c'est-à-dire dans un État où toutes les activités seraient exclusivement consacrées à la production des choses nécessaires à la vie et au travail. Même si les 24 heures de l'existence quotidienne de chaque homme étaient employées à pourvoir à ces nécessités, ce serait un État très important, car il embrasserait tous les processus et toute la protection, l'assistance gouvernementale, nécessaires pour atteindre ce but. En fait, tous les actes feraient partie intégrante du processus de production. Et ceci n'impliquerait pas un État grossier; les sciences y seraient cultivées, non pour elles-mêmes mais comme auxiliaires de la production. Dans une organisation de ce genre le « flux circulaire » de la richesse, — le consommateur consommant pour produire, le producteur produisant pour consommer, — se manifesterait avec une clarté parfaite. Mais, après tout, est-ce là quelque chose de bien différent de l'État tel que nous le connaissons ?

En suivant la route que nous avons tracée, nous devons dire que le Revenu national réel est constitué par les choses dont les différents revenus en numéraire qui figurent dans les cédules forment le paiement. C'est la somme des services rémunérés par des rentes, des intérêts, des profits, des gages, des salaires etc., que ces services soient incorporés ou non. Mais si c'est là ce que nous avons à considérer comme « richesse » et si la richesse est le sujet par excellence des études économiques, la science économique embrasse un domaine plus vaste que ne le pensent la plupart des gens.

Quand nous revenons à nos cédules du chapitre ii, ce qui doit nous frapper, c'est qu'elles contiennent les occupations de la plupart des hommes et d'un grand nombre des femmes qui habitent ce pays. Nous y trouvons nos fermes, nos mines, nos carrières, nos pêcheries, nos chasses, nos cimetières, nos usines de fer et de gaz, nos travaux hydrauliques, nos vaisseaux, nos canaux, nos chemins de fer, nos magasins, nos entrepôts, nos boutiques, les banques, le télégraphe, le téléphone, les services d'assurances — tout le capital engagé, tout le travail employé. Nous y trouvons aussi les professeurs, les penseurs, les médecins, les légistes, les ecclésiastiques, les artistes, les lettrés — tous coopérant les uns avec les autres et vendant leurs services pour vivre. Il y a aussi les 159.000.000 ₤ représentant le service permanent rendu par les édifices, puis ce qui rentre en Angleterre des richesses créées au dehors. Enfin la grande armée des fonctionnaires publics et municipaux, depuis Tommy Atkins (nom populaire du soldat) avec son shelling par jour, jusqu'à la Reine avec le budget de sa maison s'élevant à 172.500 ₤. Quelques personnes gagnent leur vie avec leurs mains, leur cerveau, leur physionomie, leur voix, d'autres avec leurs terres, leurs richesses, leurs services, jouissent de revenus inscrits dans nos cédules et dont le total annuel est de 1.500.000.000 ₤. Si tous les services rendus à la communauté forment le Revenu national, ce que nous avons devant nous à étudier c'est, en raccourci, le résumé de toutes les activités et de toutes les aspirations de la communauté moderne.

Si ceci surprend les gens qui ont été accoutumés à

regarder la sphère des études économiques comme étroitement limitée, peut-être même comme légèrement terre-à-terre, c'est parce que nous sommes lents à reconnaître que l'État moderne est, avant tout, un État industriel, où l'activité des plus hauts personnages est subordonnée à la vie économique du simple journalier. Mais nous nous ferons mieux comprendre en essayant de mettre en lumière les différences entre l'État moderne et un État dont toutes les manifestations relèveraient exclusivement de l'investigation économique.

Chaque jour quarante millions d'individus en Angleterre doivent être nourris, et chaque jour on fait autant de millions de pains. Ceci nous rappelle qu'il y a des besoins dont la satisfaction est nécessaire à la vie et qui se manifestent trois et quatre fois par jour. Par conséquent, il faut s'occuper d'y pourvoir avant tout autre occupation. Dans les conditions de la vie moderne, cette provision comprend une longue série d'industries, allant de la ferme à la boutique, embrassant les industries agricole, extractive, manufacturière, le transit, la distribution, la banque. Mais l'industrie de l'alimentation n'est qu'une de celles qui sont absolument nécessaires à l'existence. Le vêtement, le logement correspondent à des besoins, non pas répétés mais constants, et ils impliquent aussi une plus longue série d'industries commençant avec la matière brute et finissant au magasin.

Ce sont là des besoins auxquels nous ne pouvons nous soustraire dans aucun état social, pauvre ou riche, et l'examen le plus superficiel montrerait que ces trois industries, à elles seules, doivent occuper une très forte proportion de nos quarante millions d'habitants. Sup-

posons que nous les prenions comme elles sont, divisées
en une infinité de longs et vastes processus de production, — car la division du travail n'est pas seulement un
enchaînement de processus dans le temps, mais une coopération de beaucoup de fonctions et de contrées. Pour
leur continuité, leur bon fonctionnement, nous avons
besoin d'une organisation de police et de défense ; d'un
système pour interpréter et faire exécuter les contrats ; d'un service de postes et de télégraphes, en un
mot, au moins de toutes les fonctions les moins in-
contestées de l'Etat. Et à ce point de vue nous devons
classer les nombreux services rendus par le gouvernement impérial ou local avec leurs accessoires comme
faisant strictement partie du processus général de la
production (1).

Supposons maintenant que le revenu fourni par la
nature à l'homme soit si faible, et si difficile, ou que
la population se soit accrue si promptement que ces
occupations absorbent la totalité du temps pendant lequel l'homme ne dort pas, et que le surplus des 24 heures
soit consacré simplement à réparer, par le repos et le
sommeil, les pertes des tissus et du cerveau ; nous aurons,
à ce qu'il me semble, ce qu'on pourrait appeler un Etat
purement économique. Sa raison d'être serait la conservation de la vie physique, et toutes ses activités ne seraient que des processus partiels de production pour
atteindre ce but. Il ne serait pas très différent du régime
d'un *settler* dans un pays neuf, dont toute la vie est con-

______

(1) Si on voyait dans ce passage, au premier abord, une contradiction aux idées courantes, on n'aurait qu'à se reporter à
l'argument constamment avancé à l'appui de l'augmentation de
notre flotte — qu'elle est nécessaire non pas tant à la sécurité
de nos côtes qu'à celle de nos navires : c'est, en d'autres termes,
une force de police pour les hautes mers.

sacrée à la satisfaction de ses besoins élémentaires. Il correspondrait au moins à la définition classique de l'économie politique, la science de la richesse, car ici il ne s'agirait de rien autre chose ; les efforts de la nation n'auraient point d'autre but que la production et la consommation des formes élémentaires de la richesse, et le Revenu National, dans ce cas, comprendrait seulement les nécessités de la vie.

Et, sous aucun rapport possible, cet État purement économique ne pourrait être considéré comme terre-à-terre. Sans aucun doute nous y trouverions aussi les fanfaronnades du soldat, la brigue du politicien et l'insolence du fonctionnaire — la vieille erreur de « la queue remuant le chien » — ; mais tout homme réfléchi pourrait voir que toutes les occupations — y compris la sienne — seraient de simples divisions d'un seul travail, dont le but est la conservation de la vie. Quelles que pussent être les opinions théoriques sur les facultés et les capacités de l'homme dans les circonstances les plus favorables, on reconnaîtrait que la nature a posé des limites à son développement en en faisant une créature dont l'existence dépend de ce qu'il peut mettre dans son estomac, sur son dos, et de l'abri où il peut reposer son corps, tout en limitant la provision des choses nécessaires à ces destinations. Si c'était là « une cité de pourceaux », comme le suggérait Platon, ce ne serait pas au moins une « cité de Dieu » élevée au-dessus du plus infect établi du travail esclave. Avarice n'est pas pauvreté.

D'ailleurs l'accusation de grossièreté disparaît si nous remarquons que, bien que toutes les activités, toutes les énergies soient dirigées et gouvernées par des mobiles purement économiques, il resterait dans cet État une large place pour les sciences. L'homme y occuperait encore la position centrale ; la physiologie et l'anatomie seraient là pour décrire et étudier sa constitution ; la chirurgie pour présider à sa naissance ; la médecine pour le surveiller pendant toute sa vie, car maintenir le corps humain à son plus haut degré de perfection, c'est assurer aussi au travailleur la plénitude de ses moyens. La physique, avec son associée, la science mathématique, occuperait un rang presque aussi élevé qu'aujourd'hui, car, après tout, la science pure poursuit généralement un but concret et pratique. De même pour la botanique, la géologie, la zoologie. La science du droit interviendrait dans les relations contractuelles, et ainsi de suite. La catégorie assez nombreuse des gens qui blâment l'extension de nos universités, en dehors des écoles techniques et professionnelles, et qui ne voudraient n'enseigner de la science que ce qui peut s'appliquer à l'industrie, ne s'apercevraient peut-être pas qu'une limite quelconque fût posée à la pensée.

Mais, en vérité, la dignité d'un Etat de ce genre peut être mise en évidence par la considération que c'est seulement la répartition inégale du revenu qui permet à chacun de nous d'échapper aux conditions générales de cet Etat. Si chacun de nous était réduit à 14 sh. 6 d. par semaine, ce qui représenterait notre part à tous dans une rétribution égale, notre temps serait presque complètement consacré à travailler pour avoir notre pain quotidien et à préparer par le sommeil le travail du lendemain ; les hommes seraient encore des hommes et la vie vaudrait la peine d'être vécue. En revanche, si les classes aisées étaient obligées d'accepter la réalité de notre pauvreté nationale, et, voyant que la consommation excessive d'un petit nombre force inévitablement le grand nombre à rester au-dessous de la ligne des salaires strictement nécessaires, si elles étaient, par conscience, obligées de renoncer à leur vie facile et oisive, à leur luxe, à rechercher l'accroissement du Revenu national sous la forme « des nécessités de la production », il n'est pas du tout certain que cet État, essentiellement industriel, fût plus grossier que l'État actuel.

Dans une société de ce genre, la seule catégorie qui sortirait du cadre économique serait la religion *stricto sensu*, — les relations spirituelles de l'homme avec les puissances invisibles et un avenir inconnu. Car la morale trouverait sa place, dans ce cadre économique, pour établir et maintenir l'honnêteté dans les relations des travailleurs entre eux. Avec cette seule exception qu'il n'y aurait plus ni place ni temps pour quoique ce soit qui ne contribuerait pas à élever le niveau de l'agent humain actif de la production, tout le reste pourrait trouver place dans la sphère économique.

Ici apparaît, avec une clarté parfaite, le cycle fermé de la richesse, tel qu'il a été décrit plus haut. On voit que la vie humaine n'est autre chose que la transformation de la nourriture, du vêtement, du logement — des objets qui constituent temporairement la richesse — en certaines formes organiques également temporaires. Ici aussi apparaît l'identité fondamentale du producteur et du consommateur. Ces mots ne désigneraient plus des classes différentes, — comme ils le font quand quelques-uns s'abstiennent de produire, tout en consommant comme les autres. Ils ne désigneraient même pas des fonctions nettement distinctes, car le consommateur consommerait pour produire, et le producteur produirait pour consommer.

Dans ce qui précède, j'ai essayé d'esquisser un État dont les activités et les tendances seraient exclusivement dirigées vers des fins purement économiques. Si on tient mes descriptions pour exactes, l'État purement économique pourrait être défini comme ayant pour unique objet la conservation de la vie humaine. Une question se pose inévitablement : Quelle extension peut être donnée au concept de « vie humaine » sans altérer le caractère d'un pareil État considéré comme organisme économique ? Peut-il jamais être limité à la vie purement physique, — à la somme des conditions nécessaires pour empêcher le corps de l'homme de périr ? La réponse serait que la vie humaine a toujours été et doit être plus que cela ; autrement nous serions peu justifiés à distinguer la vie humaine de la vie purement animale.

Mais, même en supposant qu'on se limite à la vie purement physique, la conservation de cette existence est-elle confinée aux satisfactions absolument nécessaires à la continuation d'une vie de ce genre ? Si la nourriture était choisie et pesée dans le but de donner de la chaleur et de la force, — comme certaines mères théoriciennes le font pour leurs enfants ; si nous nous habillions et si nous vivions dans des maisons ne se recommandant que par leur aménagement sanitaire, nous serions tout prêts pour le paradis socialiste où une heure de travail par jour (1) suffirait pour pourvoir à toutes les nécessités de l'existence. Mais, évidemment, dans aucune société supérieure aux sociétés sauvages on n'a pu songer à une pareille limitation. Notre « cité des pourceaux » elle-même doit avoir dans son étable mieux que quatre murs, de l'air frais et des glands en abondance.

Si nous admettons cela, si nous consentons à ce que « la conservation de la vie » comporte la satisfaction d'autres besoins que nous supposons nécessaires à une existence méritant le nom de vie, si nous autorisons la

____

(1) Calcul de Godwin et d'Owen.

production de quelque chose en dehors de ce qui est strictement nécessaire au maintien d'une race d'ouvriers, il me semble que nous écartons la possibilité de limiter logiquement la vie économique à la satisfaction pure et simple des besoins purement écqnomiques.

En réalité la simple considération que, même pour les destinations généralement exclues de la sphère économique, il est nécessaire de se procurer une infinité d'instruments que le monde des producteurs doit fabriquer, qui s'usent à remplir leur objet, qu'il faut remplacer, suffit à confirmer la proposition précédente. Considérons ce qui est impliqué dans l'idée de la productivité (efficiency) du « travail ». Il peut très bien arriver que le cerveau fatigué du travailleur trouve, au théâtre, un repos et une inspiration qui lui permettront de donner le lendemain un meilleur travail. Il y aura donc demande pour avoir des acteurs. L'industrie, avec ses machines, devra pourvoir à la construction des théâtres, — prélevant le capital nécessaire sur d'autres destinations — et des hommes, des femmes prendront certains emplois où ils trouveront un revenu. Le travailleur invoquera l'appui de l'État pour le protéger pendant qu'il vit, pendant qu'il ajoute à sa puissance productive, en écoutant une pièce de théâtre. Il est difficile de trouver une différence essentielle entre cette demande et la demande de pain et de beurre qui met en mouvement l'industrie agricole (1).

Il y a donc ici une alternative. Si nous limitons la « vie économique » à la satisfaction d'un nombre restreint de besoins, — ceux qui conditionnent la puissance

______

(1) Les mots « conservation de la vie » montrent combien il est difficile de trouver une expression qui comprenne tout ce qui est impliqué dans la sphère économique. M. Ashe rapporte qu'une valeur de 15.000 £ en vêtements était brûlée dans le tombeau d'un chef sauvage ! *The two-Kings of Uganda*, p. 270.

productive du travail, — l'Economie politique se mouvra dans une sphère beaucoup plus étroite que celle où les plus sévéres économistes l'ont jamàis renfermée. Si nous cherchons au contraire à pourvoir aux nécessités de ce que l'homme moderne appelle « sa vie », alors, j'en ai peur, il est plus court de trouver ce qui ne rentre pas dans le cadre des études économiques que de donner le détail de ce qui s'y rencontre.

CHAPITRE X

LE REVENU RÉEL DANS L'ÉTAT MODERNE

L'Etat moderne diffère de l'Etat purement économique en ce
que, de simple lutte contre la nature, la vie est devenue une vie
riche, compliquée, sociale, cultivée, qui n'a plus pour fin la
seule consommation des produits, mais ses propres activités et
qui, en outre, se rattache au passé et à l'avenir, et en est responsable sous certaines conditions. Si on veut encore définir la
richesse comme chargée de pourvoir au maintien de la vie,
la plus grande partie de notre énergie est encore absorbée par
les activités économiques. Et l'on peut considérer l'Economie
politique comme l'étude des fondements et du cadre de la
Société.

Nous pouvons maintenant considérer l'Etat moderne
dans son complet développement, et voir combien, dans
l'ensemble de ses activités complexes, il diffère réellement de l'Etat purement économique que nous venons
d'étudier. La conclusion à laquelle nous arriverons
probablement est qu'il y a entre eux moins de différences
que certaines personnes ne le pensent ; que la plus
grande partie de nos activités représentent encore des
formes raffinées de la vie simple menée par le paysan,
— en somme reviennent pour chacun à « gagner sa vie »
— en contribuant à former le Revenu national pour en
prélever sa part.

L'homme moderne n'est, en aucune façon, un être

simple. Matériel en substance, animal dans la forme, c'est un animal qui a pris conscience de lui-même, qui se souvient de son histoire, qui rêve un avenir. Il fait partie de la nature et il a refait encore la nature à son image ; il est le point focal où viennent aboutir d'innombrables ancêtres ; sa vie est entremêlée à la vie des autres ; il trouve son individualité dans la société. Il n'est pas seulement, comme ses frères les animaux, un être ayant des besoins constants, sans cesse renaissants, ou même un être ayant un nombre infini de besoins infiniment variés, mais un être dont les besoins sont encadrés, subordonnés et coordonnés à une vie continue de pensée, d'action, d'aspirations, de loisirs. Pour être satisfaite, cette vie demande plus que des biens matériels ; elle réclame des services personnels, des associations avec les hommes ; elle cherche la beauté, l'art ; elle appelle l'action ; elle veut savoir pour le plaisir de savoir. Pour nous résumer en un mot, nous pourrions peut-être dire que cette vie s'est repliée sur elle-même, et qu'elle a pris pour fins ses propres activités. Elle ne se borne pas à travailler pour vivre ; elle vit pour travailler.

Et ce n'est pas là la seule complexité de l'homme moderne. Il ne peut pas être considéré par l'économiste en dehors de certaines conditions au milieu desquelles il est né. Il n'est pas du tout comme un mouton dans une prairie, auquel on pourrait supposer un droit égal à celui des autres moutons de prendre sa part dans la prairie. Son passé, ses parents lui transmettent, non seulement la vie, mais des créances actives ou passives sur la société. Il peut hériter d'une propriété foncière, ce qui veut dire qu'il a le droit légal d'entourer d'un fil de fer une certaine portion de la surface de la terre, d'interdire aux autres hommes d'y passer ou de leur faire payer quelque chose pour avoir le droit de s'en servir. Il peut hériter d'une grande fortune, ce qui veut dire qu'il est propriétaire de ces innombrables instruments de production dont les autres hommes se servent et qu'ils sont obligés de payer. Ou il peut être, dans la hiérarchie du monde, le cadet qui ne trouve ni champ, ni outils pour travailler, à moins d'en payer le loyer à ses frères plus heureux.

On arrive ainsi à établir de fortes distinctions entre les hommes. Les uns sont en possession de deux instruments de production, les autres d'un seul (1). Tout homme, dans des conditions normales, en raison de ses muscles et de son cerveau, a quelque chose qui lui permet, dans des circonstances normales, de gagner sa vie. Mais ceux qui ont hérité de la richesse, ont, en plus, quelque chose que les autres hommes doivent leur payer pour en avoir l'usage. En tout cas, propriétaire ou les mains vides, l'homme moderne doit payer pour mettre le pied sur la terre où il est né. En devenant un des 40 millions d'Anglais il hérite de leur dette et prend sur ses épaules sa part des 638.000.000 £ que doit la nation anglaise.

En comparant donc notre État moderne avec l'État économique plus simple dont le but et la raison d'être sont limités à la conservation de la vie, nous devons certainement reconnaître qu'il est survenu un changement dans le caractère de l'approvisionnement pour la vie. C'est l'approvisionnement pour une vie sociale,

(1) Dans un sens différent de celui de Carlyle, nous pouvons dire que la poésie épique moderne, ce n'est pas « Arms and the Man (les bras et l'homme) » mais « Tools and the Man (les outils et l'homme) ». Au temps passé la différence entre les hommes provenait de ce que l'un était vêtu de peau et d'acier, l'autre de peau seulement ; le premier avait la faculté de vivre sur le travail de l'autre. Aujourd'hui l'un a seulement des muscles et un cerveau ; l'autre a la richesse en plus. Mais ce dernier ne peut vivre que par sa coopération avec le premier.

émotionnelle et intellectuelle avec une base matérielle plus exigeante et plus raffinée.

Cette provision prend encore aujourd'hui, pour la plus grande part, la forme de biens matériels. Encore aujourd'hui, les hommes mangent et boivent ; ils ont besoin de vêtements, d'abris ; et, quand on considère combien peu ces besoins élémentaires peuvent s'accroître, on est surpris de voir la proportion du capital et du travail du pays encore employés à y pourvoir. Mais l'accroissement de la richesse, de la population, l'élévation du niveau du confort et du goût exigent plus de biens de la catégorie usuelle, des produits plus raffinés et aussi des catégories nouvelles. Cette nouvelle demande réagit sur les divers processus de production, absorbe plus de richesse, occupe plus de gens et tout cela, en revanche, réclame chez les travailleurs une somme plus grande d'éducation générale et technique. Il y faut ajouter une demande plus grande des services généraux et locaux qui sont la condition des industries nouvelles.

Mais un grand nombre des produits ou biens demandés échappent presque à la catégorie des produits matériels ; ils constituent si évidemment un milieu pour l'esprit, et font un appel si direct à des facultés mentales associées à la matière. Les tableaux, matériellement, sont simplement des toiles recouvertes d'une couche de peinture, mais l'esprit y parle directement à l'esprit. Les journaux, c'est la voix des hommes dispersés par toute la terre et recueillant des nouvelles. Extérieurement, le livre est le produit matériel d'une industrie très matérielle. Il n'y a pas de définition générale possible pour un livre, mais certainement c'est la partie matérielle qui est la moins intéressante.

De là il n'y a qu'un pas aux services où l'incorporation dans la matière disparaît complètement. Il est diffi-

cile de voir comment on pourrait parler d'une pièce de
théâtre, d'un concert, d'une conférence, comme « d'une
utilité fixée et incorporée dans des objets matériels ».
Les services domestiques occupent une place de plus en
plus large dans les communautés riches. Et si l'on peut
incorporer dans les plats le travail d'un cuisinier, pourra-
t-on en faire autant du travail de la servante qui les
apporte sur la table ? Nous arrivons ainsi au phénomène
qui couronne la vie moderne : la demande croissante de
services qui ne sont pas incorporés dans des produits,
mais sont inséparables du serviteur qui les rend. Nous
découvrons que l'être humain est le dispensateur d'une
richesse capable de satisfaire des besoins, et que le
progrès humain s'exerce dans une certaine direction, de
telle sorte qu'elle développe précisément les besoins qui
ne peuvent être satisfaits que par des services humains
(Cf. chap. xix, 2° partie).

Ici, cependant, il y a un genre de revenu qui ajoute
beaucoup à la complexité de l'analyse économique : le
producteur principal — celui qui sous d'autres rapports
est un simple outil de production comme un esclave —
rentre lui-même dans la même catégorie que les produits achevés que la terre, le capital, le travail concourent à produire. L'homme est un ensemble de services incorporés, aussi évidemment que des produits matériels quelconques. La fréquentation d'un homme de
génie est sûrement un bien comparable à la lecture des
livres qu'il écrit ; sa conversation vaut ses conférences,
de même qu'une bonne femme, dans le milieu où elle
se meut, vaut autant et même plus, comme richesse, que
les bas qu'elle raccommode.

En cela, il semble que nous avons la confirmation de
l'exactitude de la définition qui fait du Revenu national
une somme, un agrégat de services. Cet agrégat con-

siste, comme nous l'avons vu, en objets dont le Revenu national en numéraire est le paiement, — le total des rentes, intérêts, profits, traitements, salaires, etc. Pour la plus grande part, ces services sont incorporés, directement ou comme conditions, dans des produits matériels résultant de l'action combinée du capital et du travail organisé. Mais un nombre croissant de ces services ne s'incorporent pas, ou à peine, dans les formes matérielles : ce sont les services divers que les hommes et les femmes se rendent mutuellement. Le Revenu consiste, en outre, dans ces services qui ne rentrent pas évidemment dans une catégorie quelconque, — ceux qui ont pour mission de pourvoir au bonheur, à la tranquillité, ceux que rendent l'organisation d'un bon gouvernement et l'administration de bonnes lois.

Ce que nous trouvons dans l'État moderne, c'est une vie qui, peut-être pour la plus grande part, trouve encore ses satisfactions à pourvoir aux besoins primitifs, mais, qui, par dessus le marché, éprouve une satisfaction croissante dans la jouissance de produits qui portent l'empreinte du facteur humain à un plus haut degré que celle de la machine, une vie faisant appel à des besoins et à des activités qui ne peuvent surgir que dans le loisir et la richesse. Si la définition du professeur Marshall « l'Économie politique est une étude de l'humanité dans les affaires ordinaires de la vie » doit être acceptée comme indiquant son but, le champ des études économiques est presque aussi extensif que celui de la morale ; car se constituer un revenu est encore « l'affaire ordinaire », sinon l'ambition ultime de la plupart des hommes. Mais, en dehors de cela, tous les hommes vivants, quelque éloignés qu'ils soient de la « préoccupation vulgaire » de gagner leur vie, ont une existence fondée sur le travail et rentrent dans le cadre économique. L'histoire de notre temps n'est pas, comme celle des anciens temps, la lutte de bandes armées les unes contre les autres ; toute lutte de ce genre apparaît aujourd'hui comme une contradiction avec la vie industrielle, — une sorte d'accident, d'inconvenance. Et notre histoire réelle n'est pas non plus celle d'un Etat politique, excepté en tant que nous sommes encore en train d'étendre le bouclier, la protection de notre drapeau sur les gens qui vivent et travaillent sous son abri, ou bien en tant que nous faisons des lois pour assurer la sécurité, la liberté à nos concitoyens pendant qu'ils gagnent leur pain. C'est l'histoire d'un Etat industriel, étendant les demandes qu'il fait à la Nature et à l'homme, en raison de la vie plus large qui devient sa propre fin, son être même.

Je répète, par conséquent, que, si l'Economie politique est l'étude de la richesse et si la richesse de l'Etat moderne est ce que paie le revenu en numéraire, cette science exploite un domaine plus vaste que ne l'imaginent la plupart des gens ; car ce n'est rien moins que l'étude des fondements et de la charpente de la Société moderne.

Ceci deviendra plus clair quand nous arriverons à montrer qu'après tout ce Revenu, représenté et payé par le revenu en numéraire, ne comprend pas toute la richesse qui se forme périodiquement dans la nation. Nous pouvons admettre que l'Economie politique s'occupe plus particulièrement des satisfactions et des mobiles qui sont facilement mesurables en numéraire. Mais de même que le concept d'une limite implique l'existence de quelque chose en dehors de cette limite, de même les préoccupations ordinaires de l'Economie politique suggèrent l'idée qu'il y a, au dehors, un domaine qui, s'il n'appartient pas à l'Économie politique, ne semble pas rentrer dans la sphère de toute autre science. Dans les cédules du chapitre II, nous trouvons la plupart des citoyens mâles de la communauté, non compris les pauvres et les criminels ; elles comprennent ainsi les revenus depuis celui du journalier jusqu'à celui du millionnaire. Mais elles ne comprennent que le revenu réellement payé ; elles ne comprennent pas les services non payés et les améliorations générales apportées à la condition humaine.

CHAPITRE XI

REVENU QUI ÉCHAPPE A LA FOIS A L'ESTIMATION ET A LA
DESCRIPTION.

Ce revenu peut être rangé dans 7 catégories : 1o Services non
payés, particulièrement ceux des femmes ; 2o accroissement
du loisir, là où le travail est dur et ingrat ; 3o occupation
agréable considérée comme une richesse en soi indépendam·
ment du produit ; 4o relations personnelles comme produit
accessoire ; 5o nouveaux genres de produits, qualités améliorées
non représentées dans le prix ; 6o propriétés ne rapportant pas
de revenu et reconstruction générale de ce qui l'entoure ;
7o liberté et bon gouvernement.

La marche que nous avons suivie dans notre enquête
nous conduit à une définition un peu limitée du Revenu
national réel. Nous nous sommes arrêtés au chiffre du
revenu en numéraire, tel qu'il résulte des rôles d'impôt
et des évaluations de la statistique. En prenant ces chiffres
comme la rémunération des services rendus et reçus,
nous avons trouvé là le revenu réel, et nous sommes
arrivés ainsi au concept du Revenu national comme
étant le résultat de la coopération de tous les instruments
de production à l'intérieur du royaume, incorporé ou
approprié par les quarante millions d'Anglais des deux
sexes. Mais ce sont là des services rémunérés. Ce
sont les seuls dont la statistique puisse s'occuper. Évidemment ils n'épuisent pas les ressources annuelles où

les gens vont chercher la satisfaction de leurs besoins.
Le revenu qui échappe à cette classification peut être
rangé en sept catégories.

1° *Les services non rémunérés.* — Dans l'État moderne, les services non rémunérés sont considérables,
précisément parce que l'accroissement de la richesse permet à beaucoup de gens de produire des choses qu'ils ne
vendent ni même n'utilisent pour eux-mêmes, mais qu'ils
donnent comme une contribution à l'humanité. Nous
avons vu que la société a été partagée entre ceux qui
ont deux instruments de production et ceux qui n'en
ont qu'un. Si l'un de ces. outils est suffisant pour la
conservation de la vie, l'autre peut être disponible pour
un but désintéressé. C'est dans cette catégorie que nous
plaçons les services rendus par les membres du Parlement, les conseillers de comté, de commune, de paroisse, les administrateurs à titre gracieux des institutions de bienfaisance et d'éducation, les magistrats, les
juges, les étudiants, les explorateurs, etc.

A ces services doit être ajouté le plus grand et
le plus gratuit de tous les services, — celui des femmes
dans le ménage. On peut se faire une idée du revenu
qu'ils représentent en imaginant ce que nous aurions à
payer à des serviteurs pour faire le travail actuellement
accompli par les épouses, les sœurs, les filles, et en
voyant combien il serait difficile d'en obtenir l'équivalent avec de l'argent. Si toutes ces femmes allaient à
l'usine ou adoptaient une carrière industrielle, nous aurions probablement à retirer de l'usine ou des industries
un nombre beaucoup plus grand de personnes, et nous
perdrions certainement au change.

Pour le reste, il suffit de dire avec le professeur Marshall : « une femme qui fait ses propres vêtements, un
homme qui bêche son jardin ou répare sa maison, ga-

gne un revenu exactement comme le ferait la couturière, le jardinier ou le charpentier qui seraient employés à faire le même travail (1). »

2° *Loisir*. — Il y a des gens — pas tous pauvres — qui semblent avoir l'idée qu'un homme est un peu mal traité quand il lui faut travailler pour vivre ; qu'une minorité qui « s'amuse » pendant que la majorité travaille, implique injustice et oppression de la part de cette minorité.

En fait, la nature ne fournit pas le moyen de permettre l'oisiveté à l'homme. Dans tout climat semblable au nôtre, le sauvage, même avec un domaine illimité, a une vie très dure, et, s'il échappe à un labeur incessant, ce ne peut être qu'en limitant ses besoins et laissant son propre esprit inculte. Mais même si, dans l'état sauvage, la nature était plus clémente qu'elle ne l'est, elle n'arriverait pas à faire subsister un nombre illimité d'hommes doués d'appétits illimités. Quand, par conséquent, nous nous demandons comment ce petit pays, l'Angleterre, est en état de nourrir une population plus ou moins civilisée de quarante millions d'habitants, la réponse est que nous le devons d'abord à nos ancêtres qui ont peuplé la contrée primitive de fermes produisant des récoltes et d'usines, puis, s'abstenant d'en tirer immédiatement parti, ont laissé une provision d'outils de tout genre à leurs héritiers. Ainsi quoique la vie soit facile aux uns et dure aux autres, elle est très rarement aussi dure pour un individu qu'elle l'aurait été pour tous sans l'action de ceux dont nous respectons les droits laissés à leurs descendants. En d'autres termes les quarante millions d'Anglais ne peuvent vivre, même au prix d'un labeur continu, que parce que la minorité d'entre eux ont hé

____

(1) *Principles of Economics*, 4e édit., p. 149.

rité d'instruments de production qu'ils ont intérêt à prêter.

Mais, en conséquence de cette action bienfaisante, il y
a dans la société moderne une classe héréditaire qui
n'est ni une classe privilégiée, ni une classe dont l'existence soit un fardeau pour les autres, mais qui a, tout
de même, la possibilité de vivre dans le loisir ou l'oisiveté en prêtant aux autres ce dont ils ont besoin. Et on
est tenté de penser que, sans cette classe, la généralité
des hommes n'auraient pas plus à se plaindre de travailler pour vivre, que le merle n'a à se plaindre qu'il
passe sa journée à chercher des vers.

Il est possible, néanmoins, qu'il y ait une autre et une
meilleure raison pour considérer le travail, non pas tant
comme un moyen d'acquérir la richesse, que comme
le contraire même de la richesse, et pour le mettre à la
place du « mal » comme opposé au « bien ». C'est que,
sous certains rapports, la vie est plus dure pour la majorité qu'elle ne l'était couramment autrefois. Il est possible qu'il n'en soit pas nécessairement ainsi. Mais quand
une petite île comme celle-ci voit sa population augmenter de 15 à 40 millions dans le cours d'un siècle, et
quand ces millions d'hommes ont des exigences croissantes et élèvent le niveau des conditions d'existence
au point que le journalier à 20 sh. par jour vive mieux
que les membres de la classe moyenne il y a trois générations, on peut se rendre compte pourquoi la durée
de la journée de travail n'a pas été beaucoup diminuée
et pourquoi le travail est beaucoup plus intensif qu'autrefois. C'est parce que la demande du consommateur
s'est tant accrue, que la demande faite *au* producteur n'a
pu diminuer.

Dans l'ancien temps, tout travail ressemblait beaucoup à ce qu'est aujourd'hui le travail agricole ou le ser-

vice domestique. L'ouvrage pouvait être dur et fatigant, mais « les hommes prenaient leur temps » pour le faire. Le travail présentait de constantes interruptions, des éclaircies ; il s'exécutait, non dans des locaux séparés, mais dans les maisons ou dans des hangars attenants. Les hommes pouvaient sortir pour fumer ou causer, puis retourner à leur métier sans avoir le sentiment de manquer à leur devoir. On pouvait rattrapper le temps perdu en travaillant un peu plus tard. Il y avait, dans une vie plus simple — ou du moins on peut l'imaginer — beaucoup de ce genre de liberté que les littérateurs estiment si haut, — la liberté de faire son travail quand il vous plaît et avec l'intensité qu'il vous plaît.

Au contraire, le trait caractéristique du travail enrégimenté de notre temps est que les hommes doivent accomplir leur tâche entre certaines heures et certaines années, et que, pendant ce temps, ils doivent travailler à plein collier. Ce n'est pas la tyrannie du maître qu'on peut blâmer ; c'est le résultat de l'ensemble du système — la conséquence inévitable de l'industrie moderne, où hommes et femmes doivent travailler de concert avec la vapeur et les machines, et adapter leurs mouvements à la vitesse d'une broche. Le bon patron ici est l'homme qui paie les plus hauts salaires, — non l'homme qui permet à ses ouvriers de travailler comme ils le veulent. A cette intensité de travail, les Trade-Unions ont contribué pour leur part. Les employeurs, forcés de payer le taux minimum, sont obligés de retirer de leurs ouvriers la valeur de leur argent et, de cette façon, des hommes habiles sont retraités à quarante ans, tandis que d'autres ouvriers se teignent les cheveux et quittent leurs lunettes amies pour ne pas trahir leur âge.

Il est donc plus que probable que l'intensité du travail a augmenté pendant le siècle, et, s'il en est ainsi, on voit très clairement pourquoi le loisir — le seul fait de ne point travailler — a atteint l'importance d'une chose qui peut être prisée, estimée. Dans ces circonstances, ce n'est pas une pure négation ; c'est une forme positive de la richesse. C'est un des services que la communauté rend, et rend possible à chacun de ses membres. Mais la courte journée de travail n'apparaît dans aucune catégorie de revenu. C'est seulement un degré de plus dans les conditions du confort, de la même catégorie que les améliorations graduelles et non chiffrées de l'entourage naturel et social.

3° *Occupation agréable.* — Si le travail est agréable, en pourvoyant aux nécessités de la « vie », on obtient d'avance un peu de l'agrément qu'elle présente. Un grand nombre d'occupations qui, dans des temps plus difficiles, étaient considérées comme des moyens pour parvenir à un but, deviennent elles-mêmes des buts, et l'ancien objet poursuivi devient même subsidiaire. Il en est ainsi notamment dans les professions où « le pain et le beurre » sont assurément la plus petite part du salaire. Il en est ainsi, à un haut degré, pour les fonctionnaires, les employeurs et tous les hommes indépendants à un titre quelconque. Ce n'est que parmi la grande masse des ouvriers que nous constatons l'absence de cet élément, en partie, parce que l'ouvrage n'est pas le leur mais celui d'un patron, en partie à cause de la monotonie que le travail divisé tend à produire dans la vie (1).

---

(1) Il serait malhonnête, à mon avis tout au moins, de prétendre que le changement d'un labeur manuel pénible en surveillance monotone d'une machine est essentiellement une éclaircie dans le travail ; ce caractère doit être cherché dans les résultats de ce changement.

Ici le phénomène consiste en ce que nombre d'hommes sont en train de produire pour d'autres hommes et de gagner ainsi un revenu en numéraire, pendant que, dans le même acte, ils sont en train de produire pour eux-mêmes un revenu qui n'est jamais exprimé en argent. On ne peut exactement l'appeler un revenu « de plaisir », parce qu'en général nous n'associons guère l'idée de plaisir avec celle d'un travail dur ; mais c'est un revenu formé de satisfaction, de bonheur, de bien-être qui pourrait être mesuré, — et qui l'est quelquefois — par un sacrifice d'argent portant sur les produits ou les services servant à satisfaire les besoins vulgaires comme, par exemple, quand un homme exerçant une profession libérale préfère un petit traitement et un travail agréable à une rémunération élevée pour des occupations moins agréables.

4° *Relations personnelles*. — Comme cette vie de travail se transforme en une vie moins occupée, digne, agréable, et qu'en outre, dans beaucoup de carrières, cette vie est employée à la production de ce qui développe l'homme et excite ses ambitions plus qu'elle ne satisfait ses besoins, les relations purement sociales d'homme à homme constituent une source de bonheur et de bien-être qui est presque un sous-produit d'autres occupations. Je me reporte, naturellement, aux satisfactions causées par les relations et les fréquentations personnelles entre hommes et femmes ; l'association pour l'éducation et le perfectionnement ; la coopération à des jeux, des amusements et des recherches combinées d'objets de tout genre, où l'homme trouve l'expression et la réalisation de son être moral, et s'ouvre des sources de bonheur qui autrement lui resteraient inconnues. Et c'est dans ces directions que les besoins — et leurs satisfactions particulières — s'étendent à l'infini, ou plutôt c'est là que des activités, dont la réalisation est en elles-mêmes, prennent la place de besoins qui ne peuvent tirer leur satisfaction que du dehors.

5° *Produits nouveaux. Qualités améliorées.* — Il y a un autre très réel accroissement de richesse qui passe inaperçu à cause de sa grande fréquence. C'est l'invention de produits nouveaux, l'amélioration de la qualité des anciens. Une des meilleures illustrations de ce fait est peut-être la bicyclette. C'est une forme de la richesse qui a ajouté probablement plus à la santé et au bonheur que n'importe quelle autre invention des dernières années. Il y a trente ans, l'homme ne connaissait rien de semblable. On inventa alors le vieux grand bicycle à action directe, dont l'attraction principale était, j'en suis persuadé, le danger. Puis le bicycle moderne, qui permet aux femmes, même délicates, de parcourir de longues distances sans fatigue. Ce qui nous fait négliger ici l'accroissement de revenu en satisfactions, c'est précisément un changement de qualité, et non une addition en quantité, et probablement une amélioration qui ne ressort pas comme très appréciable dans le prix. Dans cet exemple, ce n'est pas seulement la différence entre le voluptueux pneumatique d'aujourd'hui et la machine à secouer les os déjà oubliée d'il y a quelques années, mais ce qu'on oublie de signaler, c'est que le domaine du bonheur humain s'est étendu de tout ce que la surface du monde s'est rétrécie. Des hommes et des femmes qui s'échappaient rarement de la ville sont maintenant partout chez eux dans un rayon de vingt milles. Dans la même catégorie rentrent la machine à écrire, le téléphone, les progrès dans la photographie, la machine à coudre, les pianos, l'impression, la reliure, l'illustration des livres et des journaux, tous les appareils de jeux et de sports.

6° *Propriété ne rapportant pas de revenu en numéraire.* — Il y a un autre groupe qui échappe à l'estimation et qui ajoute encore beaucoup au courant du bien-
être humain. Il se présente sous deux formes : 1°) la richesse immobilisée par les gouvernements, les municipalités, les individus et apparaissant comme un capital
non productif de revenu ; 2°) le changement graduel
qui s'opère insensiblement dans les alentours, lorsqu'il
se produit conformément aux nouvelles dispositions et
aux nouveaux désirs de l'homme.

1° Quand Sir Robert Giffen a évalué la « propriété nationale » à 10.037.000.000 £ (1), la plus grande partie
de ce chiffre a été constituée en prenant différents revenus
en numéraire pour des ventes opérées pendant tant
d'années. Mais il a ajouté deux sommes : l'une de
960.000.000 £, représentant « la propriété mobilière »,
ameublement des maisons, objets d'art, etc., l'autre de
500.000.000 £, représentant « la propriété nationale et
locale ». Or, ces deux catégories rapportent un revenu
certain d'avantages variés, tout comme les habitations
privées qui sont estimées en argent et cotées dans l'income-tax, mais elles figurent explicitement dans une
cédule spéciale de la richesse publique sous la rubrique
de propriétés ne « rapportant pas de revenus ».

Il en est de même des parcs publics, des grands es-
paces et des terrains pour les jeux. Si, par exemple, un
homme riche consent à ce que la maison et les terrains
qu'il possède dans une ville soient affectés à un musée
public ou à un parc, la jouissance de ces propriétés qui
apparaissait autrefois sous forme de revenu en numéraire, échappe maintenant aux rôles de l'impôt. Mais,
pratiquement, c'est la même chose que si ces propriétés

(1) *The Growth of Capital*, p. 11.

étaient tombées dans les mains d'une grande famille.

2° L'autre forme est moins évidente. Elle correspond, dans la sphère publique, à « la bonne volonté » dans les affaires privées, à la facilité de traiter une question quand les différentes parties sont bien d'accord. Le développement d'un pays répète sur une grande échelle l'histoire bien connue d'une ville d'eau mal située. Dans les premiers temps, elle se développe comme il lui plait ; d'où il résulte qu'arrivée à l'âge de discrétion, elle est obligée d'employer une grande part de son revenu à se débarrasser de toutes sortes d'inconvénients. On voit bien le travail qui consiste à purifier les rivières, à combiner des plans de drainage et d'amélioration. Mais il y a un autre genre de travail qui se poursuit plus tranquillement et plus sûrement. C'est l'accroissement de bien-être qui provient, non pas des matériaux nouveaux pour l'amusement, mais de l'application des anciens matériaux à de nouveaux usages restés jusque-là inaperçus ou mal utilisés. Des industries sont reléguées dans des quartiers spéciaux — par exemple dans le voisinage de l'eau, — laissant aux autres quartiers de l'air et de la fraîcheur ; la population ouvrière se déplace quittant les villes congestionnées pour la banlieue, d'où elle revient en chemin de fer ou en voiture ; la campagne et les bords de la mer se transforment en quartiers d'été ; des étendues incultes de sable ou de gazon sont utilisées pour la récréation nationale (et rationnelle) du *golf* ; le trafic des villes s'accroît par des lignes de tramways ; le pavage des rues s'améliore pour empêcher les bruits discordants ; on construit des routes pour faciliter le passage des bicyclettes — en un mot, par des procédés infiniment variés la science et l'organisation tirent meilleur parti des localités. Les places les plus montueuses du monde sont souvent rendues planes comme un champ de *golf*, simplement par les pieds des passants.

7. *Liberté et bon gouvernement.* — Enfin et moins sensible peut-être que tout le reste — surtout pour ceux qui cherchent l'âge d'or dans le passé — il faut noter la richesse croissante résultant d'un état de paix, du libre choix de la profession, de la sécurité des personnes et des propriétés, de l'abolition des privilèges de classe, de la liberté de la pensée et de son expression, qui s'accroissent avec la civilisation plus développée de la nation administrée par de bonnes lois. Si, pour un moment, nous nous figurions la différence entre un temps où les hommes devaient se protéger au moyen d'armes qu'ils avaient à la main ou au côté, et le temps où l'éclairage au gaz et la police font, même d'une grande ville, un asile sûr pour la vie, la propriété, la vertu, nous verrions combien il a été ajouté de ce chef à la richesse réelle mais indivisible de la nation. Cette transformation échappe à notre attention, parce que c'est plutôt l'élimination d'un mal que l'addition d'un bien positif (1).

(1) On peut former une huitième catégorie. Le bien-être humain se développe non seulement par l'addition de nouveaux outils, mais aussi par l'aptitude croissante à en faire usage. C'est l'éducation, naturellement, qui opère ce développement. Aussi l'accroissement de richesse qui rend possible d'élever l'âge scolaire, et de donner une éducation libérale aux enfants des plus pauvres, a-t-il un double effet sur le revenu réel constitué par des utilités.

CHAPITRE XII

Parabole pour montrer que, quelle que puisse être la répartition du revenu en numéraire, il n'y a qu'une somme de produits contre laquelle il puisse être échangé. Ce revenu réel
peut être considéré à deux points de vue : soit — ainsi que
nous l'avons fait — comme une somme de produits .chetés
aux fabricants avec du numéraire, ou comme une somme de
produits achetés *par* les fabricants avec du numéraire. Dans
chacun des deux cas, il n'y a qu'une seule somme. Deux
choses nous empêchent de le voir. L'une est que les produits
sont payés à un moment et revendus à un autre. L'autre est
la possibilité d'erreurs de calcul entre l'offre et la demande.
Mais, dans l'ensemble, toute l'offre (revenu en produits) est
achetée par toute la demande (revenu en numéraire). Par
conséquent si l'un des fabricants ou un groupe de fabricants
touche plus, d'autres touchent moins. Et, comme corollaire,
si un fabricant rend plus de services, quelqu'autre touche
plus de revenu, et *vice versa*. Cette proposition est illustrée par
l'exemple d'une jeune fille riche apprenant le maniement de
la machine à écrire, et par la discussion soulevée par la question des *Huit heures*.

Il reste encore quelque chose à dire sur la relation
dans laquelle le revenu en numéraire se trouve par
rapport au revenu réel. On peut l'expliquer par une parabole portant sur l'un des problèmes du jour.

Supposons qu'un fabricant de drap bien intentionné
ait fait l'expérience, que j'ai faite une fois, de vivre comme

une ouvrière, qu'il ait trouvé que, s'il est possible de se nourrir avec six pence par jour, ce n'est pas agréable, et que, en tenant compte du loyer, des vêtements et autres nécessités, il est extrêmement difficile de voir comment des femmes peuvent vivre avec 10 sh. par semaine en restant honnêtes.

Supposons alors que ce fabricant se sente gêné dans sa conscience par le faible chiffre des salaires qu'il donne à ses ouvrières. Il voudrait bien payer davantage à ces jeunes filles, mais, se trouvant dans les conditions de beaucoup d'employeurs de tous les temps, et ne retirant de son capital que l'intérêt courant, il ne peut se permettre de réduire davantage sa propre rémunération.

A ce moment, une des ouvrières vient lui faire remarquer que les salaires sont prélevés sur le prix du produit, et lui suggère qu'il devrait élever le prix des marchandises qu'il fabrique. Une occasion favorable se présente ; il élève le prix de son drap et, — disons-le, — il donne l'intégralité du surplus à ses ouvrières.

Naturellement celles-ci se félicitent de gagner, par semaine, un shelling de plus, par exemple. Et un petit nombre de gens, parmi ceux d'entre nous qui achètent des vêtements de coton, estiment que cette satisfaction n'est pas chèrement achetée, même si nous payons un peu plus les vêtements que nous achetons.

Mais supposons que ces vêtements de coton constituent une des choses absolument nécessaires que les ouvrières doivent acheter pour vivre ; alors toutes les ouvrières auront plus à payer pour se les procurer et les tisserands eux-mêmes, s'ils achètent des cotonnades au magasin, pourront grogner quand ils verront qu'ils ont à payer un peu plus l'étoffe qu'ils ont eux-mêmes tissée.

Supposons maintenant que tous les employeurs, pris du même scrupule de conscience, élèvent tous leurs prix en proportion, jusqu'à ce que nous ayions parcouru le cycle complet de toutes les professions.

Cela peut avoir lieu tant que les prix ne sont pas tenus en échec par la concurrence d'autres pays ou d'industriels restant en dehors de la combinaison. Quel est le résultat final ? Les salariés touchent, je suppose, un shelling de plus par semaine, mais les nouveaux salaires n'achètent que juste la somme de produits qu'achetaient les anciens. Les salaires en numéraire de toutes les professions ont monté ; mais le prix de toutes choses a monté aussi et le salaire *réel* est demeuré constant.

Ainsi nous voyons qu'une élévation dans le *prix de vente*, correspondant à une augmentation de *salaire*, n'est avantageuse pour les salariés d'une industrie quelconque, *que* dans la proportion où les autres industries ne suivent pas cet exemple. « La puissance d'achat des six pence qui sont dans ma poche dépend de l'absence de six pence dans la vôtre ». Si l'ouvrière en drap touche un shelling de plus et que les prix ne s'élèvent pas, il est clair que tout le profit sera pour elle. Si elle touche un shelling de plus et que quelques-unes des choses *qu'elle n'achète pas* haussent de prix, c'est encore un gain pour elle, bien que ceux d'entre nous qui achètent la chose plus cher, puissent souffrir de cette augmentation de prix. Mais si l'ouvrière touche un shelling de plus et si toutes les choses dont elle a besoin haussent de prix dans la même proportion, qu'a-t-elle gagné ?

Qu'est-ce qui a été perdu de vue par ceux qui pensent qu'un relèvement des prix est une atteinte insignifiante portée au bien-être universel ? C'est que le numéraire, après tout, n'est autre chose qu'un titre (*claim*) à une part d'un total déterminé de produits ; le prix peut être changé, ainsi que la distribution des salaires, mais le total ne peut s'accroître.

La parabole nous montre, sous une autre forme, ce qu'on a pu déjà pressentir, savoir que le Revenu national comporte des définitions différentes. « Le Revenu réel, dit M. Edwin Cannan, consiste en ce qui est acheté par le numéraire (1). » Cette définition a l'avantage de correspondre à la distinction économique usuelle entre le salaire nominal et le salaire réel, le premier étant ce que l'ouvrier touche le jour de la paye, le second ce que sa femme *achète* avec cette paye. Mais le « revenu réel », tel que nous l'avons défini précédemment, c'est ce que l'ouvrier a produit pour gagner son salaire. Ce qu'il faut maintenant rendre clair, c'est que ces différentes définitions sont simplement des manières différentes d'arriver au même résultat : le revenu réel est toujours la même somme de produits ou de services vue de deux points de vue différents, celui du vendeur et celui de l'acheteur. Les facteurs — ou plutôt, les possesseurs des facteurs — sont d'abord ceux qui vendent les marchandises qu'ils fabriquent, puis ceux qui achètent les marchandises qu'ils ont fabriquées. D'un côté le Revenu national apparaît comme une somme de produits fabriqués et entassés dans les magasins, de l'autre, comme une somme de produits pris dans les magasins pour la consommation. L'essentiel c'est que les services que nous avons eu à considérer dans les précédents chapitres de ce livre sont des services rendus. Mais les services rendus à la communauté doivent être des services reçus par la communauté. Les marchandises fabriquées sont les produits consommés ou mis de côté.

Dans le passé, nous pouvons supposer que chaque ouvrier avait un revenu dont il avait produit une portion, dont il a consommé et mis de côté une partie ; nous

_____

(1) *Theories of Production and Distribution*, p. 62.

n'avions pas à nous embarrasser du revenu en numéraire. Le revenu pour lequel l'ouvrier actuel a abandonné
son industrie individuelle n'est pas du numéraire, mais
une part à prendre dans les biens produits par la division des efforts organisés. Le numéraire est une station
à mi-chemin. Pour le moment le revenu en numéraire est
entre les mains des fabricants, et le revenu en produits
dans les magasins. Mais nul ne touche son revenu réel
avant d'aller dans les magasins, où lui et tous les autres
ont déposé les produits spéciaux de leur façon ou les
produits à la fabrication desquels ils ont collaboré ;
chacun y achète, ainsi que les autres, la part qui lui revient dans le produit total. C'est la dernière phase de
la division du travail ; les fabricants ont travaillé pour
produire les biens réels et non le numéraire. C'est le numéraire qui a rendu possible la division du travail en
mettant l'ouvrier à même de coopérer à la formation de
produits non terminés ou spéciaux et de prélever son
revenu sur les produits achevés ou d'une utilité générale. Ce que nous devons retenir c'est que les produits
qu'on achète alors — le « revenu réel » de M. Cannan
— sont les produits mêmes qui ont été d'abord fabriqués. La somme des produits partiels ou spéciaux est
juste égale à celle des produits en génal (1).

Supposons que A, B, C aient divisé leur travail de
façon à en toucher le résultat comme on touche les
mises au jeu de la poule. Après une semaine de travail
chacun porte son produit au marché et le vend pour

____

(1) Ce qui rend peut-être ceci plus difficile à comprendre,
c'est que l'assemblage des produits partiels ou spéciaux et leur
mise à la disposition du consommateur comme produits terminés sont eux-mêmes des produits spéciaux ou partiels sous une
forme immatérielle. Une chaise, par exemple, est un produit
achevé émanant du travail du menuisier, du vernisseur, du détaillant aussi bien que de la substance du bois.

de l'argent. Le revenu total au bout de la semaine est l'ensemble des produits portés au marché — le produit total du travail de A, B, C. Avec le numéraire qu'ils ont retiré de ces ventes, A, B, C, ou leurs femmes vont, le samedi soir, acheter leurs provisions pour la semaine suivante. Mais ce qu'ils trouvent au marché est précisément ce qu'ils y ont apporté individuellement. Le revenu est formé des mêmes produits, qu'ils soient comptés comme apportés au marché, ou emportés du marché.

Il y a, néanmoins, deux choses qui nous empêchent de saisir tout à fait clairement cette identité : l'une est le temps qui s'écoule entre le gain et la dépense du salaire en numéraire ; l'autre est la possibilité d'une erreur de calcul entre l'offre et la demande.

1° Les biens sont produits et payés à un certain moment ; leur prix en numéraire est dépensé à un autre. C'est là un des avantages de la monnaie ; l'homme qui prend son revenu en numéraire — sauf le cultivateur qui le prélève en nature — a en sa possession une forme de richesse qu'il « garde ». Il peut conserver son argent dans sa poche aussi longtemps qu'il veut avant de l'échanger.

2° La possibilité d'une erreur de calcul provient du fait que la femme de l'ouvrier a le choix de la boutique où elle s'approvisionne. Si les ouvriers se formaient en un petit cercle coopératif, de six personnes par exemple, chacune d'elles faisant un objet déterminé, et si chacune réclamait le sixième de chaque catégorie, les produits mis en magasin et les produits qui en seraient retirés seraient visiblement les mêmes. Mais la division moderne du travail ne comporte pas un pareil arrangement. La majorité des produits ne sont pas faits sur commande, mais en anticipation de la demande ; et la demande, le revenu en numéraire courant après les produits, s'ajuste à prix librement débattu d'après l'offre, c'est-à-dire d'après le revenu réel cherchant sa contre-partie en numéraire. La division du travail a l'avantage d'accroître la quantité des produits au delà de ce que pourraient donner des efforts isolés. Elle a l'inconvénient de rendre très possible un malentendu entre le producteur et le consommateur, l'un apportant ce dont l'autre n'a pas besoin. Cela se règle de soi-même inévitablement, mais non sans perte. Chacun travaille pour vendre. Si les produits ne sont pas vendus une semaine, ils ne seront pas fabriqués la semaine suivante. Ou, si l'ouvrier est dans des conditions telles qu'il ne puisse fabriquer qu'une seule chose, il verra son produit baisser constamment de valeur.

C'est une chose merveilleuse, à première vue, que ces faux calculs se corrigent ainsi d'eux-mêmes ; que, par exemple, les boutiques qui vendent les objets les moins durables et qui sembleraient courir le risque de rester avec un stock invendu, fassent des bénéfices. La complexité immense des produits, fabriqués pour la plupart en anticipation de la demande, trouve acheteurs dans son ensemble ; le revenu en numéraire est précisément en état de balancer le revenu réel. Mais ce n'est pas aussi merveilleux que cela en a l'air. Ce qui échappe, c'est que les revenus que les gens dépensent étaient évalués sur le prix ou en anticipation du prix, et que ce prix est présumé déterminé par les besoins et les désirs de ces mêmes gens ; que les producteurs, dans leur ensemble, produisent les marchandises à un prix qui doit les acheter et comptent que ce prix leur sera restitué. Ceci est peut-être difficile à comprendre et doit être exposé sous une nouvelle forme.

Les employeurs qui organisent la division du travail en vue de produire une utilité déterminée, courent le risque que leur produit ne sera pas vendu, et paient les salaires seulement par anticipation. Ils n'agissent pas ainsi par esprit de spéculation blâmable, mais d'après certains calculs de probabilité. Ils ne fabriquent pas du tout de produits à moins qu'ils ne soient demandés, et à moins que cette demande ne se manifeste sous la forme de l'offre d'un prix qui leur permette de vendre avec bénéfice. C'est en raison et dans l'attente de ce prix qu'ils établissent et paient les salaires. S'ils font une erreur, si les prix sont trop élevés, les produits peuvent rester invendus, mais, si les employeurs n'étaient pas normalement garantis contre une erreur de ce genre, il n'y aurait ni industrie ni salaires.

Sous la forme la plus simple : supposons un employeur ayant à démontrer l'idée économique fondamentale, que l'industrie est une coopération d'hommes fabriquant des produits pour eux-mêmes, et, pour éliminer le phénomène troublant du profit, renonçant à prélever une rémunération quelconque de ses propres services. Si un pareil employeur fabrique des étoffes de coton devant être vendues à six pence le yard, c'est parce qu'il suppose, par anticipation, qu'il trouvera des acheteurs à ce prix, et il fait son possible pour mettre, sous forme de salaires, ces six pence dans la poche de l'ouvrier. C'est seulement la division du travail qui nous empêche de voir que les consommateurs, dans leur ensemble, sont les producteurs, et vendent leurs propres produits au prix qu'ils ont payé pour les faire, vendant leur part de travail six pence pour retirer de l'ensemble des produits une valeur de six pence.

La chose deviendrait très claire dans un système coopératif — et c'est un des grands mérites de la coopération de donner cette leçon aux gens du peuple. Quand le petit groupe qui a déterminé le mouvement coopératif de

Rochdale a acheté son premier baril de sucre, et qu'il a chargé un de ses membres de le vendre aux autres en quantités aussi petites qu'ils le voulaient, il a dù devenir évident pour eux qu'à moins de fixer le prix du sucre au détail à un chiffre suffisant pour ne pas perdre, et à moins d'avoir la certitude d'écouler tout le sucre à ce prix, l'opération, dans son ensemble, réaliserait une perte. Si chaque groupe de consommateurs, conformément à la logique de la coopération, fabriquaient des produits pour leurs propres magasins, et n'allaient acheter que dans ces magasins mêmes, — l'identité du revenu produit et du revenu acheté apparaîtrait clairement.

La conclusion de tout ceci se dégage sous une forme concrète dans notre parabole. Le total du revenu en numéraire ne peut acheter plus de produits qu'il n'y en a à vendre. Si tous lés fabricants échangeaient tous leur numéraire contre des produits, le revenu réel (en produits) serait épuisé. Mais, en tout cas, il n'y a qu'une seule somme de produits qui puisse être achetée avec du numéraire. Il s'ensuit, conformément à la loi qui nous interdit d'avoir des idées originales dans la simple arithmétique, qu'à moins d'un accroissement du revenu réel, si l'un des facteurs de la fabrication accroît la part à laquelle il a droit, il y a un autre facteur pour qui cette part diminue. Il n'y a pas de jonglerie avec le rehaussement du prix et du salaire, ou inversement, avec l'abaissement des deux, qui puisse altérer cette loi. Si le propriétaire demande trop pour ses loyers, les employeurs pour leur administration, les ouvriers pour le travail, ils ne font rien autre chose que de changer la distribution du Revenu national. Dans la classe ouvrière règne l'idée grossière que ce que chaque profession gagne c'est sur le capital ou les employeurs ; il est juste aussi évident

que ce gain est prélevé aussi sur les autres salariés. S'il
est quelquefois presque impossible de voir sur quelles
épaules se fera l'incidence de nouveaux impôts, il est
également impossible de voir quelle sera la classe qui
pâtira d'un arrangement particulier quelconque.

Le corollaire de tout ceci, néanmoins — si nous pouvons en juger par le langage et les actes du plus grand
nombre, — n'est pas clair du tout. Il consiste en ce que
si l'un des facteurs rend plus de services, quelques-
uns (lui ou d'autres) touchent plus de revenus ; si l'un
d'eux diminue le nombre des services, quelques-uns (lui
ou d'autres) touchent moins de revenus. Cela peut être
prouvé d'une façon très utile peut-être en prenant deux
exemples concrets dans lesquels ces conclusions ne sont
pas généralement comprises.

1° Il y a une proposition qui se répète d'une manière
fatigante, même parmi les gens qui devraient être plus
éclairés : — c'est que la fille d'un homme riche n'a pas
le droit de travailler pour vivre. Généralement ceux qui
sont les plus ardents à réclamer le « droit au travail »
pour le pauvre, le refusent, dans ce cas, au riche, et ceux
qui traitent avec mépris le riche de « parasite », blâment
les filles de ces parasites de faire ce qu'ils blâment leurs
pères de ne pas faire.

A cette proposition, il y a deux réponses à opposer. L'une est d'ordre logique : si le fils du riche est
blâmé parce qu'il ne travaille pas, il est difficile de
voir pourquoi la fille du riche serait blâmée quand elle
travaille. L'autre réponse est d'ordre économique :
toute personne qui ajoute au revenu national ajoute à
la somme partageable, tandis que tout individu qui ne
fait que consommer, retranche quelque chose à cette
somme.

Mais des réponses qui font taire le contradicteur ne

le convainquent pas toujours et la constante résurrec-
tion de la proposition, même parmi mes propres élèves,
m'autorise à donner à cet argument économique une
forme concrète. Prenons un cas usuel qui semble l'un
des plus vivement blâmés : une jeune fille, dont le père
est en situation de la garder avec lui, trouve un emploi
de son activité dans le maniement de la machine à écrire.

Ce qui frappe les yeux c'est que cette jeune fille entre
ici en concurrence avec d'autres qui ont besoin de travailler et auxquelles, comme on dit, « elle ôte le pain
de la bouche ». L'idée est, évidemment, qu'on n'a besoin
que d'un nombre limité de typistes, et qu'il faut les
chercher parmi les filles de gens moins aisés.

A cela la première réponse est qu'un raisonnement
semblable est fait couramment, non seulement pour la
machine à écrire et les occupations de la femme en général, mais pour toute occupation quelconque. On pourrait supposer, par exemple, que, dans un pays qui prétend à la domination des mers et dont la supériorité
en matière de constructions navales est notoire, le raisonnement ne pourrait jamais être appliqué aux ingénieurs et constructeurs de navires. Or, en fait, dans les
années les plus prospères, il y a toujours une proportion
considérable de gens qui ne sont pas employés dans les
grandes sociétés industrielles en activité, et cela est considéré par les Trades-unions comme une raison pour limiter le nombre des apprentis. Interrogez n'importe
quelle personne familière avec notre seconde grande
industrie, celle des textiles, et, comme preuve à l'appui
de la « surproduction », elle invoquera le nombre
d'usines dans le Lancasbire qui ne paient point de dividendes. Il en est de même, au bas de l'échelle, pour les
marchands et les boutiquiers en détail : « ils sont trop
nombreux dans la partie ». Il n'en est pas autrement

pour les professions libérales. Le nombre de clergymen sans emploi, d'avocats qui ne peuvent gagner leur vie, de médecins sans clientèle, la lenteur de l'avancement dans la banque, dans l'enseignement, dans le service de l'État, la grande armée des clercs mal payés, les horreurs du journalisme de Grub Street, le jeûne des poëtes de second ordre — tout cela c'est la même histoire. Ce n'est que pour l'armée et pour la marine que nous entendons dire qu'il y a trop peu de candidats ; on en donne pour raison que les appointements sont trop faibles pour tenter d'autres gens que les aventureux, les agités, les dissipateurs.

Donc, la proposition qu'il y a encombrement ne peut pas être considérée comme plus exacte pour la profession de typiste que pour les autres. Nous devons la regarder comme exprimant simplement le fait ordinaire que les gens d'une profession sont dans une mutuelle concurrence, et nous devons nous demander si la fille d'un homme riche ne coopère pas aussi à la production ; en d'autres termes, si elle n'ajoute pas au revenu réel, en même temps qu'elle prélève un revenu en numéraire. Supposons donc que notre jeune fille offre ses services sur le marché ; la question est celle-ci : cette offre apporte-t-elle par elle-même les moyens de la rémunérer ?

Supposons, par exemple, que le père alloue à sa fille, pour sa toilette, une pension de 30 £ et que, en raison de ce qu'elle gagne 12 sh. 6 d. par semaine comme typiste, il supprime sa pension. Pour la jeune fille, il n'y a point de différence, si ce n'est l'agréable satisfaction que donne l'indépendance personnelle. Mais que va-t-il arriver pour le père ? Il a maintenant une somme de 30 £ de revenu non employée. Supposons, pour rendre le raisonnement tout à fait clair, qu'avec cette somme, il engage une nouvelle typiste dans son propre bureau.

N'est-ce pas là une place nouvelle dans l'industrie? Et, en admettant que miss Crésus ait déplacé une autre typiste, si celle-ci prend la nouvelle situation, cette concurrence a-t-elle ôté le pain de la bouche à miss Job? En réalité, en pratique, la nouvelle typiste a ajouté quelque chose à la richesse de la communauté, et elle est payée par la valeur de ce qu'elle a ajouté.

De quelque façon qu'on se retourne, on ne peut échapper au fait arithmétique qu'avant de partager, la fille de l'homme riche ajoute; elle ne prélève que ce qu'elle ajoute; elle n'est en concurrence que dans la mesure où elle coopère. Dans tout ceci nous avons une autre forme de l'erreur populaire que le professeur Marshall a définitivement — on voudrait l'espérer — réfutée, le prétendu fonds des salaires.

2° La demande de la journée de huit heures faite par les mécaniciens dans le cours de la grève de 1897-98 reposait sur beaucoup de bons et de mauvais arguments, mais dont deux semblaient tenir la tête. A quelques-uns, l'avantage principal de la mesure paraissait être l'ouvrage donné aux ouvriers sans travail. On affirmait, sans doute, au même moment que la réduction des heures ne diminuerait pas la production, mais ceux qui avançaient cette proposition auraient dû remarquer que les deux arguments ne tiennent pas ensemble : si le résultat *par homme* n'est pas réduit, d'où viendrait la demande de plus de travail? La conviction réelle, au fond, était que les ouvriers ne pourraient faire en huit heures le travail nécessaire, et que les employeurs seraient obligés d'en prendre davantage : — on négligeait cette probabilité, que le montant du travail requis et commandé ne serait plus le même si les prix, grâce à l'augmentation des frais de production, étaient rehaussés.

Pour les autres l'attrait de la proposition était l'heure,

additionnelle de loisir. Mais ils ne voulaient point payer cette heure. Ils ne proposaient pas de travailler plus dur et de faire en huit heures ce qu'ils faisaient en neuf. Ils demandaient simplement que le salaire de huit heures fût le même que pour neuf heures aujourd'hui. C'était, en un mot, une demande particulièrement gauche pour faire élever le taux du salaire, et beaucoup d'employeurs considéraient la proposition comme un moyen pour les ouvriers de s'assurer une heure supplémentaire payée par jour.

L'accroissement du coût de production qui se serait produit dans les deux hypothèses devait être prélevé ou sur les consommateurs sous forme de prix plus élevés, ou sur les employeurs sous forme de profits moindres. La première alternative, disaient les employeurs, n'était pas réalisable, devant la concurrence des étrangers vendant en Angleterre et ailleurs ; la dernière n'était pas possible en raison du taux actuel des profits ; et ils prouvaient la réalité de leur conviction par la grande fédération de toutes les unités rivales en face du danger commun.

Au point de vue économique, la question fondamentale était celle-ci. Les hommes et les machines, conjointement ou séparément, pourraient-ils faire autant en huit heures qu'en neuf? S'ils le peuvent, il y a avantage sur plusieurs points. L'homme aurait une heure de loisir de plus et le salaire resterait le même. Le patron économiserait des moteurs et de l'outillage. Mais s'ils ne le peuvent pas, le résultat serait une diminution dans la quantité de produits qui constituent le Revenu national. Alors comment prendre plus dans une malle où l'on met moins? Mais, à travers toutes les disputes, il était évident que cette idée n'entrait pas dans le cerveau des ouvriers. C'était toujours la vieille croyance: les salaires sortent de la poche des employeurs, ou bien les employeurs peuvent remplir leurs poches en élevant les prix, oubliant qu'à la longue, si le consommateur doit payer des prix plus élevés, cela veut dire simplement qu'une part du dividende national paie plus les autres. S'il n'y a pas accroissement dans le revenu réel, tout accroissement dans le revenu en numéraire n'est qu'un changement dans la répartition. Penser autrement c'est croire que la terre rapporterait plus au cultivateur si l'année de 365 jours était partagée en treize mois.

DEUXIÈME PARTIE

Répartition

—

CHAPITRE PREMIER

LE PROBLÈME

L'importance de la présente étude repose sur la « défectuosité » présumée de la répartition actuelle. La phrase recouvre deux suppositions implicites :

1° que tout travail, en tant que pur travail, mérite salaire. L'idée, probablement, est que le Créateur doit avoir pourvu aux besoins de l'homme comme à ceux des autres créatures. Mais nous demandons infiniment plus que la Nature ne donne, et nous l'obtenons sous la condition que nous divisions nos efforts et que chacun de nous travaille sur la demande des autres. Ainsi une répartition n'est pas nécessairement « défectueuse » parce qu'elle ne donne pas de quoi vivre à certains individus qui veulent travailler.

2° Qu'une répartition inégale est mauvaise ; mais une répartition égale serait-elle bonne ? Parmi les suggestions d'une répartition meilleure, plusieurs ont pensé à la distribution suivant les besoins. Mais comme les seuls besoins qui se prêtent raisonnablement à l'évaluation sont les besoins physiques, ce serait une répartition correspondant au nombre des membres de chaque famille — ce qu'il serait difficile de recommander après l'expérience du siècle dernier. Le mérite, cependant, n'est-il pas un principe de distribution recommandable ? Admettons-le et prenons le produit comme un critérium du mérite. Dans ce cas nous devons trouver une commune mesure à la quantité et à la qualité des produits, et ce sera la valeur. Dans beaucoup de cas c'est là le principe moderne : l'auteur touche, pour ses services, le prix auquel ils sont estimés par le public. Mais ce n'est pas le cas typique de l'industrie moderne.

a) Ce n'est pas toujours le mérite personnel qui est rémunéré ; les classes propriétaires sont rémunérées suivant le produit des facteurs qui leur appartiennent.

b) Dans l'industrie manufacturière, la contribution individuelle au travail est noyée d'abord dans la chose produite, et ensuite dans le prix qui représente, en dernière analyse, la chose réellement partagée. Aussi le revenu dû ne veut pas dire « produit par », mais « porté au crédit de ».

Ceci est plus clair dans le cas de facteurs qui entrent dans la .fabrication de toutes sortes de produits — encore plus quand les services représentent non des produits de fabrication, mais des conditions générales de la production et de la vie, comme la protection de la police, par exemple. Le revenu individuel, dans ce cas, est une part dans le produit total de l'industrie, laquelle part est portée au crédit du facteur ; le paiement en numéraire est suggestif à cet égard. Ainsi notre problème est celui-ci : considérant les relations entre les subordonnés et le patron payeur en chef, trouver s'il y a un principe qui relie les divers paiements aux divers services.

Dans le livre précédent nous avons essayé d'arriver à des idées plus claires du revenu national en numéraire, considéré comme une somme de revenus individuels s'élevant à 1.500.000.000 livres et du revenu national réel considéré comme un courant annuel de services, tantôt rendus directement, tantôt incorporés dans des produits, tantôt prenant la forme de conditions générales de la vie.

La détermination du principe — s'il y en a un — sur lequel repose la distribution de la Richesse Nationale, est une question non seulement d'intérêt scientifique, mais de la plus haute importance pratique. Et cela d'autant plus qu'il est presque universellement admis qu'il y a quelque chose de très défectueux, ou tout au moins de regrettable, dans la distribution actuelle.

L'homme d'État ou le publiciste le plus modéré hésite

rarement à parler de la « mauvaise » ou même « de l'injuste répartition de la richesse ». Si elle est « mauvaise », il n'est pas prouvé *ipso facto*, comme certaines gens semblent le croire, qu'elle puisse être meilleure ; mais, en tout cas, nous ne pouvons nous arrêter avant d'avoir montré si elle est inévitable ou non. Si elle est « injuste », elle n'est pas inévitable. On n'a jamais eu des idées très claires sur la justice, mais chacun a l'idée vague qu'il existe quelque chose comme cela, et les plus urgentes questions du jour sont urgentes précisément en raison de quelque suspicion d'injustice.

Il peut ne pas être inutile de chercher à mettre en lumière une ou deux des hypothèses implicites sur lesquelles repose la critique courante de la distribution actuelle, et de critiquer à notre tour une ou deux propositions formulées pour distribuer le Revenu national sur des bases différentes. Nous trouvons un exemple illustre de cette méthode dans la *République*, où Platon laisse Thrasymaque et Glaucon élucider les idées qu'ils ont en gros sur la justice, avant d'édifier sur cette base la majestueuse construction de l'État, ordonné pour le bien de tous et où réside la justice (1).

La plupart d'entre nous sont familiarisés avec la plainte amère du littérateur qui ne peut gagner sa vie avec sa plume. Il prend le ciel à témoin qu'il a vécu sobrement et travaillé beaucoup ; peut-être a-t-il une femme et des enfants à sa charge ; mais le public ne veut pas acheter ses livres. Quel honnête homme a jamais

---

(1) La division du travail, suivant Platon, est une division qui repose sur la capacité — chaque homme pratiquant seulement la chose à laquelle la Nature l'a le plus complètement adapté. Il est suggestif de remarquer que, avec Platon, une équitable distribution du revenu n'a rien de commun avec la distribution parfaite des *emplois* en vue de la réalisation de la vie.

été traité ainsi ? Ou, plus à plaindre encore, voilà un acteur qui ne peut gagner sa vie, comme il le voudrait, en jouant du Shakespeare. Il a englouti sa fortune pour réaliser une exacte mise en scène. Il a saccagé le British Museum pour trouver des costumes exacts. Nul ne conteste son talent ; ni Hamlet ni le roi Lear n'ont de secrets pour lui. Mais chaque soir il joue devant une triste rangée de loges vides. Il se retourne alors, maudit la loi de l'Offre et de la Demande et réclame un théâtre subventionné par l'État.

L'idée commune est qu'un homme a un titre à des moyens d'existence quand il prouve qu'il a travaillé beaucoup et suivant ses capacités. Comment cette idée a-t-elle pu être toujours acceptée ? c'est un mystère pour l'économiste (1). Y a-t-il une connexion évidente par elle-même entre le travail pur et simple et les salaires ? Sur quelle « conception de l'univers » cette connexion est-elle fondée ?

Peut-être l'homme est-il considéré comme un marin naufragé que les vents et les flots ont jeté sur les rivages escarpés de la vie. Il serait « honteux » de l'y laisser mourir de faim. Très bien ! mais on ne le laisse pas mourir de faim ; au pis aller, les portes du work-house lui sont ouvertes, la nourriture et le logement lui sont garantis dans cet établissement. Mais il ne demande pas

---

(1) Si quelque lecteur doute de la réalité de cette acceptation, qu'il veuille bien considérer que, tandis que l'opinion publique est arrivée au point de réprouver la mendicité pure, elle permet encore au joueur d'orgue de barbarie ou à ce qu'on appelle la German-Band de nous torturer avec leurs maudits instruments. La seule explication, c'est que tourner une manivelle ou souffler dans un tube est un « travail » et que, d'après cela, les hommes qui se livrent à ces exercices *travaillent* pour gagner leur vie. — Le fait est qu'ils nous extorquent leur salaire à la pointe de la baïonnette.

la charité, il demande du travail ! Très bien encore !
faites-le travailler. Mais il demande que son travail lui
soit payé. Ah ! c'est une autre question ; que sait-il
faire ? Fait-il des tableaux, des vers, peut-il tourner la
manivelle d'un orgue ? Mais nous n'avons pas besoin de
tout cela. De mauvaise peinture, de mauvaise musique,
de mauvais vers, tout cela se vaut — on paierait plutôt
cet homme pour ne pas en faire. Mais on le répète, ce
qu'il veut, c'est du travail, non l'aumône. A cela pas de
réponse. Alors le plaignant, d'ordinaire, en appelle à
une justice plus haute et dit: si les particuliers ne
veulent pas faire leur devoir, l'État doit donner du travail à ceux qui n'en ont pas. Mais où l'État trouvera-t-il
l'argent ? Et à qui l'État vendra-t-il les produits dont les
citoyens ne veulent pas ?

Sans doute, au fond, cette idée émane pour nous
d'une source religieuse. Dieu pourvoit à l'existence des
bêtes de la forêt, des oiseaux de l'air ; donc il doit
aussi avoir pourvu à l'existence de l'homme, son enfant
favori. Si cette provision ne se retrouve pas, c'est qu'elle
a été retenue par certains accapareurs. « Nous sommes
battus, nous sommes trahis ! » Ceux qui emploient cet
argument tiré du règne animal en faveur de l'homme
pourraient se rappeler la réponse du vieux fermier
quand, aux jours de l'adversité, on lui rappelait que
Dieu nourrissait même les corbeaux : « oui, dit-il, sur
mes restes ».

La vérité est que l'analogie est, économiquement,
tout à fait fausse, quelle que puisse être sa valeur théo-
logique. Nous ne sommes ni des bêtes de la forêt, ni des
oiseaux de l'air, mais des hommes. En tant qu'hommes,
nous avons, pour le moment, renversé « le processus
naturel ». Nous avons posé des limites à l'élimination
des incapables. Nous avons une idée bien arrêtée sur la

sainteté de la vie humaine ; nous nous efforçons de la conserver et de l'accroître. Par conséquent, refusant d'accepter pour notre race la limitation que la Nature impose à ses autres créatures, nous devons combiner un plan pour qu'elle nous fournisse ce qu'elle ne leur fournit pas. Individuellement, nous ne produisons presque rien, pas même de quoi entretenir une seule existence ; en sorte que, pour entretenir notre vie complexe, nous devons combiner nos efforts pour produire. Et, faisant l'abandon de notre travail individuel, nous ne pouvons produire sans tenir compte des besoins et des désirs de nos compagnons. Ce qu'il y a de merveilleux c'est que, par cette coopération, non seulement nous assurons l'existence de millions d'hommes qui ne pourraient vivre sans cela, mais nous affranchissons les foules de la nécessité de travailler machinalement comme des outils mécaniques, et nous leur permettons de fabriquer les choses qu'elles font bien, fabrication où elles trouvent positivement un plaisir. Mais tout cela sous une condition — c'est que les produits soient demandés. Nous ne sommes pas des Robinsons Crusoés travaillant sur notre propre commande. C'est le corps des consommateurs qui est notre employeur et, en dernière analyse, c'est lui qui nous paye. Et si, après tout, le public n'achète pas notre travail, nous ne pouvons nous plaindre qu'il ait rompu son contrat avec nous. C'est nous qui avons couru le risque de nous satisfaire nous-mêmes, et de produire quelque chose dont la demande était précaire.

C'est ainsi que nous sommes amenés à constater qu'une répartition n'est pas nécessairement mauvaise parce qu'elle refuse des moyens d'existence à quelques hommes qui veulent travailler.

Mais, en admettant que l'analogie entre l'animal et

l'homme soit trompeuse, on peut accorder que nous sommes une nation riche — plus riche qu'une nation ne l'a jamais été — et que le luxe et la misère se heurtent dans nos rues. Que, du revenu total de ce pays, quatre millions trois quarts de familles se partagent entre elles seulement 500.000.000 livres, tandis que deux cent vingt-deux mille autres familles se partagent 350.000.000 livres ; que 25 0/0 au moins du nombre total des ouvriers adultes dans la société reçoivent pour leur travail moins d'une livre par semaine — ce qui n'est que le contraste déjà rappelé entre miss Crésus et miss Job. En faut-il davantage pour prouver que la distribution du revenu est foncièrement mauvaise? Chacun est familiarisé avec ce genre de raisonnement. On suppose toujours que Lazare est allé au ciel parce qu'il était pauvre.

Ici les prémisses cachées, naturellement, sont qu'une distribution dont tout le monde reconnaît l'inégalité est une mauvaise distribution. N'est-ce pas là une affirmation un peu hâtive ? La Déclaration de l'Indépendance nous dit que tous les hommes sont nés égaux et libres, — et nous savons tous le genre d'égalité que l'Amérique accorde aux citoyens noirs. Mais, en dehors de l'Amérique, un médecin s'est-il jamais risqué à avancer que tous les enfants qu'il mettait au monde étaient « égaux ». Est-ce en taille ou en poids, en force ou en appétit, en développement des muscles et du cerveau — en quoi que ce soit enfin, si ce n'est que tous ont le même nombre de jambes, de bras, et ont du goût pour un régime lacté ? Et cependant, bien que nés inégaux, bien que vivant dans des conditions très inégales, beaucoup de gens regardent l'inégalité des revenus comme tout à fait anormale. Demandons-nous alors si une répartition égale serait une équitable répartition.

Le Revenu national, comme nous le savons, est évalué à 1.500.000.000 livres et la population à 40.000.000 d'âmes. Le quotient des deux nombres est 37 livres 10 sh. par tête ou 14 sh. 6 d. par semaine. Supposons qu'un communiste extrême arrive à la dictature et qu'il s'arrange de manière — ce ne serait pas tout à fait facile — à engager ou à forcer tous les chefs d'industrie à continuer à fabriquer avec autant de précision pour la société qu'autrefois pour eux-mêmes. Le plus qui pourrait être distribué par tête, en salaires, aliments ou en n'importe quoi, ce serait précisément ce que quatorze sh. d'argent et six pence pourraient acheter dans les boutiques, dans les écoles, les théâtres et les églises, partout où l'on demande les produits qui forment le revenu national.

Mais un dictateur quelconque distribuerait-il le Revenu national par portions égales ? La première chose qui frappe, c'est qu'à un moment donné, une grande partie de la nation est formée par des bébés — qui ne pourraient certainement pas dépenser 14 s. 6 d. par semaine pour leur lait et leur logement. Une autre partie est formée par les personnages intéressants, mais peu recommandables, qui habitent les prisons et qui non seulement ne sont pas des producteurs, mais qui ont fait de leur mieux pour bouleverser la société honnête et qui continueraient certainement leur travail contre elle, s'il leur était démontré qu'elle est gouvernée par un despote bienveillant. Ensuite, plus de la moitié de la population est composée de femmes, et, si l'on doit avoir la plus grande admiration pour la femme qui travaille, quelques-uns d'entre nous ne sont pas prêts à donner une part égale à la femme qui se croit dispensée par son sexe de l'obligation du travail.

Il suffit d'une courte démonstration pour faire voir

que, si une répartition inégale peut être bonne ou mauvaise, une répartition égale ne serait certainement pas bonne ; et on est amené à penser que, quelle que pût être une autre répartition meilleure, elle ne pourrait nous faire tous riches. (Cf. *Studies in Economics*, pp. 35, 269).

Admettant donc qu'une distribution égale est au moins sujette à caution, demandons-nous quel autre principe peut être admis pour régler le revenu, en supposant qu'il soit au pouvoir de l'homme de régler cette répartition.

Une distribution suivant les besoins serait-elle préférable ? Peut-être, s'il était possible de définir le mot *besoin* d'une façon passablement satisfaisante. Mais il est difficile de voir comment on pourrait prendre en considération autre chose que les besoins physiques, et, comme toute personne adulte a à peu près les mêmes, — si la distribution ne se faisait pas par portions égales — elle s'opérerait suivant l'importance numérique des familles. En sorte que, pour rappeler le mot de Pitt, « une grande famille serait une bénédiction et non une « malédiction ». Chacun sait ce qui est arrivé au commencement du siècle, quand les *Poor-Law-Guardians* ont agi d'après ce principe et réparti les secours proportionnellement au nombre des membres de la famille.

Je suis loin de dire que l'égalité modifiée suivant les différences de besoins ne soit pas un principe de distribution possible, admirable peut-être. C'est celui que nous adoptons instinctivement dans la nursery, les maisons de pauvres, les hôpitaux. Dans les villes assiégées et les navires à court de provisions c'est le seul auquel on puisse songer. Mais organiser une communauté de 40.000.000 âmes sur ce principe est une tâche devant laquelle la *Social Democratic Federation* elle-même peut hésiter.

Écartant ces deux principes d'une trop évidente simplicité, nous pensons naturellement à prendre le mérite comme base de répartition. C'est là un principe qui agit en sens presque diamétralement opposé aux précédents. Une distribution suivant les besoins serait plus ou moins déterminée par les constitutions physiques, mais les mérites n'ont rien à démêler avec elles. On peut admettre que les pairs du Royaume demandent la même quantité de nourriture par jour, mais il ne se trouvera pas de dictateur pour estimer les mérites de lord Kelvin au même niveau que ceux de la majorité de ses collègues. Il est possible que la seule ressemblance entre Mary Corelli qui fait des romans et Mary Smith qui travaille dans une fabrique, consiste en ce qu'elles prennent toutes deux par jour le même nombre de tasses de thé, mais mademoiselle Corelli serait très étonnée si de là on concluait à un parallèle entre les mérites respectifs des deux jeunes filles.

Ceci me suggère une très bonne *illustration* de la difficulté. Supposons que notre dictateur, arrivé au cas de mademoiselle Corelli, fasse le raisonnement suivant : « Combien devons-nous lui donner? Ses romans sont la lecture favorite de la Reine, mais l'*Athenaeum* ne considère pas la Reine comme une autorité en matière de romans. Supposons que nous lui donnions le double de la moyenne, 29 shellings par semaine. On peut imaginer mademoiselle Corelli en appelant aux innombrables éditions de ses œuvres, épuisées avant la publication. Elle dénoncerait l'infortuné dictateur comme un critique déguisé de la *Saturday Review!*

Évidemment, le concept de « mérite » demande lui-même une explication. Mais y a-t-il, peut-il y avoir une mesure commune admise pour les mérites? A cela il y a une réponse qui semble évidente et naturelle. Le produit n'est-il pas le critérium économique du mérite?

L'examen en détail de cette proposition montrera au moins où gît le problème.

Prenons le cas le plus simple, celui où une personne travaille sans intermédiaires et vend directement au public. Supposons qu'on tienne pour valable le raisonnement suivant. Cette personne a beaucoup produit, par conséquent elle mérite beaucoup. Alors se pose immédiatement cette question : Qu'est-ce que nous entendons par *beaucoup ?* Est-ce beaucoup en quantité ou en qualité ? Ces deux facteurs peuvent se ramener à un seul et notre critérium devient, non le produit, mais la valeur du produit.

Mais alors qu'est-ce que la valeur ? Il n'y a pas de valeur absolue. La valeur d'une chose, ce n'est pas comme si l'on faisait désigner le plus sage par une Académie ou un Sénat, ou par un dictateur même capable et intelligent. La valeur est l'expression commerciale de désirs humains — non pas de besoins absolus — mais de désirs en relation avec des satisfactions. Un pain a de la valeur, un diamant, une bouteille d'eau-de-vie ont de la valeur, ainsi que les romans de Mlle Corelli, tous suivant le même principe, qu'ils satisfont certains désirs humains, et que leur quantité est limitée. L'éditeur publie un livre de quelque savant distingué, produit du travail et de la pensée de plusieurs années. Quelqu'un a-t-il besoin de cela? Personne ; le livre n'a point de valeur. Que vais-je vous offrir, Messieurs ?— Les *Chagrins de Satan ?* Ah ! oui ! dit le public ; c'est une chose qui a de la valeur. Nous en prendrons 10.000 à 6 sh. En dernière analyse le rapport de la demande à l'offre est le seul tribunal, si nous en appelons du produit à la valeur du produit comme critérium des mérites.

Et nous trouvons ainsi que le cas d'une romancière

populaire est un exemple aussi bon que possible de la manière dont quelques personnes estiment les mérites. Elle n'envoie pas ses romans aux critiques ; elle porte ses livres sur le marché et, en les achetant, le public détermine la part qui doit lui revenir dans le Revenu national. Supposons qu'elle soit son propre éditeur ; l'imprimeur, le relieur, le papetier, collaborent avec elle dans une faible mesure, mais le reste de la valeur lui appartient, et elle est payée presque directement de son produit ; elle est payée ce que le public estime ce produit. La conclusion à laquelle nous semblons arriver c'est que si l'on traduit « mérites de l'auteur » par « ce qu'il a produit » et « ce qu'il a produit » par « *la valeur* de ce qu'il a produit », alors, dans beaucoup de cas, la distribution actuelle du revenu *est* une distribution suivant les mérites.

Cette conclusion peut-elle être étendue en dehors du cas des travailleurs qui produisent et vendent sans intermédiaires? Si nous examinons les phénomènes qui se passent sous nos yeux, nous trouverons deux éléments qui modifient cette extension. L'un est ce que l'on peut appeler la production par procuration, l'autre est que la participation des producteurs disparaît dans la valeur du produit.

1º Il est évident que, sous le présent régime de répartition, beaucoup de gens sont payés, non pas sur la valeur de ce qu'ils produisent personnellement, mais suivant ce que produit le facteur de production dont ils disposent. Dans le cas du travail, il n'y a pas de différence, car le travail et le travailleur ne font qu'un. Mais ce que touche le capitaliste n'est pas ce qu'il produit personnellement, c'est ce que produit son capital. Il en est de même du propriétaire foncier. Est-ce que cette transformation d'un mérite individuel en un mérite par procuration n'est pas plus qu'une pure modification de forme ? Il semble étrange de lire, pour le « paiement suivant les mérites », que le duc de Westminster touche des centaines de mille livres par an parce qu'il possède une partie du sol sur lequel est bâtie Londres ; ou que le jeune M. Vanderbilt touchera un revenu colossal parce qu'il a un père riche.

Il va donc de soi, qu'en admettant l'exception du revenu qui incombe au travail en tant que travail, l'idée de mérite *personnel* en tant que principe de distribution doit être écartée (1). C'est toujours le facteur de production qui est payé pour ses services, que ce soit un facteur « humain ou brut », et le paiement revient à l'homme qui en est reconnu propriétaire.

2° L'autre élément qui doit modifier [notre conclusion c'est que la production et la vente directe au public ne représentent pas la complexité caractéristique de la production organisée dans l'état moderne actuel. Dans le premier chapitre du Iᵉʳ livre, nous avons vu que 600.000.000 livres du revenu exprimé en numéraire sont probablement dûs au capital ; et le reste, soit 900.000.000 livres, probablement dûs au travail.

Cela veut-il dire qu'une portion déterminée du revenu réel puisse être attribuée à l'énergie du capital et une autre à celle du travail — que ces deux sommes représentent les paiements correspondant aux produits respectifs ? Regardons un exemple typique.

Une usine est une unité ; une organisation de différents facteurs dirigés vers un but commun, la fabrication d'un objet achevé ou d'une série d'objets. Tout produit qui sort de l'usine à titre d'article achevé est un

----

(1) Ceci n'est pas, comme on pourrait le croire, pour abandonner la défense de la distribution actuelle. Voir plus loin.

« point focal » où se concentrent différents efforts. L'employeur n'exercerait pas ses fonctions s'il n'avait pas des ouvriers à organiser ; les ouvriers ne pourraient rien faire sans machines et sans énergie mécanique ; la machine et l'énergie mécanique ne pourraient fonctionner autrement que sous un toit, et l'édifice ne pourrait être bâti que sur un terrain solide. Nous reconaissons, comme nous l'avons dit, que la terre, le travail, le capital et l'organisation ont contribué à la fabrication du produit.

Mais lorsque l'article est tout prêt à être livré, si nous pouvons reconnaître qu'il est constitué par une certaine substance, nous ne savons que peu de chose des bras et des machines qui lui ont donné sa forme actuelle, et il n'y a pas trace de l'énergie qui les a combinés ensemble. Les facteurs matériels et immatériels se sont incorporés dans la nouvelle création. On n'entend plus parler d'une part quelconque dans le *processus* revenant au travail, au capital, à la terre, à l'organisation, beaucoup moins encore aux diverses formes entre lesquelles les différents facteurs se sont partagés. Tout ce que nous pouvons dire, c'est qu'ils ont coopéré ensemble. Ou, considérant le produit annuel comme un courant de produits similaires, tout ce que nous pouvons dire c'est que c'est le résultat de beaucoup de collaborations qui ont disparu et perdu leur existence distincte. Ainsi nous ne pourrions partager le produit suivant la part qui revient à chacun de ses facteurs constitutifs, même si les produits étaient distribués entre eux comme le prix de leurs coopérations respectives.

Mais, en réalité, les produits eux-mêmes perdent leur individualité avant que la répartition n'ait lieu. Ce n'est pas seulement le « vêtement sans couture » qui est partagé, c'est la *valeur* de ce vêtement sans couture, sous la forme de son prix en numéraire. Encore quand les produits sont vendus et que le prix rémunéré a désintéressé quelques facteurs et remboursé les avances des autres, nous disons sans hésiter que les 2 1/2 touchés par le capitaliste sont un revenu « dû au capital » et que la livre hebdomadaire qui revient à l'ouvrier est « due au travail ». Évidemment, le mot « dû à » ne signifie pas « produit par ». Les produits, il est vrai, sont fabriqués par le capital et le travail à la fois. Mais quand ils sont vendus et qu'on dit que *tant* est dû au capital et *tant* au travail, le mot « dû » signifie « porté au crédit de ». Le revenu en numéraire de chacune des parties n'est rien de plus que la distribution *en deux parts* du revenu produit par les deux ; l'une des part s est portée au crédit du capitaliste, l'autre au crédit de l'ouvrier.

On peut concevoir, néanmoins, qu'on dise que le fil ou le drap est le produit direct de tous ces groupes de personnes et de choses, tant que leur travail ne s'exerce que sur cette fabrication. Or, le mineur fournit le charbon non seulement aux fabriques de textiles, mais à d'autres, aux grilles des maisons particulières, aux chaudières des bateaux à vapeur. Le constructeur de machines, de même, coopère à la fabrication de toutes sortes d'outils et de matériels d'exploitations. Le fil entre dans le drap, mais il y entre au même titre qu'une demi douzaine d'autres choses. Le drap, à son tour, forme l'élément principal, mais non du vêtement seulement. Ici, il faut bien l'avouer, nous cessons d'apercevoir une connexion pratique quelconque entre le revenu individuel et le produit individuel.

En vérité, plus nous nous faisons une idée claire de ce phénomène de la division du travail, et moins nous devons incliner à assigner le produit individuel à certains facteurs individuels, moins nous devons imaginer que les salaires sont payés sur une base de ce genre. Dans un état de civilisation plus simple nous pouvons supposer que l'ouvrière file et tisse ses propres vêtements, et dire sans grande erreur que son revenu réel est ce qu'elle produit. Supposons maintenant que la mère et la fille se partagent la besogne, que l'une file pendant que l'autre tisse, nous pouvons encore dire que le produit combiné, le vêtement constitue le revenu. Mais quand la division se fait hors de la maison, cette relation simple entre les ouvrières et le produit disparaît du même coup.

Employée dans une usine, la fileuse ne peut pas prélever son revenu en fil, car elle ne peut s'en servir; la tisseuse ne le peut prélever sous forme de drap, car elle ne pourrait en utiliser qu'une fraction. Mais ni le fil, ni le drap ne peuvent être valablement considérés comme produits par ces deux ouvrières. Ils sont le produit de toutes les personnes et de toutes les choses dont la coopération a abouti au fil et au drap, et, dans l'ensemble de cette coopération, la part de la fileuse et de la tisseuse est une fraction insignifiante. Le fil et le drap, à la vérité, sont le produit visible où s'incorpore le travail; mais le travail du constructeur qui ne fait que des machines à filer et à tisser, ou du mineur qui creuse la mine et fournit le charbon, la puissance mécanique, entrent juste aussi visiblement et aussi directement dans la fabrication du fil.

Si, au contraire, en dehors de l'industrie manufacturière nous considérons des fonctions comme celles de gendarme, soldat, juge, et si nous nous demandons comment leurs services doivent être évalués et comment répartis entre ceux qui en profitent, nous trouvons que tout ce que nous pouvons dire c'est que le total des produits — le revenu total — est le résultat de l'action combinée de tous les ouvriers, mais que d'assigner une part distincte dans la distribution à un individu ou à une classe suivant la part qu'il ou elle a pu prendre à la production est impossible. L'ouvrière d'usine ne « produit » pas plus le fil qu'elle ne « fait croître » les pommes de terre. Elle coopère avec le constructeur de machines, avec le mineur, avec tous ceux dont le concours est nécessaire pour fabriquer le fil ou le drap ; mais elle coopère juste aussi exactement avec le laboureur, le gendarme, l'ecclésiastique et le musicien. Si quelqu'un fait des vêtements pour tout le monde, qu'un autre prêche des sermons pour tous, le premier coopère avec le second pour la « production » des sermons ; le second avec le premier pour la « production » du drap. Si la division du travail exempte chaque ouvrier de chercher lui-même son propre revenu comme la bête ou l'oiseau — en le prenant dans les champs — chaque membre de la communauté économique est un producteur associé à tous les autres et seule la totalité du produit peut être assignée à la totalité des receveurs de revenus.

Nous arrivons ainsi à conclure que le « revenu réel » de chacun est, non pas ce que chacun produit individuellement car personne ne peut dire ce que c'est, mais une part qui lui est attribuée d'une manière ou d'une autre dans le produit total, part dont le numéraire à lui payé est le signe représentatif.

Quand la tisseuse passe à la caisse pour toucher son salaire, on ne la paie point avec une portion du drap qu'elle a contribué de ses mains à fabriquer. Elle n'est pas payée non plus avec quelque chose qui lui donne un droit sur le drap seul. Elle est payée en une marchandise intermédiaire qu'elle peut échanger à volonté contre une portion aliquote du produit total. Elle est payée par tant de drap, tant de viande, tant de protection, tant de secours spirituels, tant de distractions parce que les coopérateurs dont elle fait partie ont produit la totalité de ce produit, et elle est payée sur ces choses par une rémunération qui, en puissance, est tout ce que cette rémunération peut acheter.

Dans notre bref examen des Mérites, envisagés comme un élément possible de distribution, il semble que nous trouvions qu'en traduisant Mérite par Valeur du produit, certaines gens sont payés suivant leurs mérites. Et le problème serait comparativement facile à résoudre si l'on pouvait rattacher tels ou tels produits à tels ou tels services. Mais ce rattachement n'est pas possible dans l'industrie organisée, où nous trouvons que la part payée aux différents facteurs est seulement une inscription à leur crédit d'une partie aliquote du produit total obtenu par les efforts combinés de tous.

Mais alors, quel est notre problème ? Ce n'est pas, bien entendu, l'établissement d'une statistique des revenus individuels, ou la détermination du revenu moyen des différentes classes, mais la recherche du principe économique — s'il en existe — qui peut régir et expliquer la répartition. A considérer l'ensemble, nos quarante millions de personnes vivent — ou plutôt passent leurs vies — plongées dans un grand courant de richesses. On se plaint que ce courant est très mal réparti entre elles. Mais en examinant un ou deux projets de répartition meilleure, nous semblons découvrir que la distribution actuelle, loin d'être « chaotique », présente beaucoup de particularités de nature à suggérer que la richesse se répartit en même temps qu'elle se crée et revient à ceux qui la créent à peu près dans la proportion où ils ont contribué à cette création. Mettant de côté les revenus notés dans le chapitre XI comme échappant à l'évaluation en numéraire, nous avons vu que la relation générale qui existe entre le revenu réel et le revenu en numéraire est que l'un représente le paiement de la production de l'autre. Mais si ces revenus en numéraire, en tenant compte de ce qu'y ajoutent le gouvernement et la statistique, sont un paiement fait aux différents services, on est amené à croire qu'il peut y avoir un principe rattachant les divers paiements à ces divers services, et qu'on peut le découvrir en étudiant les relations existant entre ceux qui rendent les services et ceux qui les paient.

Le salarié touche tant de shellings à la fin de la semaine. Le propriétaire et le capitaliste touchent périodiquement deux et demi pour cent de leur propriété ou de leur capital. L'employeur faisant ses comptes trouve que ses recettes accusent normalement un excédent sur ses frais, bien qu'il puisse avoir épuisé son profit total dans le dividende provisoire et dépensé la totalité de son excédent avant d'avoir balancé ses livres. Évidemment, les divers paiements auxquels le revenu en numéraire doit subvenir sont bien l'équivalent des différents services, mais quelle est la personne ou la chose qui estime cette équivalence? Si les services de 100 livres de capital par an (à 2 1/2 0/0) sont payés par la même somme que les services d'un manœuvre pendant deux semaines et demie (à 20 sh. par semaine), quelle est la personne ou la chose qui détermine la commune mesure suivant laquelle les services sont déclarés égaux ?

CHAPITRE II

L'EMPLOYEUR

Parmi les services très différents qui sont rémunérés par le revenu, il y a une catégorie qui semble évidemment nous apporter un principe; c'est celle dans laquelle un employeur est pour ainsi dire le payeur en chef. L'importance attachée à la fonction du paiement laisse au dernier plan une autre fonction très importante à laquelle la première n'est que subsidiaire — l'organisation du travail dans le monde. L'employeur constitue simultanément l'offre et la demande (non seulement en organisant le processus de production, mais en trouvant un marché) et il prend pour lui le risque (la fonction d'employeur reposant sur une série continue de spéculations). Ainsi, l'unité d'organisation du monde moderne étant l'usine, on pourrait imaginer que l'intérêt de l'organisateur coïncide avec celui des gens qu'il a groupés, mais les ouvriers se refusent généralement à reconnaître cette communauté d'intérêts à un degré quelconque.

Dans la catégorie des revenus en numéraire qui forme notre point de départ dans le livre précédent, il y a une classe qui semble évidemment pouvoir nous donner le renseignement que nous cherchons. D'après les derniers rôles, il y a 4.398.083 personnes employées dans les 160.948 usines du Royaume Uni (*Report of the Chief Inspector of Factories and Workshops*, publié en août 1898). Ici le fait qui frappe les yeux c'est qu'un homme, ou une *firme*, est chargé de payer des centaines et des milliers de revenus. L'employeur, au moins, doit être en état de rendre compte du principe en vertu duquel il paie chacun des chiffres. Et il semble raisonnable d'induire que, si nous pouvons arriver à découvrir un principe de distribution, ce sera en étudiant la manière dont ces revenus sont gagnés et payés. En tout cas, nous chercherons là les principaux matériaux de notre analyse.

L'imagination de beaucoup de gens attribue à ce payeur en chef des pouvoirs excessifs et arbitraires. On présume que c'est un homme riche et, partant de la relation généralisée de maître à domestique, on suppose que son aptitude à payer est limitée seulement par son bon plaisir. Il y a longtemps que Carlyle lui donnait le titre honorifique de Capitaine de l'Industrie, disant : « Les directeurs de l'Industrie, si l'Industrie est jamais dirigée, sont virtuellement les Capitaines du Monde ; s'il n'y a pas de noblesse en eux, il n'y aura jamais plus d'Aristocratie ». Mais, dans l'opinion de beaucoup d'écrivains, loin d'être un capitaine de l'industrie, l'employeur est considéré comme un pur exploiteur. Il achète le travail bon marché et en vend les produits cher. Même quand c'est un brave homme, son intérêt est si fortement engagé à donner à ses subordonnés un salaire inférieur à ce qu'il devrait être, que cet intérêt l'emporte non seulement sur la bonté mais sur la justice. Il est intéressé à gagner autant qu'il le peut sur ses ouvriers, il n'a pas à rechercher les stimulants résultant de hauts salaires ; il se repose au contraire sur le stimulant provenant de salaires très bas.

Sans s'occuper pour le moment de savoir ce qu'il y a de vrai ou de faux dans cette description, on peut remarquer que l'importance attribuée à l'employeur comme payeur en chef du travail est tout à fait de nature à induire en erreur. Elle détourne l'attention de ses

autres fonctions et les rabaisse outre mesure. En fait,
elle met à la première place une activité qui n'est qu'une
partie subsidiaire de l'activité totale. Elle tend à faire
naître l'idée fausse et funeste entre toutes que les salaires sortent de la poche de l'employeur.

La vérité est que la fonction de l'employeur consiste
essentiellement à organiser le monde actuel du travail.
C'est lui qui crée à la fois l'offre et la demande. D'un
côté, il élève des murailles, établit les installations,
achète le matériel, institue des surveillants et organise
le processus de la production ; d'autre part, il cherche
et trouve le marché. Mais tandis que la première partie
de son rôle est admise par ses adversaires, la seconde
ne paraît pas avoir pour eux l'importance qu'elle a
réellement. Dans l'industrie moderne, les commandes
ne courent pas après un employeur. Il doit non seulement les exécuter mais les provoquer, et la régularité
hebdomadaire de ces ordres assure le paiement du salaire hebdomadaire des ouvriers. Mais il est seulement
un des nombreux compétiteurs de ces commandes.
L'ouvrier se représente le capital et le travail comme des
ennemis naturels ; mais l'employeur sait que ses ennemis les plus acharnés sont les autres employeurs, et la
guerre est implacable. Il doit être diplomate ; dans les
grandes affaires, il faut qu'il soit stratégiste. Il lutte de
sagacité, d'influence, de bon marché.

De tout cela l'ouvrier ne sait rien. Il exécute le travail
placé devant lui et vient toucher son salaire à la fin de
la semaine.

Le rôle de l'employeur prenant les risques à sa charge
est encore plus tragique. Au lieu de placer son capital,
il construit des bâtiments, des installations, un matériel ;
il enfouit son argent dans la fabrication d'objets qu'il
peut vendre un peu plus qu'ils ne lui ont coûté, mais

qu'il peut aussi ne pas vendre aussi cher. C'est une spéculation d'un bout à l'autre ; la richesse réalisée, faite, prête
à servir, est placée en fusion dans un creuset où elle peut
se résoudre en produits de valeur ou en fumée. Il paie
d'avance ses collaborateurs, les ouvriers à la semaine,
les capitalistes, ses commanditaires à l'année. Il est exposé à perdre non seulement l'intérêt du capital, mais le
capital lui-même. Et même quand il a vendu ses produits, il n'est pas au bout de ses risques. Car il doit faire
habituellement crédit et, quelquefois, réaliser, vendre
dans un autre pays, en une autre monnaie ; il peut
s'écouler des mois avant qu'il sache si une opération
particulière quelconque a réussi. Mais, qu'il le sache
ou non, les roues doivent continuer à tourner, les charges
fixes à être supportées ; tout arrêt entraîne une perte
certaine. Son affaire n'est pas une transaction, mais une
série continue de transactions, de spéculations distinctes ;
le capital réalisé à chaque moment est aussi, à chaque
moment, replacé dans le courant de la production.

Si nous concevons alors la nation comme engagée à
la poursuite d'une grande affaire — la constitution du
Revenu national comme résultat total de l'industrie
nationale — nous trouvons que l'unité d'organisation est
l'usine isolée, et que l'employeur est le cerveau de cette
unité. Le paiement des salaires est une partie subsidiaire
d'une activité dont le but est la fabrication des produits ;
une activité qui dirige le travail et le capital sous un
grand nombre de formes vers un but unique.

On pourrait imaginer ainsi que les intérêts de tous les
gens employés directement ou indirectement sont identiques à ceux de l'employeur. Supposons — et ce n'est
pas une supposition absurde — qu'un groupe d'ouvriers
habiles aient à fournir leur capital en même temps que
leur travail, et qu'ils nomment un directeur ; ils n'ont

qu'une chose raisonnable à faire, c'est de donner à ce directeur tous les pouvoirs d'un employeur ordinaire.

Mais l'employeur qui suppose à ses employés la conscience la plus élémentaire de cette communauté d'intérêts, aura un réveil bien rude. L'ouvrier ne sait rien de la lourdeur des charges; il ne soupçonne pas les pertes causées à un employeur par l'interruption du travail. « Les salaires ne sont-ils pas suspendus en même temps que le travail? répond-il. Il n'a pas l'idée de la coopération du chaland et du fabricant, de la clientèle. Confondant les intérêts avec les profits, il estime l'employeur capitaliste bien payé s'il gagne quelques milliers de livres par an, oubliant qu'il pourrait toucher la même somme sans les risques, le travail, l'inquiétude, tout simplement en plaçant son argent. Aux jours où notre grand commerce et notre grande industrie sont en péril, il pense que la concurrence étrangère est un croquemitaine.

Ainsi, aux temps où la désunion dans l'usine constitue un véritable péril, l'ennemi est toujours dans la place. Dans beaucoup de grandes industries de ce pays, il est évident que les ouvriers guettent les malheurs de l'employeur. S'il est gêné, au lieu de lui venir en aide, ils saisissent ce moment pour le menacer de laisser les métiers en plan. Ce n'est pas trop de dire qu'en addition des qualités ordinaires d'un homme d'affaires, le grand employeur de notre temps a besoin des nerfs et des ressources d'un ministre de la guerre, car il a une double surveillance à exercer sur ses rivaux à l'extérieur et sur la guerre civile qui le menace à l'intérieur.

CHAPITRE III

INTÉRÊT DE L'EMPLOYEUR A MAINTENIR LES PRIX ÉLEVÉS

Les employeurs n'étant pas des fonctionnaires salariés, cherchent d'abord leurs propres intérêts, qui sont au nombre de deux : la hausse des prix et la réduction des frais. Le rehaussement des prix est à peine en leur pouvoir — bien que les ouvriers ne semblent pas s'en douter. La pression des clients et leur propre concurrence induisent à baisser le prix et indépendamment de la baisse temporaire — qui pourrait trouver en elle-même son propre remède — la mise rapide hors de service du capital engagé par de nouveaux procédés et de nouvelles machines rend cette réduction possible, jusqu'à ce que la demande reprenne et dépasse l'offre à prix réduit. Ceci est corroboré par l'étalon métallique qui limite toujours la 3ᵉ marchandise. Mais cette dernière particularité est l'objet d'un travail incessant et réclame une investigation spéciale.

Il est malheureux que les subordonnés organisés ignorent complètement l'intérêt commun qui les relie au patron organisateur. Des philosophes ont souvent représenté l'industrie comme une guerre déclarée contre le besoin et parlé des hommes comme des soldats, des employés comme des officiers d'une armée industrielle (1).

(1) « L'aveugle Plugson : c'était un capitaine d'industrie, né membre de l'ultime et véritable aristocratie de cet univers; pourrait-il avoir connu cela ! Ces milliers d'hommes qui travaillaient à leurs métiers autour de lui, c'était un régiment qu'il

Mais l'analogie est loin d'être exacte. Les employeurs privés ne sont ni des fonctionnaires de l'État ni des serviteurs salariés de qui que ce soit. L'œuvre d'organisation, ils l'ont entreprise d'eux-mêmes; tout homme peut en faire autant. La défense d'une nation n'est pas laissée à l'initiative privée. Il en est de même pour l'administration, les lois, l'éducation, et même l'enseignement religieux. Personne ne peut rédiger un testament, contracter un bail, usurper une fonction quelconque de légiste sans s'exposer à une pénalité; personne ne peut exercer la médecine sans une instruction spéciale et des garanties sous peine d'être traité comme un charlatan. Mais tout le monde peut assumer la lourde tâche d'organiser les gens pour leur permettre de gagner leur vie, et d'interpréter leurs devoirs comme ils l'entendent, pourvu que les termes des Factory Acts soient observés. Admettant, par conséquent, que les employeurs entrent dans les affaires, comme les ouvriers, pour gagner leur vie, nous devons nous attendre à trouver qu'ils ont des intérêts qui leur sont communs avec leurs subordonnés, d'autres qui leur sont communs avec les consommateurs, mais aussi des intérêts d'une troisième catégorie, celle des intérêts qui leur sont propres. Nous devons tout d'abord nous demander quelles méthodes ils adoptent pour satisfaire sans déguisement à ces derniers.

avait recruté un à un pour faire la guerre à un ennemi naturel : la nudité des dos et la fibre rebelle du coton qui, à moins d'y être forcée, ne veut pas consentir à couvrir les dos nus. Voilà un ennemi naturel sur lequel toutes les créatures lui souhaitent la victoire. Il a enrôlé ses mille hommes et leur a dit : « venez, frères, allons écraser le coton ». Ils le suivent avec de chaleureuses acclamations ; ils gagnent sur le coton une victoire telle que la terre entière les admire et bat des mains ; mais hélas !... Pourquoi, Plugson, ta propre armée est-elle en révolte ? Le coton est dompté ; mais les dos nus sont moins couverts qu'avant (*Past and present*, III, 10).

Comme il a été dit plus haut, le métier d'employeur comporte des risques d'un bout à l'autre. Les employeurs vivent sur leur « chance », préférant à un salaire la glorieuse incertitude d'un profit (noter que le vrai mot de profit maintenant suggère son contraire). Entrant dans une sorte d'association commerciale avec les ouvriers et les capitalistes, ils prélèvent sur leur propre part des sommes fixes pour les salaires et l'intérêt. C'est-à-dire que, pratiquement, ils achètent leur part du produit total pour une somme fixe, hebdomadaire ou annuelle, et prennent l'*aléa* de la vente. Leur rémunération est la différence entre la somme des frais de production et le prix de vente des marchandises. Il est donc évident qu'ils ont deux intérêts supérieurs : l'un de maintenir les prix des objets qu'ils vendent ; l'autre d'en abaisser le coût de production.

Mais ce premier résultat dépend à peine de lui. Des produits bon marché, c'est ce que le consommateur attend des perfectionnements de l'industrie. Même l'acheteur consciencieux qui appartient à la Consumer's League et achète ses habits seulement aux tailleurs de la White List, n'a et ne peut avoir d'autre guide pour ses autres achats dans les magasins de détail ; la moindre réflexion lui fait comprendre que les produits bon marché peuvent impliquer de hauts salaires ou de bonnes conditions de travail aussi bien que des produits chers (1). Quand des

(1) « Les draps les plus beaux et les plus chers, fabriqués dans les usines de l'Ouest, proviennent d'un travail beaucoup moins rémunéré que les paletots bon marché de Deussburg ou de Batley » WEBB, *Industrial Democracy*, II, 672. A l'Ouest, en Ecosse, on dit que les vêtements tout faits fabriqués par la Wholesale Cooperative Society, où les salaires sont élevés, sont en train de remplacer les vêtements similaires produits par le *sweating system*.

hommes et des femmes achètent quelque chose, ils ne se guident que sur le meilleur marché.

Pour pouvoir donner ces produits bon marché, le détaillant pèse sur le marchand en gros, lui assurant des commandes plus nombreuses s'il veut seulement faire remise d'une portion du prix, ou élever l'escompte, ou prolonger le délai de paiement. Pour le satisfaire, le marchand en gros pèse sur le manufacturier pour en obtenir des concessions; le manufacturier, à son tour, y est amené non seulement par la perspective d'une fabrication plus développée, mais par les économies qu'elle comporte.

Cette pression d'en bas est accompagnée d'une pression venant de l'entourage. De tous les travailleurs, les employeurs sont probablement les plus individualistes. A moins d'un grand danger commun comme, par exemple, celui qui a menacé toute les industries mécaniques des trois Royaumes en 1897, ils ont peu d'aptitude à s'unir comme les ouvriers des Trade-Unions. Il y a peu de publicité pour leurs méthodes. Leurs comptes ne sont pas ouverts à l'examen du public, ni, en général, leurs prix; si les prix sont connus, les escomptes ne le sont pas. Ils obtiennent les commandes par leur influence personnelle, en satisfaisant les désirs des consommateurs, en allant au devant; mais aucune de ces méthodes ne peut tenir contre la tentation déterminante, une concession sur le prix.

Et, par contre, l'employeur vit par la continuité de son exploitation. Il faut que les roues continuent à tourner quoi qu'il lui en coûte. Par conséquent, si, à un moment donné, il ne peut atteindre ses prix, il augmente son stock. Mais, à moins d'un capital assez fort pour lui permettre de tenir jusqu'à ce qu'il arrive à son prix, ce stock doit être réalisé, sans quoi il y a une lacune dans le courant continu qui va du capital-marchandises au

capital-argent et inversement — et il est obligé de vendre
à perte. Par conséquent, la pression qui s'exerce sur les
prix tend toujours à les abaisser; les fabricants qui laissent une fois tomber leurs prix gâtent le marché et, généralement, perdent l'espoir de les relever.

Il y a une différence entre une réduction individuelle et
une réduction normale des prix. Si les procédés de fabrication restent stationnaires comme, par exemple, dans
l'industrie du papier fabriqué à la main, où le travail
fortement organisé constitue le principal facteur des frais,
la réduction des prix pourrait être assez forte, mais elle
serait limitée aux fabricants consentant à faire une perte
initiale pour prendre pied sur le marché ; elle s'arrêterait
quand ce résultat serait obtenu, ou quand le fabricant
aurait perdu assez d'argent. Mais, quand il y a un gros
capital engagé et que l'invention peut se donner libre
carrière, la nouvelle *firme* a, sur ses rivales plus anciennes, un avantage qui lui permet de réduire ses prix
sans perte actuelle : c'est la rapide mise hors de service de
l'ancien matériel et l'emploi de procédés nouveaux dûs
aux sciences appliquées. Il arrive généralement que le dernier venu a les frais de production les moins élevés, et,
désireux de parvenir, le premier usage qu'il en fait est
de réduire les prix. C'est l'homme qui pourrait maintenir les prix; c'est lui qui est le plus disposé à les abaisser.

Il y a, néanmoins, une circonstance spéciale qui fait
du maintien des prix presque une véritable chimère.
C'est la variation de la monnaie métallique. J'ai publié
déjà un travail assez étendu sur ce sujet (Voir *Studies in
Economics*, p. 141) et je n'ai pas l'intention de compli-
quer la présente enquête en revenant sur la question monétaire plus qu'il n'est nécessaire. Je dois dire seulement
que la considération suivante me confirme dans les vues
émises par sir Robert Giffen, à savoir qu'il n'y a proba-

blement pas d'accroissement de notre stock métallique qui puisse empêcher les prix de descendre. Cette chute est la conséquence naturelle de ce fait, qu'on exprime et qu'on mesure la valeur d'une masse constamment et énormément croissante de marchandises, au moyen d'une marchandise ou deux.

La thèse que j'ai constamment soutenue est que la baisse *générale* des prix — considérée à part de la baisse des prix particuliers — qui est la caractéristique de notre histoire monétaire depuis 1873, n'est pas due à des perfectionnements dans la production. Il pourrait en être ainsi seulement si la demande était restée une quantité constante. Mais, comme chaque réduction de prix provoque un accroissement de demande — qui est elle-même le déguisement d'une offre plus grande — et comme la population d'où émane la demande (et l'offre) va toujours croissant, ce n'est pas possible. D'autre part, étant données les idées et la pratique de l'humanité de nos jours, nous devons prendre comme base de notre système monétaire les métaux précieux. Quelque abondante que soit l'offre de métal précieux, ce n'est, après tout, qu'une seule marchandise, et l'on ne peut en faire que le miroir de tous les échanges, le signe des échanges en général. Mais comme la population du monde s'accroît rapidement ; comme la richesse et les échanges qu'elle comporte s'accroissent plus rapidement ; comme des nations entières sont en train d'aller encore plus vite du troc et de la barbarie à l'échange, il est impossible que l'accroissement du métal précieux puisse être aussi grand que celui du travail humain qu'il représente. Ce qu'il y a de miraculeux, c'est que l'abandon partiel d'un des métaux dans lesquels le monde chiffrait ses produits, n'ait pas eu une influence plus grande encore sur l'abaissement des prix.

Sans se douter de ce résultat, les employeurs sont dotés par.les ouvriers — s'il faut en croire les *leaders* de ces derniers — du pouvoir d'élever les prix à volonté. C'est là, évidemment, un article de foi chez les mineurs (charbon). A la vérité, leur cas est exceptionnel sous un certain rapport. Quand le charbon est consommé dans le pays, et que le transport de ce produit volumineux constitue un élément capital du prix, les consommateurs de charbon peuvent être « opprimés » plus que les autres. Mais l'expérience pourrait en ce temps avoir appris aux mineurs que c'est généralement leur propre action qui rend la hausse des prix possible. Si les mineurs de South Wales se mettent en grève, on verra tout de suite pourquoi le prix du charbon augmentera ; ce seront les mineurs de Fife qui en bénificieront aux dépens du Lanarkshire, les Midlands aux dépens des deux. A de pareils moments, le prix du charbon monte rapidement jusqu'à une certaine limite, mais celle-ci est tout à fait indépendante de la volonté des employeurs ; et, engagés comme sont la plupart des maîtres du charbon par de longs contrats, inévitables dans l'industrie continue, ce sont probablement.les mineurs qui gagnent le plus à la hausse. Mais l'employeur ordinaire sait très bien qu'une hausse des prix est quelque chose qui ne vient pas quand on veut ; il est naturellement aux aguets pour la saisir quand elle arrive, mais, en règle générale, il ne peut rien pour amener cette chance à sa porte.

Mais, tandis qu'il est presque impossible à l'employeur de hausser les prix, la réduction des frais de production est tout à fait à sa portée et forme l'objet de sa préoccupation constante. S'il peut y arriver, deux voies s'ouvrent devant lui. Dans les circonstances favorables, il peut laisser le prix tel qu'il est et avoir ainsi une marge plus grande sur les profits. Ou bien il peut vendre à des prix moindres que ses concurrents ; d'une part, prenant pied parmi de nouveaux clients et, d'autre part, agrandissant son exploitation et s'assurant les économies d'une production s'exerçant sur une grande échelle. Évidemment, notre première préoccupation doit être d'étudier plus spécialement les méthodes pour réduire les frais.

CHAPITRE IV

Les combinaisons des facteurs employés pour produire le revenu national réel sont infiniment variées. Ces facteurs sont mis en concurrence par la personne intéressée à agrandir la marge entre les frais et les prix. L'exemple d'une usine bien organisée montre comment une amélioration sur un point peut suggérer une combinaison nouvelle pour tous les facteurs. Les substitutions possibles peuvent se grouper en trois catégories : 1° Certains matériaux substitués à d'autres matériaux, certaines machines à d'autres machines, certains ouvriers à d'autres ouvriers ; 2° machines substituées au travail manuel ou inversement ; 3° les proportions suivant lesquelles les machines et le travail manuel sont associés varient constamment. L'employeur dispo. era des facteurs et des combinaisons de facteurs qui agissent le plus sur les prix.

Plus nous entrons dans la connaissance des avantages dont nous jouissons et des procédés qui nous les procurent, plus nous sommes disposés à considérer le Revenu national comme une somme de produits pouvant résulter de combinaisons infiniment variées de différents facteurs. Il y a certaines choses qui ne peuvent être faites que par certains facteurs, et, heureusement, il y a de grandes catégories dont le facteur humain conserve le monopole. Mais, dans la production de tout objet, il y a un petit nombre d'éléments indispensables, et la science en introduit constamment de nouveaux. Dans les manufactures, nous avons vu des choses plus étonnantes que la fabrication d'une bourse de soie au moyen d'une oreille de truie. Cette concurrence d'un facteur avec un autre, pour produire des résultats semblables, est rendue efficace par la personne qui a le plus d'intérêt à trouver et à rehausser encore le meilleur rendement, de façon à agrandir la marge entre les frais et le profit qui lui revient.

Dans chaque industrie, il y a, en grand nombre, plusieurs sortes de capitaux mis en œuvre, plusieurs espèces de travail manuel et, en outre, il y a beaucoup de manière de les combiner les unes avec les autres. On peut considérer comme bonne une organisation où le capital d'un employeur est réparti entre les différents facteurs, de façon à grouper ensemble les facteurs les plus économiques et à en faire le plus économique usage.

Dans une filature idéale, par exemple, il y aurait une proportion parfaite entre les différentes parties de l'opération depuis le commencement jusqu'à la fin (1). L'édifice serait assez large pour que chaque rattacheur pût surveiller le plus grand nombre possible de broches ; assez long pour recevoir autant de bancs à broches qu'un contremaître peut garnir de fil à chaque étage ; qu'un contremaître peut garnir de fil à chaque étage ;

---

(1) Le tordage, on peut se l'expliquer, est l'opération principale de la fabrication du fil de coton ; je le prends ici pour exemple simplement parce que j'en ai une certaine connaissance pratique. Ordinairement, le filateur achète le fil comme matière première — certains grands manufacturiers maintenant filent une grande partie de leur fil — et sa fonction consiste d'abord à tordre ensemble deux torons, puis à réunir ceux-ci en fils à six brins. Les broches sont disposées sur des bancs à deux faces placés parallèlement, de sorte qu'un contremaître peut circuler toute la journée entre deux longues lignes de broches, observant si un fil se casse et arrêtant la broche pour le rattacher.

assez haut et assez solide pour que les étages supérieurs soient aussi rigides que les étages inférieurs.

Le nombre total des broches étant ainsi fixé, on calcu-
lerait exactement la force nécessaire ; la machine devrait la fournir juste aussi grande, ni plus ni moins ; les
chaudières seraient calculées de façon à donner la vapeur suffisante pour produire cette force, et les courroies
assez solides pour la transmettre. Autrement, il y aurait
des salaires payés à des rattacheurs et à des contremaîtres
pour ne rien faire, ou il y aurait du fil de perdu par suite
d'une surveillance insuffisante ; une différence dans la
qualité des résultats d'un étage à l'autre ; il y aurait une
perte de charbon et de vapeur ; ou enfin les broches ne
donneraient pas la vitesse *maxima*. Pour emprunter les
termes techniques du professeur Marshall : « Chaque
« homme tenant compte des moyens dont il dispose en-
« gagera pour son affaire une portion de son capital
« dans chaque direction jusqu'au point où il estime
« que la marge *maxima* du profit réalisable est atteinte ;
« c'est-à-dire jusqu'à ce qu'il juge que le gain obtenu
« par une nouvelle portion de son capital dans cette
« direction ne le couvrirait pas de ses déboursés. Cette
« marge des profits ne doit pas être regardée comme un
« point d'une ligne déterminée, mais comme une ligne
« frontière de forme irrégulière, coupant l'une après
« l'autre toute ligne de placements possibles ». (*Principles of Economics*, p. 434).

C'est-à-dire que l'employeur dispose ses mises sur
diverses formes du capital et du travail, de façon à obtenir le plus grand résultat possible avec la moindre dépense possible. Ainsi, si, dans la filature idéale, il a cent
rattacheurs, l'économie marginale dans cette catégorie
est le centième rattacheur. L'introduction d'un cent et
unième rattacheur ne rapporterait pas. Elle deman-

derait un autre banc de broches et comme il n'y a pas de place pour d'autres à chaque étage, comme on ne pourrait pas en introduire de nouveaux sans allonger l'usine, il faudrait ajouter quatre nouveaux bancs, quatre nouveaux rattacheurs (en supposant quatre étages) ce qui, *ex hypothesi,* excéderait la force fournie par la machine et l'espace que peuvent surveiller les contre-maîtres.

Nous avons donc ici — nous pouvons le supposer — un lot de produits fabriqués au meilleur marché possible pour le moment considéré et ceci nous donne un premier aperçu de ce qui montera plus tard : chaque ouvrier, aux yeux de l'employeur, « mérite son salaire » ; pour l'employeur, s'il est juge, le produit terminé a un coût qui rejaillit sur les ouvriers et qui est la justification du salaire qu'ils gagnent. Car, le produit est fabriqué aussi économiquement que possible ; chaque groupe de facteurs est indispensable pour la fabrication, et chaque individu est indispensable au groupe. Ces produits peuvent, au moins, être vendus à très bas prix, et ce prix se justifie de lui-même pour le consommateur : s'il a besoin du produit, il peut l'acheter à ce prix-là, car il n'en trouvera pas à moins.

Mais c'est seulement pour un temps très court que ce coût est le plus bas possible. Il est très vrai que, l'usine une fois construite et l'installation organisée, les combinaisons nouvelles sont en nombre limité, et que l'esprit d'économie doit suivre certaines directions également limitées. Un léger changement dans l'un quelconque des facteurs peut suggérer d'autres arrangements, par exemple, un perfectionnement dans les bancs de torsion peut permettre d'augmenter le nombre de révolutions par minute et, par conséquent, le produit par broche, mais ceci pourrait augmenter le travail du rattâcheur à tel point qu'il pourrait y avoir plus de perte du chef de la rupture des fils que de profits par le perfectionnement; les bancs, économiquement, réclameraient plus de rattacheurs, tandis qu'il serait impossible, par la disposition des étages, d'en introduire davantage économiquement. Mais comme de nouvelles usines sont construites ou qu'on ajoute de nouveaux bâtiments aux anciens, les nouvelles économies sont incorporées dans les nouvelles organisations. Je ne suppose pas qu'un employeur ou son architecte quelconque, suive jamais le même plan. Ainsi l'usine idéale d'aujourd'hui peut avoir vieilli avant que les murs soient secs. De même, des économies de combustible, des améliorations dans les chaudières, dans la transmission de l'énergie, dans les assemblages, etc., peuvent amener à substituer une dépense de capital à une dépense de travail, ou une dépense en prévision d'une dépense de main-d'œuvre, et modifier la forme de la ligne marginale de façon qu'elle coupe chaque branche en des points très différents, le résultat étant un abaissement du coût total.

Les lignes générales de substitution peuvent être groupées en trois classes :

1° Des matériaux sont substitués à des matériaux, des machines à des machines, des ouvriers à des ouvriers.

2° A un degré moindre, la machine est substituée au travail manuel et inversement.

3° Les proportions suivant lesquelles les machines et le travail manuel sont associés varient constamment.

1° Le minerai de fer est la base de produits innombrables, et le bois aussi ; mais il y a une grande marge où ils peuvent concourir et rivaliser ; l'aluminium peut leur faire concurrence à tous deux. Le charbon, la matière première auxiliaire par excellence, peut, à certains égards, trouver un rival dans l'huile et, quoique le charbon entre dans la fabrication du gaz et de l'électricité, ces deux derniers, sous certains rapports, peuvent aussi lui faire concurrence. Dans la composition des alliages métalliques, la concurrence des différents minerais est très évidente. Dans les textiles, il y a une lutte constante entre le mouton, le ver à soie ou la plante pour fournir la matière première de nos vêtements ; il y a beaucoup d'objets dans la composition desquels entrent en concurrence la laine, la soie, la cire, le coton et la combinaison de la laine avec le coton, du coton avec la soie n'a fait que l'accentuer. Dans la construction, le bois vient en compétition avec la pierre, la pierre avec la brique, et tous avec le béton.

En ce qui concerne le matériel d'exploitation, les employeurs sont constamment occupés à peser les valeurs comparatives de la vapeur, du pétrole et de l'électricité comme moteurs ; des cordes et des courroies pour la transmission de la force ; du métier à ailettes et du métier à anneau et, généralement, des différents outils de toute espèce.

De la rivalité croissante entre le travail des femmes et celui des hommes, on a des preuves nombreuses, bien que la statistique fournisse peu de renseignements. En dehors de cette catégorie, la concurrence principale s'exerce sur la marge entre le travail et la surveillance du travail. La fonction d'un contre-maître est de voir si les hommes sous sa surveillance développent toute leur capacité de travail ; si le matériel et les accessoires sont dans les conditions voulues pour que cette capacité donne son plein. Dans une industrie économiquement organisée, il n'y a pas de temps perdu à attendre la matière première aux différentes phases de la fabrication, d'ouvriers arrivés après la mise en marche des machines, d'occasions donnés à la paresse ; il n'y a pas non plus de travail perdu. Mais il peut y avoir une perte dans l'organisation de la surveillance. Il arrive souvent que l'économie réalisée par un contremaître ne paie pas son salaire. Supposez, par exemple, qu'un contre-maître puisse obtenir le maximum d'effet pour une équipe de huit rattacheurs et qu'il y ait dix rattacheurs pour un même étage ; il est évident qu'il sera plus profitable de fermer les yeux sur quelque perte que de prendre un second contre-maître. En d'autres termes, le travail est divisé en main-d'œuvre et surveillance. Les deux choses sont comparables en expressions de produit, et il y a une marge sur laquelle l'employeur peut hésiter pour savoir s'il lui faut prendre plus d'ouvriers ou mieux surveiller ceux qu'il a.

2° Sur la tendance de l'industrie manufacturière en générale, à empiéter graduellement sur le travail de l'homme au moyen de celui des machines, il n'est pas besoin d'insister. Dans la durée d'une vie humaine, on a pu voir des bandes d'hommes de peine traînant de lourdes charges de l'usine au vaisseau ; plus tard, des équipes ce chevaux harnachés pour le même travail ; plus tard encore, la traction mécanique se substituant aux deux ; si bien qu'en deux générations on aurait pu voir la chaise à porteur remplacée par le « fiacre », le « fiacre » par le hansom, et tous deux remplacés par la voiture électrique.

Le cas où les hommes ont repris le travail de la machine ne se présente pas souvent de lui-même ; il prend généralement la forme suivante.

3° L'homme travaille de moins en moins par lui-même et de plus en plus avec le secours d'outils ; le plus grand nombre de substitutions récentes a pris la forme de nouveaux groupements et de nouvelles combinaisons d'hommes et de machines (1). L'homme, nous devons l'espérer, est en train de devenir graduellement un meilleur ouvrier, avec une éducation générale et technique plus complète, plus de ressources et de souplesse, plus de maîtrise dans la main et dans l'œil. Mais, justement pour cela, il travaille avec des outils plus nombreux et meilleurs; et la machine se perfectionne probablement encore plus vite, en puissance, en délicatesse, en précision, etc. De là naissent les problèmes les plus difficiles de l'industrie moderne; car, tandis que les services dans lesquels il se fatigue la tête à combiner et à organiser ont plus de valeur, les services pour lesquels il se repose sur la machine sont plus simples. La tendance des employeurs dans l'industrie de l'ingénieur — comme aussi dans beaucoup d'autres — est d'obtenir la liberté de remplacer les hommes exercés par des manœuvres pour la direction de machines qui demandent pas ou peu de compétence technique. Dans l'industrie de la reliure et de la confection, par exemple, on tend à remplacer les

(1) Comparez, par exemple, le matériel grossier d'un paysan hindou, même de nos jours, avec celui d'un fermier intelligent d'Angleterre; considérez les machines à faire les briques et le mortier, à scier, à raboter, etc., d'un constructeur moderne, ses grues à vapeur, son éclairage électrique. Et, si nous revenons aux industries textiles, ou au moins à celles qui fabriquent les produits les plus simples, nous trouvons que, dans l'ancien temps, chaque ouvrier se contentait d'outils dont le prix équivalait au produit d'un petit nombre de mois de son travail; dans les temps modernes, au contraire, on a estimé que, par chaque homme, chaque femme, chaque enfant employé, il y a, dans le matériel d'exploitation seulement, un capital engagé d'environ 200 livres, soit l'équivalent du travail de cinq ans. Le coût d'un bateau à vapeur équivaut peut-être à dix ans et plus du travail des ouvriers qui y sont employés. Un capital de 900 000 000 £ engagé dans les chemins de fer de l'Angleterre et du pays de Galles est équivalent à plus de vingt ans peut-être des 300 000 employés. — MARSHALL, *Principles of Economics*.

hommes par des femmes, les femmes par des enfants, une proportion de plus en plus grande du travail étant faite par la machine.

Ceci est la première méthode adoptée par les employeurs pour réduire la totalité de leurs frais. L'objet de leur effort constant est de découvrir des facteurs et des combinaisons de facteurs qui donnent le meilleur rendement, et de leur faire donner tout ce qu'ils peuvent.

Il n'échappera pas au lecteur qu'il y a une incertitude dans l'expression « le meilleur rendement » (*efficiency*). Physiquement parlant, de deux machines, celle qui serait considérée comme donnant le meilleur rendement serait celle qui fournirait le meilleur travail sans égard au temps, ou le plus de travail dans le même temps. Mais, économiquement parlant, la qualité, la quantité, le temps employé sont toujours rapportés au coût de production, et la machine au meilleur rendement est celle qui fait un meilleur travail ou plus de travail *pour le même prix*, ou qui fait le même travail *à un prix inférieur*. Dans certains cas, il y a coïncidence entre le rendement physique et le rendement économique ; dans d'autres, cette coïncidence n'existe pas et ceci soulève la question du travail « bon marché », qui sera mieux traitée dans un autre chapitre. Cependant, il y a lieu de noter que la substitution ne coïncide pas avec « l'achat à bas prix » des facteurs. La substitution resterait une des principales fonctions de l'employeur, même si les prix de tous les facteurs étaient fixés, parce qu'elle ne se rapporte pas tant à l'achat qu'à la combinaison des facteurs. Pour déterminer le but de la fonction de substitution, on peut dire que tout ce qu'elle réclame, c'est qu'il y ait progrès dans le sens économique usuel du mot ; c'est-à-dire de l'accroissement du pouvoir de l'homme sur les forces de la Nature, de façon que, pour un effort ou un sacrifice donné, une quantité plus grande du produit soit obtenue — comme, par exemple, quand un perfectionnement dans les machines économise quelque chose des 90 % qui se perdent de l'énergie du charbon, ou quand un mode de culture ou la fixation de l'azote accroît le revenu en blé.

Malheureusement, il n'y a que trop de gens qui ne peuvent saisir la différence entre les deux. La croyance enracinée dans les classes ouvrières est que les employeurs ont la constante préoccupation d'abaisser les salaires. Un examen même très superficiel montre que ce dont on se plaint est très souvent le regroupement des facteurs, chacun d'eux étant payé comme auparavant. L'introduction d'un coupe-charbon, par exemple, n'implique pas la réduction du salaire d'un hâveur, mais le remplacement d'un certain nombre de hâveurs manuels par des machines, — chaque machine demandant deux ou trois mécaniciens, — et d'un plus petit nombre d'hommes qui n'ont pas besoin des qualités techniques qui font un bon hâveur.

Si les hâveurs déplacés consentent à prendre la place inférieure, ce sont eux qui essayent « d'ôter le pain de la bouche » des hommes non formés au métier, et ils ne peuvent s'attendre à recevoir leurs salaires primitifs. Si, au contraire, les hâveurs se rassemblent dans les autres fosses où il n'y a pas de coupe-charbon, et viennent en surnombre sur le marché, il n'est pas juste de blâmer les employeurs s'ils réduisent les salaires sur ce point.

Dans la reliure, au contraire, où les lignes traditionnelles de démarcation sont en train de disparaître, ce que les hommes appellent le « sweating system » fait quelquefois monter le salaire des femmes.

Généralement parlant, l'introduction des machines détermine un changement et en même temps un accroissement dans la demande de travail — un abaissement momentané des salaires dans certaines directions, abaissement plus que compensé par un accroissement de salaires dans d'autres.

CHAPITRE V

Cette méthode suivie par l'employeur sert-elle les intérêts de
la communauté ? Il est évident qu'il en est ainsi en raison du
fait que les employeurs doivent, en dernière analyse, mettre
d'accord les produits et les prix avec les désirs du public. L'objection vient probablement de ceux qui identifient la société
avec les classes ouvrières. Mais, après tout, un employeur parfaitement consciencieux ne trouverait-il pas que son premier
devoir est de penser à la société plutôt qu'à la classe ouvrière?
Exemple d'une industrie municipale. Que devrait faire un
fonctionnaire socialiste en pareil cas ? Son mandat ne serait-
il pas de ne favoriser aucune classe aux dépens des autres ?
Et l'intérêt de chacun n'est-il pas dans l'accroissement du Revenu national réel ?

On peut s'arrêter ici et se poser la question suivante :
Étant donnée que cette substitution constante est opérée
dans l'intérêt particulier de l'employeur, tend-elle aussi
à servir les intérêts de la Société? Ou bien l'employeur
fait-il là quelque chose que la conscience publique mieux
éclairée, ou une administration municipale plus avisée,
devrait désapprouver ou interdire ?

A priori, il y a une raison de croire que les employeurs
ne s'inspirent pas d'autres mobiles que des intérêts de la
Société. Leur énergie, leurs sacrifices se résument dans
les produits qu'ils vendent, et les produits qu'ils vendent
doivent être en accord avec la demande du public. En

fait, les employeurs interprètent cette demande du public. Dans beaucoup de cas, ils fabriquent sur commande; mais, dans autant d'autres, ils anticipent sur les commandes. Dans l'une et l'autre alternative, s'ils ne satisfont pas à la demande du public, en ce qui concerne la nature et la qualité des produits ainsi que le prix, ils en souffrent les premiers. Leur capital et leur travail personnel, c'est la « tête de Turc » sur laquelle vient frapper le coup porté au travail tout entier. Si les ouvriers avaient assez de foi dans leurs propres arguments pour prendre l'affaire à leur compte avec le capital de leur Trade-Union, ils apprécieraient mieux l'importance pour eux de cet élément de la question.

Mais quand on semble douter que l'intérêt de l'employeur, dans cette question de la substitution, soit d'accord avec celui de la Société, on peut soupçonner que le mot « Société » s'applique aux seules « classes ouvrières ». Si des hommes pouvaient constituer le facteur le plus efficace, il est à peine croyable qu'on fit des objections à la substitution des hommes aux machines. La suggestion consiste en l'idée que la modification constante des combinaisons des facteurs est contradictoire avec le devoir qui existerait pour l'employeur d'assurer à ses gens un travail continu, un salaire toujours identique et, en particulier, que le remplacement des hommes par les machines peut balancer, et au delà, le gain général résultant des bas prix.

En accordant qu'il y eut une part considérable de vérité dans cette proposition, on doit remarquer que le titre honorable de « capitaine » du Travail, décerné par Carlyle, a donné une importance trompeuse à l'une des faces de la responsabilité des employeurs.

N'est-ce pas là le cas où un employeur parfaitement logique pourrait arriver à la conclusion que son premier devoir, après avoir pourvu à ses propres intérêts, serait de servir le public plutôt que ses ouvriers?

Certainement, plus un employeur quelconque est consciencieux, et plus il verra clairement les deux faces de la question, les intérêts quelquefois divergents du producteur et du consommateur. Ceci apparaît très nettement dans l'industrie municipale.

Pour prendre un exemple dans la ville que j'habite, en 1894, le corps municipal de Glascow reprit l'entreprise des tramways à une Compagnie privée qui était arrivée à l'expiration de sa concession. Pour justifier sa résolution, le Corps municipal avait donné divers arguments, mais celui qui avait paru le plus décisif au public — qui seul pouvait donner ce mandat — c'était l'amélioration des conditions du travail dans ce service sous l'administration municipale. En 1896, il y eut un bénéfice considérable, et on souleva la question de savoir s'il devait être employé à améliorer encore les conditions du travail, à élever les salaires ou à réduire les tarifs de transport. La réponse ne fut pas douteuse un moment. Les employés du tramway étaient au nombre de 2 400. Les voyageurs transportés, au nombre de 100 000 000. Évidemment, le premier devoir était de favoriser ces derniers (néanmoins les salaires furent augmentés en somme de 5 300 livres.)

Maintenant un employeur privé a aussi à tenir compte de ces deux faces de la question. S'il emploie ses profits à faire de son usine un atelier comparable en confort à son propre bureau, s'il se résout à payer des salaires assez élevés pour que chaque ouvrier soit content, — si c'est possible, — il trouvera certainement une récompense dans l'approbation de sa propre conscience et peut-être même dans l'affection de la partie la plus éclairée de son personnel. Mais s'il emploie la même somme à réduire les prix, il trouve une reconnaissance et une rémunération aussi ample qu'immédiate. Le public répond — à moins que l'article ne soit très spécial — en accroissant ses achats ; le chiffre d'affaires s'accroît et lui donne les économies résultant d'une production en grand, si bien qu'en dernière analyse, il peut n'y rien perdre ; il peut de plus distancer ses rivaux.

Ceci ressort avec l'évidence la plus manifeste si l'on suppose que, dans un Etat socialiste, l'employeur soit remplacé par un fonctionnaire salarié. Il serait appointé et payé par le public pour exécuter les ordres du public, et il devrait s'abstenir d'agir dans l'intérêt exclusif d'une classe quelconque: Ferait-il autrement que l'employeur actuel sous ce rapport? Supposons qu'il ait vu que par quelques modifications apportées à la combinaison des facteurs, il puisse obtenir un plus grand nombre de produits pour le même coût, son devoir serait-il de fermer les yeux et de continuer les anciens errements ? Supposons qu'il dise à la communauté : « voici un perfectionnement grâce auquel je peux vous vendre pour un shelling onze pence de produits. » Pourrait-il exister un doute sur ce qu'elle répondrait. Mais je suppose qu'il ait ajouté: « Si j'adopte le nouveau système, j'ai besoin d'un homme de moins par chaque groupe de douze ». La réponse ne serait-elle pas : « si vous pouvez nous donner le même résultat avec onze hommes, pourquoi en payer un douzième? N'est-ce pas, en réalité, payer un homme pour ne rien produire ? » Ce n'est pas comme si vous congédiez l'ouvrier pour incapacité ; vous vous bornez à lui dire : allez-vous-en et trouvez du travail — et accroissez la richesse — où vous le pourrez.

On peut très bien objecter à l'argument fondé sur le déplacement du travail que c'est, après tout, un argument de classe. L'ouvrier instruit, par exemple, n'admet pas naturellement d'être remplacé par un ignorant.

Mais l'ignorant ne peut-il avoir un semblable grief s'il ne lui est pas possible de trouver un emploi meilleur que celui qu'il avait ? Tous deux s'opposent à ce que leur travail soit exécuté par les machines. Mais le capitaliste n'a-t-il pas aussi quelque droit de réclamer ?

Favoriser le travail manuel aux dépens des machines, c'est apporter des obstacles directs au progrès ; c'est entraver l'invention, la fabrication, l'usage des machines. C'est certainement favoriser une certaine classe d'ouvriers aux dépens d'une autre classe aussi méritante, celle des fabricants de machines et des mécaniciens. Il est passé en force de lieu commun qu'un inventeur est un homme qui a bien mérité de son pays. Comment concilier cela avec un système qui frapperait d'une pénalité les hommes qui se seraient préparés à élaborer des inventions ? Favoriser le travail manuel aux dépens du travail technique, du travail du cerveau, ce serait encore pire. L'objet que nous poursuivons tous maintenant c'est d'instruire nos maîtres. Mais les hommes instruits s'insurgent si on veut leur imposer un travail inférieur (*unskilled*). Le corollaire de l'élévation du niveau de l'éducation générale serait l'élévation du niveau du genre de travail donné à nos ouvriers. Si donc, par une clause spéciale dans les contrats ou autrement, nous donnions un avantage au travail manuel sur le travail technique ou intellectuel, quand ils sont en concurrence, nous agirions contre nos convictions réelles. Du moment que nous admettons qu'il est impossible de songer à favoriser une classe de travailleurs aux dépens des autres, nous abandonnons l'idée d'intervenir dans l'effort constant des employeurs pour substituer un facteur plus efficace à un facteur moins efficace.

D'après tout cela, on doit admettre que, dans cette substitution des facteurs les plus économiques, l'em-

ployeur privé fait exactement ce que ferait son analogue,
le fonctionnaire d'une commune ou d'une municipalité
ou d'un Etat socialiste dans l'intérêt de tous. Pour fabriquer quelque chose pour sa propre consommation nul
homme de bon sens ne voudrait se servir d'un mauvais
outil s'il pouvait, pour le même prix, en avoir un bon,
et un fonctionnaire salarié ne pourrait être autorisé à tenir
compte des intérêts engagés pour immobiliser l'industrie dans de pauvres méthodes et de pauvres instruments.
Les espèces pénibles se rencontreraient comme aujour-
d'hui, et l'on y répondrait, comme aujourd'hui, que
les intérêts de la communauté doivent passer avant ceux
d'une classe quelconque.

Dans tout ceci nous avons adopté l'idée familière
que l'intérêt de la « communauté » c'est l'intérêt du
consommateur et que l'intérêt du consommateur est
dans les bas prix. Dans les temps où il peut s'attacher quelque suspicion aux « bas prix », il est bon
de rappeler que le « bas prix », après tout, c'est
l'expression, en langage monétaire, de l'abondance des
produits. Et cette traduction de l'abondance en termes
monétaires est très trompeuse. Si notre revenu total en
numéraire, en tant que nation, est constamment croissant, tandis que les prix, en général, sont constamment
descendus d'un niveau représenté par le chiffre 100 en
1873 à un niveau représenté aujourd'hui par le chiffre 62,
cela veut dire que les produits fabriqués et les services
rendus, achetés par la communauté, se sont accrus litté-
ralement par sauts et par bonds. Cela veut dire que
20 sh. aujourd'hui, dans la main d'un individu quelconque (1), achètent autant de choses nécessaires à la vie

(1) Je ne perds pas de vue que cette chute, mise en évidence
par les *Index Numbers*, se rapporte aux prix de gros et qu'on
assure généralement que les prix de détail ne se sont pas

que 32 sh. 3 d. en 1873. Et l'on peut noter en passant que la plus grande part, de beaucoup, de ce gain est allée aux classes laborieuses ; car, tandis que la rente de la terre, les profits, l'intérêt ont baissé, les salaires ont monté. Maintenant, si l'on considère le fait déjà mentionné que le revenu moyen par tête d'Anglais n'est pas supérieur à 14 s. 6 d. par semaine, il semble évident que la grande majorité du peuple a plus à gagner à accroître le revenu national qu'à essayer d'en modifier révolutionnairement la répartition par un procédé quelconque, et que l'intérêt des employeurs à choisir et à utiliser les facteurs les plus efficaces est aussi l'intérêt de la communauté.

La position gagnée dans le raisonnement est celle-ci : dans l'action *substitutionnaire* des employeurs, la communauté trouve, entre des limites qu'on discutera plus tard, la garantie que les meilleurs facteurs seront employés pour fabriquer les produits dont la somme constitue le Revenu national. Etant donné ces prémisses : la concurrence active entre les employeurs, la pression suffisamment forte de l'intérêt personnel, la liberté laissée

abaissés dans la même proportion. Il est évidemment difficile d'avoir des statistiques des prix de détail s'appliquant aux mêmes localités, à la même classe d'acheteurs, à la même qualité des produits. Mais il serait inconcevable pour moi que les détaillants pussent gagner généralement plus aujourd'hui qu'il y a vingt ans, ou que les dépenses de distribution eussent grandement augmenté dans des années marquées par l'installation et l'accroissement de grands magasins, coopératifs ou autres. Dans les comparaisons usuelles, on oublie deux choses : l'amélioration générale — mais non universelle — de la qualité des objets et le fait que beaucoup de gens jouissent aujourd'hui d'avantages qui n'existaient pas du tout auparavant. Comparez par exemple le vieux bicycle avec la moderne bicyclette. Et je ne peux m'empêcher de supposer que beaucoup de personnes comparent les prix de détail actuels avec les prix de gros d'il y a vingt ans, au lieu de les comparer avec les prix de détail à la même époque.

aux employeurs d'utiliser les facteurs qu'ils veulent, nous pouvons supposer qu'à un moment quelconque, les produits qui constituent le Revenu national résultent, dans l'ensemble, de la combinaison la plus efficace des facteurs. Ce n'est pas du tout une distribution définitive, car le mois suivant nous montrera quelque employeur faisant un arrangement nouveau pour substituer quelques facteurs plus efficaces aux anciens; mais, au moment actuel, les facteurs actuellement combinés sont les plus efficaces en vue du produit total, au prix total. Et nous commençons à voir ainsi que, si certaines conditions sont remplies, il existe *a priori* une certaine probabilité pour que chaque facteur soit actuellement payé proportionnellement à la part qu'il a dans la production du résultat total.

CHAPITRE IV

L'employeur, pour sa fabrication, achète ses matières premières
au meilleur marché possible, et personne ne songe à l'en blâmer. Pourquoi pas aussi le travail ? Puisqu'il est une personne
privée travaillant pour gagner sa vie et non un fonctionnaire
de l'Etat ou de la communauté. Tout de même, il n'y a pas
lieu de condamner l'action de ceux qui, frappés des dangers
du travail peu payé, s'efforcent d'en empêcher le prix de descendre au-dessous d'un certain niveau.

Indépendamment de l'arrangement et de la combinaison des facteurs, l'employeur, agissant dans son propre
intérêt, achète tous ces facteurs au meilleur marché possible, et notamment le travail.

Nous sommes tellement accoutumés au grand débat
soulevé par ces simples mots que nous ne nous rendons
pas compte à quel point il est singulier que nous devions consacrer un chapitre spécial à la question. Personne, écrivant un traité à l'usage de la bonne ména-
gère et indiquant les morceaux de viande les plus économiques pour le dîner de famille, ne jugerait utile de
lui recommander d'aller dans la boutique où elle trouvera la meilleure viande pour un prix donné. De même,
en parlant de la substitution, on supposait que l'employeur ne paierait pas plus qu'on ne lui demandait en se

conformant, bien entendu, aux règles ordinaires qui défendent à un homme de mentir, de tromper, de dénatu-
rer la vérité. *Caveat emptor.* Mais il n'y a pas de doute
que l'intitulé qui commence ce chapitre serait considéré
par beaucoup de gens comme une accusation portée
contre l'employeur, et, s'il est pris au sérieux, quelques
personnes y verraient la confirmation de leurs pires
soupçons.

Pour la matière première dont il se sert, l'employeur
surveille les perspectives de la récolte ; il se tient sur la
réserve ou achète à l'avance suivant ses prévisions. Il
fait de même pour ses contrats de fourniture de charbon, calculant les chances de paix et de guerre dans le
monde du travail. Pour ajouter quoi que ce soit à ses
bâtiments, il met en adjudication l'exécution des projets et accepte généralement l'offre la plus basse. Pour
ajouter quelque chose à ses machines il pourra acheter
en Angleterre, en Amérique ou sur le Continent, là précisément où il trouvera les meilleures conditions. Il
établit son fret, détermine son assurance, ses conditions
d'échange, d'escompte, le tout d'après le même principe.

Dans tout cela, il ne rencontre aucune critique. Ceux
auxquels il achète ne peuvent rien lui reprocher car ils
font exactement la même chose. Sur ce point, l'ouvrier
est absolument d'accord avec son patron, par la très
bonne raison que les intérêts de l'un sont parallèles à
ceux de l'autre. Si l'employeur était l'agent salarié ou
commissionné des ouvriers, son devoir sous ce rapport
serait exactement le même que celui que lui dictent ses
intérêts privés, et si l'on trouvait qu'il a accepté une
offre trop élevée quand il aurait pu en prendre une autre
de même qualité à meilleur compte, on crierait à la
trahison et à l'abus de confiance.

Au reste, dans sa vie privée, l'ouvrier agit exactement comme l'employeur. C'est pour sa consommation à lui que les boutiques sont remplies de bottes à bon marché et de vêtements tout faits — et il ne faudra pas l'oublier quand nous entendrons l'accusation hasardée de « sweating ». J'ai entendu une réunion de tailleurs dénonçant le paiement de salaires au-dessous du tarif ; chacun d'eux portait des vêtements tout faits.

Bien mieux, la Société se félicite ouvertement de l'abaissement continu du prix de chaque chose. Il n'y a qu'une Commission Royale qui ait été assez osée pour exprimer sa satisfaction de ce que l'alimentation allait devenir plus chère (1).

Si les propriétaires de la terre avaient été obligés de la vendre au lieu de la maintenir à haut prix, ou si les fermages avaient baissé, personne ne s'aviserait de les considérer comme opprimés ou exploités. Nous avons vu le capital s'offrant partout à des prix de plus en plus bas ; personne n'a élevé la voix pour dire « qu'il était médiocre commerçant (*Weak bargained*) » et avait besoin d'être protégé. Nous avons considéré l'employeur comme un homme dont la position était constamment menacée, mais nous n'avons jamais pensé qu'il fût traité injustement sous ce rapport, ni qu'il fût à plaindre, reconnaissant que la pression qui s'exerce sur lui, d'en bas et tout au tour, est le moyen économique par lequel le progrès est réalisé et les prix sont maintenus au taux des frais. Les Trade-Unions elles-mêmes, de leur propre aveu (2), ont

(1) « A satisfactory feature of the past year was the rise in the prices of grain » — *Royal Commission on Agricultural Depression, Report,* 1897, p. 41.

(2) « Pour les Trade Unions qui représentent tous les ouvriers, « l'inertie des employeurs pauvres ou inintelligents est un danger « sérieux. » Les patrons filateurs à l'ancienne mode, avec leurs préoccupations arriérées, se plaignent beaucoup de la dureté

ouvertement favorisé les grandes exploitations et considéré la ruine des petits employeurs comme un incident favorable au progrès.

Donc, dans l'acquisition d'un facteur quelconque, l'employeur ne s'expose à aucune critique quand il achète au meilleur marché possible. Mais quand il essaye d'acheter bon marché le travail !

Nous ne nous occupons pas ici du raisonnement des Trade-Unions ; il sera discuté et examiné à sa place. Nous sommes simplement en train d'analyser ce que fait l'employeur quand il agit, comme un autre travailleur, dans son propre intérêt. Il peut même — et souvent il le fait — reconnaître que les conséquences des bas salaires sont si sérieuses pour les classes ouvrières et pour l'État que les ouvriers sont dans leur droit en s'associant pour vendre collectivement leur travail. Mais ce n'est pas son affaire ; c'est celle des ouvriers. Il représentera que si tous les employeurs sont mis sur le même pied en ce qui concerne l'achat de la main-d'œuvre — c'est-à-dire si aucun ne peut l'acheter moins cher qu'un autre — il s'en trouvera très bien (exemple dans le cas où il est placé à son désavantage par rapport à un concurrent du dehors qui a toute sa liberté) ; que, dans ce cas, le public paiera le plus haut prix pour toutes les marchandises. Mais, à moins que ce niveau ne soit établi, à moins que la main-d'œuvre obtenue au meilleur marché par ses rivaux ne soit payée suivant le tarif des Trade-Unions, son objection a une portée très réelle et à laquelle il

avec laquelle les agents des Trade Unions, refusent de tenir compte de leurs machines relativement imparfaites et insistent, nous l'avons vu, pour qu'on leur paie positivement un tarif aux pièces plus élevé, s'ils n'obtiennent pas de leurs usines un rendement aussi élevé que leurs concurrents mieux équipés. — WEBB, *Industrial Democracy.*

faut honnêtement répondre, étant donné surtout qu'il en doit faire les frais.

Par conséquent, il doit être rendu tout à fait clair qu'à moins de soumettre l'employeur à des règles morales différentes de celles que nous appliquons pour la vie du travailleur ordinaire, il n'y a rien de déshonorant, de blâmable pour lui à acheter le travail aussi bon marché qu'il le peut. Si l'employeur doit être considéré comme un fonctionnaire de l'Etat ou un homme public, — c'est-à-dire un homme qui se guide sur les intérêts de ses concitoyens et non sur les siens propres — la situation sera entièrement différente. Mais alors, nous devrons lui payer un traitement, comme nous en payons à nos domestiques, ou espérer qu'il pourra vivre d'autre chose que de son industrie, comme nous le faisons pour les membres de notre Parlement. Mais, étant donné les choses telles qu'elles sont, l'employeur n'a reçu ni de la Société, ni de personne autre que lui-même, le mandat d'acheter le travail d'un homme suivant d'autres principes que ceux en vertu desquels il achète le travail d'une machine. Il achète le travail de l'homme et de la machine et il espère se rembourser sur le produit final de l'avance qu'il a faite.

Mais il achète ce travail à un certain moment et il vend le produit final à un autre ; il prend donc, dans un cas comme dans l'autre, le risque à son compte, et il espère être couvert aussi de ce risque. C'est-à-dire que, quand il achète de la main-d'œuvre, il n'en paye pas un prix qu'il soit certain de retrouver dans le produit, pas plus qu'il n'achète un cheval avec la certitude d'en retrouver la valeur en l'utilisant. Il achète un instrument de production, non un produit. Pour lui, l'homme n'a de valeur que comme moyen pour arriver à une fin.

D'après cela, le salaire figure parmi « les frais » et doit être traité comme eux. En un mot, la main-d'œuvre pour lui est un facteur destiné à entrer dans la combinaison qu'il considère comme la plus avantageuse, et qui doit être acheté au meilleur marché possible.

Dans tout ceci il n'y a rien qui puisse exposer l'employeur au reproche d'être l'ennemi du travail. Mais il n'y a rien non plus qui puisse lui faire un devoir d'en être la providence spéciale. C'est très beau quand un employeur privé rehausse la valeur morale de sa fonction et prend à sa charge les responsabilités qu'aurait un serviteur de la communauté, mais rien ne lui en fait une obligation.

Ce n'est pas peu de chose que cette charge dans une nation. Il n'y a peut-être aucun des grands services publics qui puisse lui être comparé. On serait d'accord avec Carlyle sur ce point. Mais ce n'est pas l'ouvrage d'un fonctionnaire de l'Etat, payé par l'Etat. S'il en était ainsi, l'Etat pourrait déterminer à son gré les conditions de paiement de la main-d'œuvre. Telles que sont les choses, l'employeur achète ou vend en vue de son industrie, achetant la main-d'œuvre avec les salaires d'après le même principe que le salarié achète avec son salaire les produits dont il a besoin, et agit en tout dans un but de spéculation sur les profits et les pertes.

Naturellement, on sait ce qu'il y a au fond de toutes ces clameurs. C'est la conviction que l'employeur est trop rémunéré ; qu'il administre son affaire de façon à recevoir plus qu'il ne mérite et que, par conséquent, il a un fonds sur lequel il peut prendre pour payer des salaires plus élevés, sans diminuer ce qu'il lui faut pour vivre — quelle que puisse être sa condition. Nous verrons en temps et lieu sur quel fondement repose cette croyance.

Mais, si l'on peut ainsi établir qu'il n'y a rien de blâmable pour l'employeur à acheter la main-d'œuvre à aussi bas prix que possible, il n'y a pas lieu non plus de condamner les ouvriers cherchant à vendre leur travail aussi cher que possible, ni même de supposer que l'employeur est mal venu à se défendre contre la tentation d'acheter la main-d'œuvre à bon marché. Il peut y avoir des inconvénients au bas prix de la main-d'œuvre, inconvénients qui n'affectent pas l'employeur, et n'apparaissent pas à un moment donné.

En général, par la substitution, le même revenu national est produit pour une moindre dépense d'effort, ou accru pour une même somme d'efforts. Si le simple travail manuel est remplacé par le travail d'une machine, et si ce travail manuel déplacé trouve à s'employer dans la fabrication et la direction de la machine, les salaires n'ont pas besoin d'être réduits — ils peuvent même monter — et cependant le Revenu national se sera accru ; car, si, en dernière analyse, la machine ne devait pas produire plus que le travail manuel pour la même dépense, cela ne vaudrait pas la peine de changer. Ici le résultat net est un produit plus abondant pour la même somme de peines et de fatigues dans l'ensemble de l'humanité. Le facteur, momentanément déplacé, trouve une autre sphère d'activité et son salaire qui n'a pas varié lui crée un titre sur un revenu national augmenté.

Mais quand l'employeur engage ou oblige l'ouvrier à se contenter d'un salaire moindre pour le même travail, il le force à fabriquer la même quantité de produits qu'auparavant pour une moindre quantité de numéraire. En d'autres termes, cela signifie qu'il oblige l'ouvrier à ajouter la même valeur au Revenu national, en échange d'un titre moindre sur ce même revenu. La différence entre les deux titres revient à l'employeur et peut lui rester à titre de revenu ou disparaître dans la réduction des prix (1).

Ici le revenu national réel n'est ni diminué, ni augmenté. La peine et la fatigue ne sont, elles-mêmes, ni augmentées ni diminuées dans l'humanité. L'ouvrier, il est vrai, souffre parce qu'il reçoit un titre moindre sur le revenu réel. En cela néanmoins — bien qu'ordinairement on n'y prenne pas garde et qu'on n'accorde aucune sympathie au capitaliste dans le même cas — il partage le sort d'un capitaliste forcé de placer ses fonds à un taux plus bas. Mais, en vérité, les conséquences peuvent être très différentes. Si le salaire est réduit en substance, il peut amoindrir le rendement, non peut-être du travailleur lui-même, mais du travail, car il tend à empêcher le travailleur d'élever sa famille comme il a été élevé lui-même. Le tort, dans ce cas, est fait, non à l'ouvrier seul, mais à la société. Mais n'anticipons pas.

(1) Si un shelling est prélevé sur le salaire de l'ouvrier et qu'une réduction correspondante soit opérée sur le prix du produit fabriqué, l'ouvrier et l'employeur perdent sur leurs titres respectifs la valeur de ce shelling. Mais ceux qui ont des titres sur le revenu national gagnent d'autant plus, c'est-à-dire qu'il y a maintenant une valeur de un shelling prise sur la portion du revenu national réel non affectée à partager entre les consommateurs. C'est quelque chose d'analogue à un billet de banque qui brûle ; le détenteur y perd mais la banque y gagne.

CHAPITRE VII

RECOURS CONTRE LES MESURES INDIVIDUELLES

On peut récapituler ainsi ce qui précède : chaque produit est le
résultat d'organisations isolées ; son prix est la limite payable
à tous dans l'organisation, et l'employeur, en tant que payeur
en chef de ce prix, estime que chaque facteur doit recevoir
tant. Chacune des parties doit-elle être satisfaite de cette estimation. Assurément non. La détermination du prix et du salaire n'est pas du tout maintenant fondée sur la volonté ou
l'habileté individuelle. La fabrication de chaque produit est
divisée entre un certain nombre d'organisations ; en dehors de
la fabrique il y a l'industrie et là réside un recours contre
la décision du payeur individuel ou de l'ouvrier isolé.

Au point où nous en sommes, le raisonnement est
celui-ci. Dans le livre précédent, nous avons exposé le
remarquable phénomène d'une population de 40.000.000
habitants jouissant de moyens d'existence estimés en
bloc à 1.500.000.000 livres. La plupart d'entre eux travaillent ; mais, d'une part, leur revenu n'est pas entièrement le résultat du travail, et, d'autre part, le travail
de beaucoup d'entre eux n'a point de place dans ce
revenu. Le revenu ne va pas seulement aux laboureurs
en paiement de leurs travaux, mais aux propriétaires
de la terre et aux détenteurs de la richesse en paiement
de ces facteurs. Et un travail de ce genre, comme celui de la majorité des femmes, par exemple, n'est pas
payé entièrement en numéraire, bien que celui-ci soit

aussi nécessaire pour ce que nous appelons « notre vie » que le travail rémunéré. Le problème qui nous occupe maintenant est la répartition de cette part du revenu qui est évaluée en numéraire, et le trait caractéristique qui donne à la question son intérêt et son urgence c'est l'excessive inégalité de cette répartition.. Existe-t-il une explication rationnelle de cette inégalité?

Considérant les catégories de gens percevant un revenu, il semble que, si une explication de ce genre devait être admise, ce serait dans le domaine de l'industrie où une personne ou une *firme* joue le rôle de payeur en chef. L'employeur, au moins, peut être supposé être déterminé par certaines raisons dans l'établissement de ses paiements; un examen de ses actes et de ses motifs peut expliquer pourquoi certains revenus sont payés en shellings et d'autres en livres. Mais un peu de réflexion nous a montré que le paiement de la main-d'œuvre, qui occupe une si grande place dans l'imagination de beaucoup de gens, est seulement une portion de la fonction générale de l'employeur en tant qu'organisateur de l'industrie; qu'il est impossible de découvrir sur quelle bourse il paie, d'après quelle estimation du service rendu il paie, sans considérer son action dans son ensemble. Nous avons été ainsi amenés à une analyse un peu longue du mécanisme de l'industrie manufacturière.

Ici nous avons des employeurs combinant ensemble le travail et le capital du pays en certaines unités d'organisation, et concentrant les efforts de ces facteurs sur un produit ou un courant de produits. L'employeur intervient dans une société d'individus où chacun gagne individuellement sa vie. Il la change en un corps organisé qui « gagne sa vie » à son tour. D'un grand nombre d'individus, il fait un corps composé de beaucoup de membres, dont chacun fait une petite partie de la tâche totale. Avec son propre capital ou avec le capital d'autrui, il achète à ces hommes les outils, les conditions, le matériel qu'il leur faut. Comme le travail se poursuit de semaine en semaine tandis que le produit ne pourra aller sur le marché avant des mois peut-être, il avance les salaires sur la foi et dans la perspective de la future vente. Quand la fabrication est terminée, il porte le produit sur le marché, le vend à d'autres employeurs ou à des consommateurs directs suivant les cas, se remboursant lui-même sur le prix de toutes les avances qu'il a faites et prenant le surplus pour sa propre rémunération.

Dans tout ceci, son travail propre n'est pas, en première ligne, la distribution du produit, mais l'organisation de la production. Il prend le paysan à son champ de pommes de terre, le tisserand à son métier et les place dans des fermes et des filatures, non pour leur donner du travail mais pour faire pousser plus de pommes de terre et tisser plus de drap. A la fin, eux, et lui avec eux, mènent une vie plus large ; mais bien que la fin soit ainsi sociale, la méthode est individualiste. L'organisation dont l'employeur est le centre est simplement une spéculation privée. Il travaille en vue de fabriquer des produits qui plairont au public par leur prix et leurs qualités, mais il travaille pour son propre compte. L'État ne lui paie pas son travail comme à un fonctionnaire ; les ouvriers ne le paient pas pour les organiser et leur donner à eux tout, sauf sa propre rémunération. Il n'obéit qu'au mobile ordinaire — et honorable — qui le pousse à gagner son pain à la sueur de son front, et nous ne pouvons attendre de lui que l'acte industriel ordinaire de chercher ses propres intérêts. Par conséquent, le principe d'après lequel l'employeur paie est assez clair : il fait le calcul de ce que les différents facteurs « valent » à son point de vue. Vraisemblablement l'inégalité du revenu repose sur l'inégalité des services rendus. Quelle autre manière y a-t-il d'évaluer la valeur d'une machine que celle qui consiste à vendre son produit? Quelle autre manière y a-t-il d'évaluer la valeur d'un homme, sinon de voir le prix qu'il pourrait vendre ses services à la personne qui cherche à trouver les facteurs les plus efficaces, pour les combiner de la façon la plus efficace, et vendre le produit au prix que le public veut le payer?

Ceci nous conduit assez loin dans notre recherche d'une explication ou d'un principe de répartition du revenu. Les revenus que nous sommes en train d'examiner sont des paiements faits *à valoir* sur des services rendus.

La conclusion n'est pas complètement satisfaisante, mais elle n'est pas aussi peu satisfaisante que le pensent beaucoup de gens. Elle ne satisfera pas, par exemple, ceux qui sont persuadés qu'il existe une mesure abstraite du travail autre que son prix sur le marché, et qui pensent qu'ils connaissent la valeur du service qu'ils rendent mieux que celui à qui ils le rendent. Si un homme est obsédé par l'idée qu'il est né « tragédien », il ne croira jamais qu'il est payé à sa valeur comme « utilité ». Cette conclusion ne satisfera pas non plus ceux qui ont l'idée préconçue que les salaires sont une compensation — un équivalent de la peine endurée et de l'effort déployé ; ou ceux qui n'ont pas appris les principes élémentaires de la valeur, et prennent le caractère impérieux de certaines nécessités pour mesure de la valeur de ce qui peut les satisfaire. « Dans une grande maison, il n'y a pas seulement des plats d'or et d'argent, mais aussi des vases en bois ou en terre » ; il y a toujours des gens qui attribuent plus de « valeur » à l'humble marmite qu'au prétentieux surtout d'argent, et qui soutiennent que le garçon qui cire les bottes rend un plus grand service et doit être mieux payé que le laquais qui ouvre la porte. N'est-ce pas Adam Smith lui-même qui disait que c'est à peine si le diamant a quelque valeur en usage ?

Mais la conclusion satisfera pleinement ceux qui tiennent pour économiquement vrai que le juge en dernier ressort de la valeur, c'est le public qui achète le service ou l'objet dans lequel ce service est incorporé. Justement parce qu'ils acceptent cette idée, ils considéreront la réponse comme loin d'être complète. Nous aurons à examiner plus bas s'il y a lieu de prendre au mot l'employeur prétendant que son estimation correspond à celle du public.

La question qui se pose d'elle-même est de savoir si chacune des parties peut, ou doit, se contenter de cette distribution du revenu faite par les mains de l'employeur individuel. En toute justice, dans la classe des employeurs et dans celle des salariés, la réponse doit être un Non énergique. Le salarié n'est pas tenu d'admettre que le salaire qui lui est payé est le vrai, quelque exactement qu'il mesure les services rendus au payeur et quelque équitable que l'employeur cherche à être. *Quis custodiet custodes ipsos ?* Pourquoi les salaires dépendraient-ils de la bonne ou de la mauvaise administration d'un employeur ? Un ouvrier intelligent se demandera si son employeur a obtenu le plus haut prix possible du produit (1), s'il a combiné la main-d'œuvre avec les meilleurs systèmes, avec les meilleurs procédés ; s'il a su acheter tous les autres facteurs au meilleur marché possible ; et, en outre, s'il n'a pas exagéré le montant de la part qui doit lui revenir.

(1) Les mineurs accusent toujours les directeurs de mines de sacrifier cet intérêt.

D'autre part, l'employeur ne doit pas prendre la responsabilité d'affirmer qu'il paie le salaire vrai. Son aptitude au moins à le payer ne saurait servir de jauge pour celle des employeurs en général. Le produit peut être vendu dans des conditions où le prix n'est pas tenu en échec par une concurrence normale. L'employeur peut être un philanthrope qui renonce à ses profits, ou un monopoleur aux yeux duquel les profits sur les salaires ne représentent pas une grande différence. Ou encore ce peut être un employeur ayant à sa disposition des dons exceptionnels, comme les prairies en Connemara. Demander à un employeur qu'il paie de hauts salaires parce qu'il est riche, ou le tenir en réprobation parce qu'il en paie de faibles, c'est rendre à la main-d'œuvre le plus mauvais service parce que cela perpétue l'idée dont nous sommes en train de nous débarrasser, à savoir que les salaires sont un don gracieux, une charité, au lieu d'être la part du Revenu national que l'ouvrier peut honorablement réclamer comme étant l'œuvre de ses propres mains.

Le fait est que la détermination du salaire ne dépend pas de la volonté ou de l'habileté individuelle. Car, en premier lieu, si le produit est le résultat auquel aboutissent plusieurs organisations isolées, il n'en est pas de même du prix. Ce n'est pas matière à arrangements entre l'employeur, ou l'employeur et son personnel d'une part et les consommateurs d'autre part, mais entre tous les employeurs d'une industrie particulière d'une part et les consommateurs d'autre part. L'employeur n'est que le payeur principal d'un prix déterminé pour lui. En second lieu, dans les conditions modernes, le partage du prix entre les ouvriers et les employeurs ne donne pas matière à un marché entre les ouvriers et leurs patrons particuliers, mais se détermine entre tous les ouvriers d'une industrie d'une part, et tous les employeurs de cette industrie d'autre part. Le prix et la répartition sont donc visiblement le résultat de forces plus puissantes que celles d'individus quelconques ; forces, d'ailleurs, dont l'action est assez fréquente et assez observable pour être réduite en loi.

Si un patron, sollicité d'augmenter les salaires, allègue qu'il donne à ses hommes tout ce qu'ils valent suivant lui ; s'il montre ses livres pour prouver que, tandis qu'il vend ses produits aux prix les plus élevés, il ne gagne rien pour lui-même, tout cela ne peut ni ne doit satisfaire les hommes s'ils peuvent trouver d'autres usines de la même industrie où les salaires soient plus élevés. D'autre part, si un patron propose à ses ouvriers une réduction de salaires, les hommes n'ont pas à répondre qu'ils valent bien le salaire antérieur, en tant que le patron peut le leur payer, prélever un profit pour lui-même et vendre encore au prix du marché. Il faut seulement que le patron leur prouve qu'ils reçoivent plus que leur travail ne vaut chez les autres employeurs de la même industrie. Dans les deux cas, le plaignant prouve sa prétention de la même manière : les ouvriers prennent la porte et vont chercher du travail là où il leur vaut le salaire le plus élevé ; le patron prend la porte et appelle de nouveaux ouvriers. Un patron en appelle au corps des ouvriers, et un ouvrier au corps des patrons.

La raison de ceci est assez claire. C'est que l'usine isolée n'est qu'un membre d'une plus grande organisation. Dans la division du travail, la fabrication du produit est répartie, non seulement entre un certain nombre de procédés, mais entre un certain nombre de fabricants. Le véritable « dividende » c'est le prix payé pour la totalité de cette classe de produits. En dehors de l'unité primaire qui est l'usine, il y a l'unité plus grande qui est l'industrie elle-même. Notre attention est donc reportée des relations de patron et d'ouvrier en dedans d'une même usine privée, aux relations des patrons d'un côté, des ouvriers de l'autre, dans une même industrie, et la demande du paiement proportionné aux services rendus prend une base plus élevée.

CHAPITRE VIII

PATRONS ET OUVRIERS

Dans une même industrie, si, par la pensée, on abat les murailles des usines, on doit être frappé par la différence de la solidarité qui existe entre les patrons et les ouvriers et cette différence produit des résultats très importants. 1° Parmi les patrons, sous l'attrait de la spéculation et des profits, et sous l'empire de la substitution, il règne une rivalité intense, avec pression sur le prix et les profits. 2° Les ouvriers, au contraire, enrégimentés dans l'ensemble des usines, concluent implicitement une coalition. De là, une grande mobilité et des niveaux de salaires indépendants, encouragés par les Trade-Unions.

Une industrie est une agglomération d'organisations rivales que nous avons considérées comme unies pour former une section du Revenu national. La production du fil, par exemple, est une industrie répartie entre toutes les filatures du pays. Des filatures de ce genre pourraient être, et, dans beaucoup de cas, sont actuellement des branches d'une même organisation. Mais, en règle générale, chaque industrie est représentée par un certain nombre d'unités séparées dont chacune a son organisation particulière. Jusqu'ici nous avons étudié les relations des patrons avec les ouvriers et des ouvriers avec les patrons, à l'intérieur de chacune de ces unités. Mais beaucoup de phénomènes courants, particulièrement l'action des Trades-Unions, manifestent d'autres catégories de relations, notamment celles des patrons entre eux, des ouvriers entre eux, à l'intérieur de cette unité plus grande de l'industrie. En prenant l'industrie elle-même pour sa propre unité, le Trade-Unionisme, si l'on peut s'exprimer ainsi, supprime par la pensée les murailles des usines respectives, et nous montre un certain nombre de patrons et un certain nombre d'ouvriers coopérant au même but, par exemple, à la fabrication d'une seule sorte de produits, mais, en même temps, formant les uns par rapport aux autres deux groupes distincts et irréductibles.

Si l'on considère les deux groupes s'opposant ainsi l'un à l'autre, la différence de solidarité entre eux est très frappante et cette différence conduit elle-même à des résultats très importants.

1° En règle générale, les employeurs, dans une même industrie, se regardent comme des rivaux, et leur concurrence intense exerce sur eux une pression égale à celle qu'ils exercent sur leurs ouvriers. Cette pression n'est pas déterminée par un élément étranger, mais par un élément qui les pousse directement les uns contre les autres : c'est la nécessité de découvrir et de séduire le consommateur. Car, bien qu'ils travaillent pour le consommateur, ils ne sont pas ses agents. Pour conserver leur situation, comme nous l'avons vu, ils sont constamment poussés à mettre en avant l'argument irrésistible d'une concession dans les prix, ou dans l'escompte, ou dans les termes de paiement. Théoriquement, tous ces patrons ont un intérêt commun — celui de maintenir les prix élevés — mais c'est cet intérêt qu'ils sont le moins disposés à reconnaître. S'ils abandonnent le système des concessions sur les prix et vendent d'après un tarif commun, ils sont ramenés à leurs ressources personnelles pour vendre leurs produits, et les faibles, trouvant cela difficile, commencent inévitablement à réduire les prix par des voies détournées, tandis que les forts rompent ouvertement la convention.

Maintenant, cet individualisme excessif sauvegarde, dans une mesure très définie, l'intérêt du public en ce sens qu'il maintient les profits entre les limites normales. L'employeur, nous l'avons vu, est un fonctionnaire qui, dans la division du travail, fait quelque chose que le travail et le capital ne sauraient faire eux-mêmes. Il les réunit tous deux dans une même organisation, achète leurs services moyennant des sommes fixes, et prend à sa charge le risque de se rembourser de ses avances sur le produit final. Pour tout cela, il ne demande ni un chiffre fixe ni un traitement. Le profit n'est ni un salaire ni un intérêt ; c'est un gain de spéculation. C'est la spéculation qui en constitue l'attrait. Où il y a des profits, ils sont généralement considérables, et les pertes sont oubliées à la fois des employeurs considérés comme une classe et de la Société.

Beaucoup de gens n'entreraient pas dans une industrie pour un fixe de 2 000 livres par an, qui se contentent de 4 000 livres une année et de rien l'année suivante. Une spéculation de ce genre présente en elle-même un véritable attrait pour un homme de ressources ayant confiance en lui-même ; le paiement dépend des résultats et l'employeur y applique ce qu'il a de mieux en lui-même, ce qu'il ne ferait jamais pour un traitement fixe de 100 £.

Mais, précisément, parce que ce profit n'est pas une part fixe, mais une part prise sur une marge et une marge qui dépend plus ou moins de la spéculation, l'employeur est soupçonné de gagner des sommes qui ne sont en proportion ni avec le travail de l'organisation ni avec le risque encouru. Pour l'ouvrier, l'employeur est un homme qui n'est pas obligé d'ôter son habit et de se salir les mains ; par conséquent, il n'est pas payé pour son travail. Et quant aux risques, l'ouvrier ne semble pas se douter qu'il en existe. Il entend assez parler des grands profits ; il ne sait rien des pertes — qui, à la vérité, sont et doivent rester cachées ; en'sorte que, considérant le mot « profit » comme synonyme de gains excessifs et mal gagnés, il confond l'employeur avec le joueur (1).

Si l'idée de gains mal acquis disparaît devant l'analyse des fonctions de l'employeur faite dans les derniers chapitres, l'idée de gains « désordonnés » s'efface à son tour quand on comprend la vraie manière de calculer le profit moyen.

« Pour trouver les profits moyens d'une industrie, dit
« le professeur Marshall, nous ne devons pas diviser la
« somme des profits réalisés par le nombre de ceux qui les
« ont récoltés ni même par ce nombre ajouté au nombre
« de ceux qui sont tombés en faillite ; de la somme des
« profits de ceux qui ont réussi, nous devons retrancher la
« somme des pertes de ceux qui sont tombés en faillite et
« peut-être se sont retirés, et nous devons diviser le reste
« par le nombre total de ceux qui ont réussi et de ceux qui
« ont échoué. Il est probable que l'excès des profits sur
« l'intérêt n'est pas, en moyenne, supérieur à 50 0/0 et
« dans quelques industries aléatoires pas plus de 10 0/0,
« fait à signaler aux gens qui forment leur opinion du

(1) Il commet la même erreur pour le commerçant qu'il accuse du vieux crime « d'accaparement » parce qu'il achète bon marché et vend cher, négligeant le fait que la personne qui fait des achats sur une grande échelle, divise les opérations et cherche à satisfaire les consommateurs est un vrai fonctionnaire dans la division du travail, et pas plus un intermédiaire que tout autre individu qui se place entre la nature et l'homme. Témoin l'attitude du coopérateur par rapport au détaillant ; témoin aussi le nombre de fois qu'il se trompe lui-même en remplaçant la qualité par le dividende. (Voir p. 32.)

« produit d'une industrie par l'observation de ceux-là
« seuls des industriels qui ont réussi (1). »

Dans un passage suggestif (*Principles of Economics*,
p. 652) le même auteur montre que les employeurs eux-
mêmes sont soumis à l'action de la substitution par
l'effet de leur concurrence mutuelle. Les profits sont constamment visés par la comparaison avec les gains des
contre-maîtres et des directeurs ; il y a constamment une
rivalité entre les grands employeurs jouissant des économies réalisées par la production sur une grande échelle,
et les petits qui dépensent des énergies plus personnelles
et moins divisées ; entre ceux qui travaillent avec leur
propre capital et ceux qui travaillent avec le capital
d'autrui ; entre l'homme nouveau qui, « par ses résolu-
tions rapides, ses combinaisons habiles et aussi peut-être
un peu par sa témérité naturelle, franchit l'obstacle », et
la *firme* ancienne se reposant sur sa réputation et ses
relations de vieille date. Dans les dernières années, en
outre, l'employeur privé a eu au moins deux concurrents
redoutables. Dans les Joint Stock et les Compagnies à
responsabilité limitée, qui forment environ le dixième

(1) *Principles of Economics*, 4ᵉ édition, p. 702. Il n'est pas possible, naturellement, d'avoir la statistique des affaires privées
mais les chiffres suivants sont admis comme résultant des esti-
mations les plus dignes de foi. En Worcester, Muss, M. J. H. Wal-
ker, calcule que, pour chaque centaine d'hommes dans les
affaires en 1845, vingt cinq avaient échoué au bout de cinq ans,
cinquante en dix ans, et soixante-sept en quinze ans « et la plupart de ces échecs sont de simples faillites ». Pour la France,
M. Paul Leroy-Beaulieu dit que sur cent nouvelles affaires, vingt
tombent presque aussitôt, cinquante ou soixante végètent
cahin-cahan, et seulement dix ou quinze réussissent (*Répartition des richesses*). Et A. Wells dit que depuis longtemps les
gens compétents estiment que 90 0/0 des hommes qui entent
une affaire pour leur compte, échouent dans leur entreprise
(*Recent Economic Changes*, p. 351).

de l'industrie du pays, sa place, comme organisateur, est prise par les directeurs, l'administrateur ou le secrétaire, ou bien ses fonctions propres sont réparties entre eux et les risques sont reportés sur les propriétaires du capital, les actionnaires. Dans les Magasins coopératifs, l'organisation et les risques incombent aux membres consommateurs, et il serait difficile de dire l'extension que ce mouvement peut prendre encore.

Dans l'ensemble, il y a de bonnes raisons pour croire que la société paie moins cher que tous les autres services ceux que lui rend l'employeur, précisément parce que l'esprit de spéculation et la vie libre comptent pour une large part dans la rémunération réelle. J'ai essayé plusieurs fois de montrer que les fonctions remplies par l'employeur privé sont les mêmes que celles que devrait remplir un agent salarié, en supposant les ouvriers nommant un chef et travaillant avec leur propre capital, et plus encore les capitaines payés de l'industrie dans un État socialiste. A cela, on peut maintenant ajouter que, si les employeurs remplissent ces fonctions pour une rémunération qui ne semble pas, en moyenne, dépasser le salaire dû à leurs services, les choses se passent comme s'ils étaient en réalité les serviteurs appointés de la Société. L'espoir d'un Socialisme quelconque, on peut le supposer, est que, sous ce régime, les salaires pourraient être maintenus, que l'intérêt tomberait et que les chefs seraient payés sur le coût de leur production. Sous ce rapport, il est difficile de voir une différence très essentielle entre ce système et le système actuel.

2° La masse des ouvriers réunis dans l'industrie moderne, sujette, en ce qui regarde le travail, à des conditions et moyennant une rémunération subordonnées elles-mêmes à la volonté d'un certain nombre de personnes influentes, gouvernée par des règles spéciales, a eu une tendance à perdre de vue ce qu'il y avait de contraire dans leurs propres intérêts, les a ralliés tous au nom d'une sorte de loyauté de classe, et a déterminé entre eux une manière d'alliance implicite pour plusieurs buts communs. Et, pour le bien ou le mal, l'influence du Trade-Unionisme s'est employée à présenter aux classes ouvrières l'employeur comme l'ennemi naturel en face duquel tous les légers différends doivent s'effacer. Il n'y a peut-être pas de dénomination que l'ouvrier d'aujourd'hui redoute plus que celle de « black leg » — l'homme qui se sépare de ses camarades de la Trade-Union.

Comme résultat naturel de cette solidarité, signalons le nivellement des salaires. Un léger coup d'œil sur l'industrie moderne nous montre que les salaires ne varient pas d'un ouvrier à un autre, mais se maintiennent, s'élèvent ou s'abaissent par masses.

Les ouvriers qui font le même travail dans une usine reçoivent le même salaire, ou, s'ils travaillent aux pièces, c'est un même tarif. Où la rémunération à l'heure et le travail aux pièces se rencontrent côte à côte, les salaires tendent vers l'égalité. Quand notre sphère d'observation s'étend à un groupe d'usines engagées dans la même fabrication et réunies dans une même localité, nous trouvons que la rémunération à l'heure ou le tarif du travail aux pièces sont sensiblement les mêmes partout.

Si nous en cherchons la raison, on nous dira que ce résultat est dû à la vigilance des Trades-Unions, mais il est très permis de douter qu'au compte des Trades-Unions il soit possible d'inscrire plus que l'encouragement à maintenir les niveaux qui existent là où il n'y a pas de Trades-Unions, et qui pourraient être maintenus même si les Trades-Unions n'existaient pas. Témoin le fait que

dans beaucoup d'industries, qui n'emploient que des
femmes, comme dans les filatures, les niveaux sont tout
aussi déterminés (1). Tout ce qui est nécessaire à l'établissement d'un niveau des salaires, c'est la mobilité. Si
les usines sont dans le rayon l'une de l'autre, et que
l'ouvrage y soit le même, la liberté de chaque ouvrier
qui a la liberté d'aller là où le salaire est momentanément plus élevé, et de quitter la place quand elle devient
mauvaise, tend inévitablement à niveler les salaires. Et
même, s'il n'y a ni Société Amicale ni Union, il serait
incroyable que les ouvriers s'abstinssent de parler entre
eux de leurs salaires soit sur leurs bancs, soit en allant à
leur travail, soit en sortant ; et, s'ils le font, il est conforme à la nature humaine qu'ils se mettent ensemble et
agissent en commun. Si les domestiques — la classe des
ouvriers la plus isolée de toutes — savent à un shelling
près ce que vaut une place, ce qu'est la maison et la
maîtresse, il est téméraire d'admettre que les ouvriers,
associés chaque jour de la façon la plus intime, soient
aussi hors d'état de se défendre que la théorie des
Trades-Unions cherche à le faire supposer. C'est à l'appui de cette opinion et, à moins que les auteurs de
Industrial Democracy n'aient perfectionné les instruc-
tions de leurs clients, que la mobilité dans chaque

(1) « Les employeurs les plus autocratiques et les plus libres
« de leurs mouvements adoptent spontanément les tarifs nor-
« maux des classes ouvrières, exactement comme les grands
« marchands fixent leurs prix, non suivant l'aptitude à mar-
« chander de certains consommateurs, mais suivant un certain
« pourcentage sur les frais... L'employeur moderne qui opère sur
« une grande échelle ne peut s'amuser à graduer avec précision
« des tarifs spéciaux pour chacun des mille ouvriers qu'il em-
« ploie. Il vaut mieux, pour lui, adopter certains principes com-
« muns d'une application simple pour ses commis et facile à
« comprendre par ses ouvriers. » WEBB, *Industrial Democracy*,
vol. I, p. 281.

industrie fait partie du programme des Trades-Unions (Webb, *Industrial Democracy*, vol. I, p. 1, ch. III).

Mais, lorsque cette mobilité est imparfaite, la tendance au nivellement des rémunérations n'existe pas. Et peut-être que ceux d'entre nous qui vivent dans de grandes villes manufacturières où des douzaines de fabriques et d'usines sont entassées sur un petit espace, ont une tendance à exagérer la mobilité qui y existe (1).

(1) Que le degré actuel de mobilité reste une question ouverte, cela peut être suggéré par les citations suivantes empruntées à un débat de la Chambre des communes (17 avril 1899). « Je ne « crois pas exagérer les faits en disant que le travail mobile est « la règle, et le travail immobile l'exception parmi la population « industrielle (M. Asquith). Je crois que cette idée de la mobi- « lité du travail s'applique seulement à une fraction des classes « ouvrières. Dans la majorité des industries et dans la majorité « des villes, les classes ouvrières ne sont pas mobiles (M. Chamberlain). Je ne suis pas d'accord avec le précédent orateur. « D'après des statistiques qui m'ont été communiquées par le « Secrétaire de Hearts of Oak Society, il résulte que, sur les « 220 000 membres qui en font partie, il n'y en a pas moins de « 120 000 qui se soient déplacés l'année dernière, soit une « moyenne de 500 par jour. » (M. John Burns).

CHAPITRE IX

LE RECOURS A L'INDUSTRIE

Il y a donc, dans chaque industrie, une tendance à ranger sous
une loi la rémunération des deux parties. Le prix divisé, c'est-
à-dire le total divisible, est déterminé entre tous les employeurs d'une industrie donnée et le public. Dans la répartition du prix le profit est maintenu bas par la concurrence
entre les employeurs; tandis que, en ce qui concerne les salaires, il y a un recours de chaque employeur à la masse des
employeurs, et de la part des ouvriers à la masse totale des
ouvriers. Il y a donc des deux côtés une façon de se soustraire
à l'arbitraire individuel.

Si, dans ce qui précède, nous avons donné une analyse
exacte des relations respectives des patrons et des ouvriers entre eux, dans une même industrie, nous trouvons dans ces relations une force qui tend à assujettir à
une loi la rémunération de ces deux groupes.

L'ouvrier, comme nous l'avons vu, est hanté par deux
soupçons distincts : l'un, que l'employeur n'obtient pas
le meilleur prix possible du produit de leurs efforts combinés ; l'autre, que la répartition de ce prix entre l'employeur et lui est arbitraire. En ce qui regarde la première proposition, nous avons trouvé que le prix n'est
pas une chose dont l'employeur puisse être tenu pour
individuellement responsable. On a vu qu'il y avait sur
ce point matière à compétition entre nombre d'em-

ployeurs, mettant en œuvre différentes méthodes et différentes combinaisons de facteurs, entraînés à vendre aussi bon marché que possible, et la masse des consommateurs.

En ce qui regarde la seconde, nous trouvons que la répartition de ce prix n'est pas non plus une chose dont l'employeur puisse être tenu individuellement pour responsable, mais donne matière à débat entre tous les employeurs et tous les ouvriers. Du côté des employeurs, nous voyons une concurrence individuelle, acharnée, maintenant les profits entre de certaines limites et, en fait, selon toute probabilité, les réduisant à un niveau très bas. Du côté des ouvriers, nous voyons une combinaison implicite de masses enregimentées donnant lieu, là où la mobilité est possible, à l'établissement d'un niveau des salaires.

Dans tout ceci, nous trouvons un recours contre la tyrannie de l'employeur isolé aussi bien que contre celle de l'ouvrier isolé. En élargissant le cercle des intérêts qui font entrer une usine dans le groupe coopératif d'une industrie, les ouvriers et les employeurs ont un point de comparaison dans les services et les salaires des autres usines. Si on prend un bateau à vapeur pour un penny de Broomielaw Bridge à Glasgow et qu'on descende la Clyde jusqu'à Govan, la longue ligne des chantiers et des bureaux portant les mots : « Mécaniciens et Constructeurs de Navires », nous prouve que, dans ce quartier, le recours de patron à patron, d'ouvrier à ouvrier est très réel.

Nous nous rappelons que l'employeur n'est pas une unité indépendante, mais une unité parmi d'autres, toutes organisées sur des plans différents pour atteindre le même but, arrivant par la concurrence mutuelle à combiner les meilleurs facteurs et à servir au mieux le même public. Quant à l'ouvrier, ce n'est pas non plus une unité indépendante mais un des nombreux individus qui, attelés ensemble pour faire le même service, se font concurrence. C'est ainsi que l'ouvrier échappe à la dépendance de l'arbitraire ou de la capacité de l'employeur particulier à le payer, et que l'employeur échappe à la dépendance de l'arbitraire et de l'aptitude des ouvriers spéciaux qu'il emploie.

Voici où nous sommes parvenus dans notre raisonnement : le changement de notre point de vue, partant du patron et de l'ouvrier individuel pour arriver à l'industrie elle-même, nous fait avancer d'un pas dans la connaissance de la répartition suivant une loi ; car chaque facteur peut maintenant demander à être payé ce que vaut le service qu'il rend au corps des employeurs, et chaque employeur peut montrer que son profit n'est pas autre chose qu'un salaire strictement déterminé.

Nous voyons, en un mot, émerger l'Employeur représentatif déterminant avec le public le prix des produits, et réglant les paiements arbitraires de chaque employeur individuel ; nous voyons en même temps les ouvriers se condenser dans l'Ouvrier représentatif, établissant le type des services à rendre et le niveau du salaire de chaque ouvrier.

CHAPITRE X

Le recours du facteur individuel contre l'arbitraire du paiement
s'étend-il au-delà de l'industrie ? La réponse à faire dépend
de la mobilité du facteur.

Supposons que le Revenu national soit exclusivement
formé des produits d'une industrie particulière ; que
tous les ouvriers soient également habiles ; que les
transports soient rapides et à bon marché. Ou bien, pour
ne pas prendre un exemple qu'on pourrait taxer de chimérique, supposons que cette industrie est l'exploitation
agricole, où un seul homme joue successivement plusieurs rôles.

Dans un cas semblable, on rencontrerait encore la
pression venant d'en bas et des alentours, tendant à réduire les salaires, mais ce serait comme la pression qui,
s'exerçant sur l'eau, la fait déborder. Tout fermier qui
essaierait de réduire le tarif des salaires se trouverait à
court d'ouvriers, et tout fermier qui offrirait davantage
aurait beaucoup de gens à sa porte. Supposons que cette
concurrence ait produit tout son effet parmi les fermiers,
de sorte qu'il y ait un seul prix pour les produits et que
les profits soient réduits au minimum ; dans ce cas, il
suffirait qu'il fût connu que le travail est facilement mo-
bilisable pour que les salaires se maintiennent au même

niveau, et la seule question à se poser serait à quelle hauteur se fixerait ce niveau.

Mais si cette influence nivelante n'agit pas parmi les fermiers, et si, en raison de la distance ou d'autres obstacles, les ouvriers ne pouvaient en appeler d'un fermier à un autre, les profits et les salaires cesseraient d'obéir à une loi quelconque, il n'y aurait rien pour indiquer que les coopérations respectives des différents facteurs à la production du Revenu national devraient être mesurées et estimées autrement que par l'arbitraire, ou la ruse ou la force brutale de chaque employeur organisant son industrie exclusivement dans son propre intérêt.

Ceci semble mettre en évidence que la véritable sauvegarde contre le revenu arbitraire c'est, d'une part, la concurrence des employeurs, et, d'autre part, la mobilité des ouvriers.

Mais, dans la réalité, le Revenu national est aussi loin que possible de ressembler à ce cas supposé. Il consiste en une infinité de produits variés fabriqués dans un nombre infini d'industries par des facteurs dont les aptitudes sont infiniment variées. Nous avons vu que, suivant la mobilité qui existe à l'intérieur d'une industrie, il y a une tendance à niveler les rémunérations des différents facteurs et à faire disparaître l'arbitraire du paiement individuel. Nous avons maintenant à rechercher s'il n'y a pas quelque force qui tende à grouper les diverses industries en une seule unité, comme les diverses usines se groupent en une seule unité industrielle ; si, en un mot, pour suivre notre métaphore, les murailles qui séparent les industries ne pourraient pas être conçues comme abattues, laissant toute la main-d'œuvre, consciente de ses intérêts communs, faire face au corps entier des employeurs en concurrence les uns avec les autres. Ou bien les industries sont-elle comme des compartiments à l'intérieur desquels sont combinées la concurrence entre les employeurs et la mobilité parmi les ouvriers ? Si c'était cette dernière alternative qui était réalisée — et l'action des Trades-Unions tend nettement vers ce but — nous pouvons compter sur de grandes anomalies dans la répartition. Il est notoire, par exemple, que plusieurs industries, moins parfaites et mieux organisées, ont obtenu des salaires beaucoup plus élevés que des industries où une plus grande habileté technique s'alliait à une organisation plus faible. La question revient à ceci : quel est le degré de mobilité, parmi les ouvriers et les employeurs, d'une occupation à une autre ?

CHAPITRE XI

Elle est probablement plus grande qu'on ne le croirait d'après l'observation personnelle. Entre certaines industries, il peut, naturellement, ne pas y avoir de mouvement direct. Mais là, où la machine est très employée, il y a beaucoup de mobilité parmi les surveillants — une des preuves est l'impossibilité pour les Trades-Unions de maintenir leur organisation fermée, l'autre est fournie par les phénomènes qui se sont produits dans le *lock-out* de 1897-98. Mais même quand les travailleurs adultes sont réellement immobilisés, la possibilité du mouvement due au perfectionnement des communications, et, surtout, l'arrivée incessante des générations nouvelles, conduisent aux mêmes résultats. C'est ainsi que les groupes mobiles deviennent plus considérables à mesure que les lignes de séparation s'amincissent. Tout ceci s'applique encore plus exactement à la classe des employeurs.

Si nous nous demandons combien de gens de notre connaissance et dans notre pays ont changé d'industrie, plusieurs d'entre nous pourraient avoir de la peine à en trouver un seul exemple, si ce n'est peut-être une bonne qui a cessé d'être femme de chambre pour servir à table, un domestique qui, de cocher, est devenu jardinier. Et ceux qui croient que, pour des considérations éthiques et sociales, un homme ne doit pas être un vagabond mais un centre d'influence et d'affection, sont prédisposés à accepter la généralisation de M. Davidson, qui veut dire que la mobilité de "industrie porte généralement des germes de dégradation des rangs des ouvriers exercés à ceux des purs manœuvres (1).

Mais, probablement, la mobilité du travail que nous sommes en train d'examiner —·le pouvoir de passer librement d'une industrie à une autre (2) — est plus grande qu'une observation empirique ne le ferait croire. Il n'y a pas, naturellement, de catastrophe agricole qui puisse transformer un ouvrier de ferme en horloger. Mais des ouvriers agricoles iront très bien à la houillère quand l'occasion leur semblera avantageuse — et en si grand nombre, qu'à un récent congrès de Trade-Union, il a été décidé qu'aucun homme ne pourrait être autorisé à descendre dans la mine à moins de prouver qu'il a déjà été mineur avant l'âge de dix-huit ans. De même, par la nature de leur travail, les ouvriers horlogers peuvent passer assez facilement à d'autres occupations exigeant des doigts exercés et l'usage d'outils délicats.

On avance généralement que la tendance évidente de l'industrie moderne à la spécialisation, comme celle de l'éducation moderne, est un obstacle presque insurmontable à la mobilité. Mais le cas des ouvriers qui travaillent dans des bureaux d'ingénieurs est suggestif. C'était banal, il y a peu d'années, de dire qu'un ouvrier de fabrique pouvait se mettre à tout. Plus tard on a observé que l'ouvrier à tout faire était en train de dispa-

____

(1) *The Bargain Theory of Wages*, p. 183. D'autre part, on a souvent soutenu d'une façon plausible que les inventions sont généralement faites par des hommes qui émigrent d'une profession à l'autre.

(2) Il peut être bon de rappeler l'attention sur ce point qu'il y a deux genres de mobilité : le changement de lieu que nous avons examiné, et le changement d'industrie que nous sommes en train d'étudier : *The Bargain Theorie of Wages*, par M. Davidson.

raître, qu'il était remplacé par l'homme exercé à manier une certaine machine. Aussitôt les spectateurs désintéressés de se lamenter en disant que ce serait bien dur pour ces hommes s'ils venaient à perdre leur tour de main spécial ? Mais le développement moderne de la machine-outil a porté remède à cette triste situation. En fait, c'est très sensiblement le même genre d'habileté qui sert à conduire les différentes machines-outils (1). Témoin, par exemple, le mouvement qui s'est produit dans les huit dernières années pour la pratique récente de là fabrication des cycles. Témoin encore l'opinion généralement admise que pendant le grand *lock-out* de 1897-98, dans beaucoup d'usines, le travail a été à peine interrompu, les places de mécanicien étant remplies par des apprentis et des ouvrièrs promus au poste de conducteurs de machines.

En fait, il semble que la diffusion universelle de l'emploi des machines demandant seulement l'aptitude à

(1) « Une usine aura tout un assortiment de machines à raboter, à forer, à percer, à limer, à tisser, de différents types, ainsi qu'une variété fantatisque d'applications du vieux tour. Le degré précis d'habileté technique et de confiance qu'on peut avoir dans l'ouvrier pour diriger chacune de ces machines, ou même pour exécuter différentes combinaisons avec l'une d'elles, est infiniment varié. La simple machine à percer ou le tour automatique, donnant d'une façon continue des exemplaires identiques d'un même organe mécanique, peut être dirigée par un simple gamin. D'autre part, certains travaux exécutés par une machine à tisser perfectionnée, demande la connaissance la plus approfondie de la mécanique. Il y a encore un si grand nombre de types intermédiaires que l'accroissement de la difficulté d'une machine à l'autre est comparativement faible. C'est ainsi que le jeune ouvrier qui commence par surveiller la plus simple perceuse ou le tour automatique, peut s'élever peu à peu, et avec peu d'instruction préalable, par la simple pratique des machines successives, jusqu'au rang d'excellent tourneur ou ajusteur. » (WEBB, *Industrial Democracy*, 11, p. 471).

les surveiller tend à rendre la main-d'œuvre plus mobile, en même temps qu'elle rend cette mobilité plus nécessaire. Si l'on regarde du côté du travail et qu'on voie les efforts désespérés qui sont faits dans la plupart des industries pour empêcher l'intrusion d'*outsiders* n'ayant jamais passé sous la porte reconnue de l'apprentissage, mais très aptes à faire le travail sur lequel les Trades-Unions prétendent avoir un « droit » (1) — même si l'on se borne à considérer une portion du même mouvement, la pression exercée par les ouvrières dans les industries jusque-là réservées aux hommes — il est difficile de résister à la conclusion que, dans un avenir prochain, la concurrence la plus intéressante à étudier sera, non pas la concurrence entre le travail et le capital, mais l'inter-concurrence entre les diverses variétés du travail.

Néanmoins si nous étudions la mobilité seulement dans le mouvement du travail adulte, nous serions désappointés. Mais il y a encore deux autres considérations qu'il faut faire entrer en ligne de compte.

1° Là où le transport est bon marché et rapide, où des journaux et autres agences tiennent les gens au courant des conditions du travail et des salaires, le mouvement exerce son influence nivelante. Après tout, la définition de la mobilité c'est la *possibilité* de se mouvoir, et la menace de se déplacer est parfois suffisante pour garantir l'ouvrier contre l'arbitraire du salaire.

2° Là où le travailleur ne peut se déplacer, il peut y avoir et il y a de la mobilité dans le travail. Peut-être n'est-on pas arrivé à donner à l'offre du travail le caractère d'un courant continu. Pour se maintenir au complet,

____

(1) Beaucoup d'Unions, notamment la London Society of Compositors et The Amalgamated Society of Engineers ont dû cesser d'essayer de lutter là-contre. WEBB, *Industrial Democracy*, p. 186.

chaque industrie demande à être constamment recrutée, et, pour répondre aux besoins d'une population et d'une richesse croissantes, la plupart des industries cherchent à accroître constamment leur personnel. En 1893, le Comité des Employeurs et la Iron Shipbuilder Society conclurent un arrangement par lequel deux apprentis — le temps d'apprentissage étant de 5 ans — étaient adjoints à chaque groupe de sept hommes. La raison de cette proportion était que ce nombre d'apprentis maintenait constante l'offre du travail à la journée. Mais le Dr John Inglis, dont le droit à parler ne peut être mis en question, sur la Clyde au moins, tout en adhérant à l'arrangement, protesta contre cette limite qu'il déclarait tout à fait insuffisante pour répondre à ce qu'on pouvait considérer comme la demande normale des journaliers dans cette industrie (*Transactions of Philosophical Society of Glascow*, 1893-94).

Si l'on tient compte de la nécessité constante de ces accessions, il est clair que la direction des jeunes ouvriers vers un certain groupe d'occupations signifie décroissance dans les autres groupes, et que la concurrence croissante dans une catégorie trouve sa contrepartie dans l'affaiblissement de la concurrence dans les autres. A un moment quelconque la population des enfants dont l'âge est inférieur à dix ans est environ un quart du nombre total. Dans des temps où des riveteurs ont perdu le meilleur de leurs forces à quarante ans, et où, dans l'industrie des constructions navales, il n'y a plus d'hommes utilisables après quarante-cinq ans (1), l'effet

---

(1) Les rapports des unions d'ouvriers (Boiler makers and Iron and Steel Shipbuilders Society) montrent que l'âge moyen, à la mort, est de 45 ans. Le nombre des hommes qui continuent à travailler après cet âge est insignifiant et nous pouvons lui opposer le nombre plus grand de ceux qui cessent le travail

de ce courant constant de jeunes recrues a pour effet
de corriger l'immobilité des ouvriers adultes. Il est vrai
que 3 ou 3 1/2 pour cent du total de la population venant
chaque année poser sa candidature au titre d'ouvrier ne
peuvent pas produire beaucoup d'effet, s'ils sont répartis
sur l'industrie en général, et que la suppression de ce re-
crutement dans une industrie quelconque n'affecte pas
non plus pour longtemps le nombre des ouvriers ; mais
un faible pourcentage de la nouvelle population annexée
à une industrie quelconque exercera une influence très
considérable sur le nivellement des salaires.

On doit admettre que la sagesse et l'intérêt personnel
nécessaires pour guider le travail des jeunes gens dans
les directions les plus profitables ont été jusqu'ici difficiles à rencontrer. Dans les conditions inférieures, les
parents cèdent généralement à la tentation d'accroître
les revenus du ménage en envoyant leurs enfants gagner
quelque chose à n'importe quelle occupation, comme de
vendre des journaux, des allumettes, aux courses de
golf, etc... Et chacun peut voir de ses yeux le genre
d'éducation que reçoit le « gamin porteur de billets
doux » si souvent.

Dans une condition sociale plus élevée, les enfants
prennent généralement l'occupation de leur père, surtout dans le cas où la situation de ce dernier dans une
industrie spéciale facilite l'entrée en apprentissage des
enfants. Mais à mesure que les classes ouvrières s'élève-
ront dans la société, la direction de ce courant du travail jeune sera mieux comprise.

Généralement parlant — et entre de certaines limites
— plus l'enfant peut rester longtemps à l'école et plus

avant que la mort n'arrive, si bien que nous pouvons dire qu'en
pratique, il n'y a plus d'ouvriers utilisables après 45 ans
(Dr J. Inglis).

est vaste le champ des occupations qui s'ouvrent devant lui ; le fait qu'il reste plus longtemps à l'école est une preuve que son père est en état de juger les professions qui sont le moins encombrées et qui offrent les meilleures chances.

Il semble qu'il soit permis de généraliser en disant que, tandis que les groupes se maintenant d'eux-mêmes dans des occupations où ils ne se font pas concurrence deviennent de plus en plus attachés à cette façon d'agir, la mobilité du travail, dans son ensemble, est en train de s'accroître, en tant que la tendance dans toutes les industries est d'introduire de plus en plus l'usage des machines et de réduire la fonction du plus grand nombre à la direction de ces machines. Au moins nous pouvons dire, tandis que le travail est généralement réparti entre des groupes qui, comparativement, ne se font pas concurrence, que les lignes de démarcation deviennent plus minces, les groupes moins nombreux et plus étendus. Mais que cette mobilité ne soit pas encore poussée très loin — peut-être qu'elle en a été empêchée par l'effort des Trades-Unions — c'est ce qui est suggéré par ce fait que, sur la Clyde, les riveteurs (mars 1899) gagnent de 40 à 80 sh. par semaine suivant leur besogne, tandis que les mécaniciens gagnent de 36 à 38 sh. et les finisseurs en cuivre peut-être 35 sh.

Quand nous arrivons enfin à la classe qui organise le travail et qui doit être considérée encore comme fournissant des chefs au travail, la mobilité est encore beaucoup plus marquée. Il est évident que la classe des employeurs n'est pas limitée aux capitalistes. L'accroissement de la richesse générale, le développement des Compagnies à responsabilité limitée, etc., semblent confirmer la proposition de M. le Professeur Marshall, établissant que, quand il y a aptitude à organiser, il ne manquera pas de capital demandant à être organisé (1).

Plus l'affaire est complexe, moins le talent de l'employeur est spécialisé. C'est quelqu'un qui a la connaissance des choses et des hommes plutôt que celle des procédés techniques. Par suite, l'aire de la concurrence pour cette occupation devient de plus en plus vaste. Un grand nombre sortent des universités plutôt que des écoles spéciales. Dans cette classe il y a donc une mobilité considérable parmi les adultes, et des jeunes gens en nombre croissant sont facilement attirés par cette occupation qui non seulement ouvre une carrière aux cerveaux, la vie indépendante, mais y ajoute l'attrait d'un gain de spéculation. La plupart du temps ce sont les gens âgés qui sont disposés à travailler pour un traitement fixe ; les jeunes seront toujours attirés par la perspective de grandes fortunes, même quand cette éventualité est balancée par le risque de grands désastres.

(1) Quand le socialiste moderne persiste à faire du capitaliste une cible pour ses attaques, cela ne peut avoir lieu que parce qu'il ne lui convient pas de voir que le propriétaire du capital et le capitaine d'industrie sont très souvent des personnes très distinctes et que, dans tous les cas, le travail difficile et périlleux d'organiser et de prendre la charge des risques constituent deux fonctions entièrement différentes. S'il y a souffrance, le propriétaire du capital (ou l'employeur qui en tient lieu) souffre avec le travailleur de la force qui tend à abaisser la rémunération des deux.

CHAPITRE XII

LA MOBILITÉ DU CAPITAL

La richesse tend, à la vérité, à prendre des formes fixes et spé-
cialisées et à devenir ainsi immobile. Et, de ce que l'intérêt
est un taux, nous ne devons pas conclure que la mobilité
est la cause de cette égalité de revenu ? Mais le capital, dans
son ensemble, est beaucoup plus mobile que la main-d'œuvre.
1° Il peut passer facilement d'une forme à une autre (mobilière ou immobilière) par grandes masses ; 2° Sa mobilité est
assurée par son accroissement ; car : *a*) la forme qu'il prendra est déterminée par les personnes intéressées ; *b*) comme
il s'use, le capital qui le remplace prend des formes nouvelles. Dans tout ceci, il y a une comparaison suggestive
avec le cas du travail. Aussi conclurons-nous que le recours
est très réel.

Dans le cas du capital, il est clair qu'aucune exigence
ne pourrait convertir un moulin à farine en une machine à fabriquer les bicycles. On peut admettre aussi
que la complexité de l'industrie et l'immensité des
tâches qu'elle entreprend conduit de plus en plus à
placer la richesse d'un pays en un capital spécialisé et,
par conséquent, inapte à s'adapter à d'autres destinations. Ainsi, en comparant les mobilités respectives, on
peut très bien soutenir qu'entre les deux, un travailleur
qui est obligé de quitter un métier et un employeur
qui est boycotté par son personnel ouvrier, c'est l'employeur qui est le plus faible. Le premier, il est

vrai, a peu ou point d'avances pour lutter, mais il peut au moins prendre ses effets et émigrer dans la ville voisine, tandis que le second est attaché à son établissement et peut, en une semaine, subir une perte — perte de profits et perte de clients — qui fasse pencher la balance du mauvais côté sans espoir de la voir se relever. Si l'on pouvait avoir des statistiques des cas où les employeurs travaillent toujours, simplement parce qu'ils ne peuvent déplacer leur capital, et continuent à perdre avec un visage riant parce que leur crédit ne peut supporter aucune marque de gêne, quelques-unes des sympathies si amplement acquises aux salariés pourraient passer à leur patron.

D'autre part, c'est un lieu commun que tous les placements de capital tendent à donner le même revenu. Comme on peut le voir sur un cours de Bourse quelconque, les légères différences de revenu entre les bonnes compagnies industrielles, les chemins de fer, les usines, etc., s'expliquent toutes par des différences dans les garanties respectives de sécurité qu'elles peuvent offrir. Si les salaires tendent à l'égalité seulement là où il y a une grande mobilité, comment se fait-il que, dans les circonstances ci-dessus rappelées, cet intérêt soit si évidemment un rapport ou taux fixe ?

Le paradoxe mérite une explication qu'il ne reçoit pas toujours. On peut dire, une fois pour toutes, que cette égalité dans le taux n'a pas nécessairement quelque chose à voir avec la mobilité du capital. Nous faisons facilement, entre le travail et le capital, un parallèle beaucoup plus complet qu'il n'existe en réalité. Le travail est confiné dans la peau du travailleur ; quels que soient les désavantages de sa position, le propriétaire du travail — celui qui reçoit le salaire — c'est quelqu'un qui gagne son argent par son travail et ce travail fixé,

spécialisé, est une propriété inaliénable personnelle.
C'est-à-dire que le travailleur ne peut vendre son travail pour ce qu'il donnera et « réduire la perte » en
se débarrassant du mauvais placement pour une petite
somme. Quand il en appelle d'un employeur à un autre,
il remorque avec lui le fardeau de sa personne.

Mais tandis que le travail se confond avec le travailleur,
lequel prend le salaire pour lui seul, le capital se dis-
tingue du capitaliste, et c'est au capitaliste — le propriétaire du capital — que va l'intérêt. Un employeur trouvant insuffisante la rémunération de son capital fixé
dans un objet concret, peut le vendre à une autre personne pour une somme plus faible en général sous
forme de numéraire. Ou — ce qui revient au même —
il réduit son capital. Dans les deux cas, ce qu'il appelle
« son capital » ne reste pas ce qu'il était ; bien que la
forme concrète soit restée invariable, sa *valeur* baisse,
c'est-à-dire qu'une partie disparaît dans le calcul.

« Quand un homme ne gagne plus que la moitié de
« son ancien salaire, nous ne l'inscrivons pas comme la
« moitié d'un homme ; mais si une usine rapporte à son
« propriétaire 25 l. au lieu de 50, nous disons que son
« capital est tombé de 1000 l. à 500. » On pourrait
peut-être s'exprimer autrement et dire : l'unité de travail est le travailleur ; l'unité de capital est, par exemple,
une valeur de 100 l. En un mot, même si nous supposons que le capital ne soit pas plus mobile que le travail,
l'intérêt resterait encore un taux (1).

Mais le capital, lui-même, considéré comme un tout
est beaucoup plus mobile que le travail pris dans son
ensemble.

(1) Sur l'erreur qui oppose la baisse du taux de l'intérêt avec
la hausse des salaires, voir CANNAN, *Theories of Production and
Distribution*, chap. VII.

1° Bien que, dans un moulin, on ne puisse fabriquer des bicycles, un grand nombre des catégories les plus importantes du capital peuvent, entre des limites suffisamment larges, passer d'une destination à une autre : par exemple, les édifices, machines à vapeur, chevaux, etc.

2° La mobilité du capital est assurée du côté de l'offre incessante qui est faite et ici, encore, nous trouvons une comparaison suggestive entre le capital et le travail.

a) La richesse est en train de croître beaucoup plus vite que la population (1), et la forme que cette richesse prendra quand elle vient au monde est dans les mains de gens qui ont tout intérêt à lui donner la forme qui lui fera rapporter le plus. La nation épargne — c'est-à-dire, ne consomme pas — 200.000.000 livres par an ou à peu près un septième (2) de son revenu annuel. Supposons que cette portion de capital soit épargnée par une personne qui ne peut pas agrandir son entreprise et qui aime mieux acquérir de l'ancien capital que du nouveau. Il laisse l'argent s'accumuler dans une banque, et donne ainsi au banquier le pouvoir de décider la nouvelle forme que le capital prendra. Ou bien il achète des consolidés, et donne au vendeur le soin de la décision.

Et, ainsi de suite, il y a toujours un fonds de capital en voie de formation qui peut être matérialisé, incorporé dans une industrie quelconque. Les forges et les établissements mécaniques du pays, par exemple, sont remplis d'un stock de barres d'acier, plaques, tubes, etc.,

(1) « Nous restons dans la vérité en supposant que, depuis 1850, la population s'est accrue au taux de 1,3·%, par an, tandis que l'industrie et la richesse se sont accrues dans la proportion d'environ 3 %, par année. » GIFFEN, *Essays in Finances*, p. 95 (écrit en 1872).

(2) Chiffres de GIFFEN.

qui peuvent être utilisés, à la fabrication de tout autre genre de machines, sur un avis hebdomadaire.

Mais, tandis que le capital peut prendre toutes les formes, le travail n'en peut prendre qu'une seule. Un homme naît, travaille et meurt dans sa propre peau. Le travail, comme nous l'avons dit, est toujours emprisonné dans le corps du travailleur. Mais capital c'est richesse, toute la richesse sous quelque forme que ce soit. Il n'est pas semé le grain qui poussera ; ce qu'il sera dépend de la volonté du semeur. Les champs pourront voir croître une demi-douzaine d'espèces de graines, bâtir des maisons, ou établir de simples terrains de jeux, bien qu'après la semence il n'y ait qu'une seule graine qui pousse. Mais l'homme n'a en semé qu'une, et celle-là seule pousse.

b) Comme le capital fixé se détruit, il n'a pas besoin de prendre l'ancienne forme. Le progrès de l'invention permet rarement que le vieil outillage soit remplacé par des machines exactement les mêmes. Le pire qui puisse arriver, c'est que la formation du capital fixe s'arrête, qu'il soit vendu pour ce qu'il donnera, et qu'on ne fabrique plus de ce genre de machines. Mais les enfants de l'ouvrier sont faits à sa propre image. Il peut lui-même cesser de faire ce qu'il fait, rabaisser, sa propre valeur et s'occuper, d'autre chose, analogue à cela à une usine transformée en hangar ou à une machine qui tombe à la ferraille. Mais, bien que ses fils puissent être en surnombre, il ne s'arrêtera pas de produire des hommes du même genre que lui. En un mot, les hommes produisent des hommes et rien que des hommes. Le capital produit tout excepté l'homme.

Si donc la mobilité est la condition de la possibilité d'un recours contre l'arbitraire du paiement, le capital partage complètement les avantages et les inconvénients de ce genre de recours.

CHAPITRE XIII

FAISONS LES COMPTES

On a suggéré qu'il pourrait y avoir entre le revenu en numéraire et les services rendus un lien plus évident qu'on ne
pourrait croire. Nous trouvons par l'analyse : 1° que les services rendus aux employeurs sont rendus à la société et payés
par elle sous forme de prix ; 2° que, dans la répartition de ce
prix, les profits ne sont pas arbitraires, étant sujets à la concurrence, et que la rémunération des différents facteurs n'est
pas arbitraire non plus (quoique nous ne puissions évaluer ce
qui revient au produit), grâce au recours — dans la mesure
où la mobilité existe, — exercé de l'individu à l'industrie.
Sous ce rapport, il y a une tendance à rendre les paiements
égaux aux services. Et l'on voit que cette mobilité s'étend au-
delà des industries et influe sur tous les revenus en les égali-
sant. Mais, en supposant que ce soit vrai, la tendance à l'avilissement des salaires subsiste ; y a-t-il un point où elle doit
s'arrêter ?

« Je suis toujours disposé, disait Adam Smith, à ris-
quer d'être ennuyeux pour être sûr d'être clair. » Maintenant que notre raisonnement est assez avancé, il y a
peut-être lieu, « au risque d'être ennuyeux », de s'arrêter et de faire le compte.

Notre sujet est la répartition des 1.500.000.000 livres
qui représentent le revenu réel produit chaque année.
Tout ce que nous savons, en général, de positif sur cette
distribution est qu'elle est très inégale et la plupart des
gens sont disposés à dire qu'elle est très mauvaise. Mais

beaucoup d'entre nous doivent avoir la suspicion qu'une bonne part de cette inégalité, après tout, doit provenir de l'inégalité des mérites ; qu'il pourrait y avoir plus de vérité qu'on ne le croit dans la simple et rapide généralisation de l'expérience qui veut que « la plupart des hommes gagnent juste ce qu'ils méritent de gagner ». Et, en fait, l'analyse dans laquelle nous sommes entrés, parce qu'elle nous promettait d'être la plus féconde, suggérerait l'idée qu'il pourrait y avoir, entre le revenu en numéraire payé à chaque facteur et les services rendus par ce facteur, un lien plus évident qu'on ne croirait au premier abord.

Nous sommes partis des revenus gagnés dans l'industrie manufacturière des employeurs privés, où un seul homme paie visiblement et directement un grand nombre de revenus et, indirectement, le sien propre. Il semblait probable que, si nous devions trouver un principe quelconque de répartition, ce serait dans l'étude de l'action de l'employeur. Il est le centre de ces organisations dans lesquelles se forme la plus grande partie du Revenu national. Il sait au moins les services qu'il paie et pourquoi il paie tant à un facteur et tant à un autre facteur. N'est-il pas possible, pensions-nous, que les employeurs puissent être gouvernés dans leurs actes par des circonstances économiques telles que les services originairement rendus à l'employeur individuel et par l'employeur individuel puissent être en réalité des services rendus à la communauté, et que les paiements faits par l'employeur individuel aux facteurs et à lui-même, puissent aussi être déterminés par la société ?

La première partie de notre hypothèse se justifie d'elle-même. Nous trouvons que l'employeur est virtuellement l'agent qui satisfait les désirs du public. La société demande des produits nécessaires pour la faire vivre. Elle demande aux employeurs de s'organiser avec leurs ressources de manière à obtenir ces produits. L'employeur assume cette tâche et prend les risques à sa charge. Il choisit et combine de son mieux les différents facteurs, son grand intérêt étant de réduire les frais. Il prend les produits tels qu'ils sortent des mains de ses agents, et les achète, répartissant le prix entre eux et lui sous forme de paiements.

La raison pour laquelle il paie est, naturellement, que certains services sont rendus à lui et par lui ; mais nous ne pouvons évidemment pas nous en tenir là. Tout repose sur le prix des choses produites, c'est là la base du paiement ; et ce prix est payé par les consommateurs. Les employeurs peuvent être considérés comme étant des intermédiaires agissant inconsciemment pour les consommateurs. Nous nous rappelons le microcosme de l'industrie, dans la première partie, où chaque combinaison de travail et de capital, agissant par l'intermédiaire de son employeur, lance son produit — un service incorporé dans des produits — sur la place et reçoit en échange un titre sous forme de numéraire à prendre sur le Revenu total. Ainsi il y a toujours un revenu réel — un marché fourni de marchandises — et un revenu en numéraire — l'ensemble des titres assignés sur ces marchandises. Mais le paiement réel que les facteurs reçoivent pour les services qu'ils rendent n'est pas effectué seulement quand les titres sont encaissés ; quand ils le sont, on voit que ses services rendus sur le marché ont été payés. Chaque producteur de marchandises est payé en autres marchandises ; c'est une grande coopération de services mutuels. Nous trouvons ainsi que les services rendus à chaque employeur individuellement sont synonymes de ceux rendus à tout le corps des acheteurs, c'est-à-dire à la société.

Si nous n'avions rien trouvé de plus concernant la répartition, ce serait déjà quelque chose de savoir que le paiement fait aux facteurs ne sort pas de la poche de l'employeur, ni d'aucune bourse préexistante quelconque, mais provient des produits vendus par l'employeur pour son compte et celui de ses facteurs, et que la communauté, en dernier ressort, bénéficie de ces services. Nous avons vraiment besoin de tout ce qui tend à relever la dignité du travail, et rien ne peut être plus efficace à cet égard que l'idée que le plus humble ouvrier est le serviteur de l'Etat.

Mais tout nous dit que la société rémunère les services des facteurs en achetant les produits dans lesquels ils sont incorporés, et en payant une somme, non pour chaque service, mais pour la totalité des services incorporés. La répartition du prix poussée aussi loin est ainsi laissée aux soins de l'employeur. Mais ne pouvons-nous pas espérer que cette répartition aussi est soumise à la volonté de cet employeur en dernier ressort, qui est le public ? que les paiements faits par chaque employeur isolé sont régis par des forces plus grandes que la sienne ? Nous avons vu aussi que cette espérance se justifie. D'abord nous avons trouvé que l'employeur n'est pas seul à déterminer ses prix — le total divisible — et ses paiements, la répartition de ce total ; et nous avons trouvé alors qu'aucun ouvrier n'est seul à réclamer sa part de prix.

Le soupçon qui hante la plupart des hommes — nous pouvons aussi bien le formuler — est que ce pouvoir aux mains des employeurs est trop absolu. Mais notre analyse des motifs, du travail et de la méthode de paiement des employeurs nous a montré que leurs services sont constamment soumis à une comparaison, poussés vers un maximum, et leurs profits vers un minimum, par la

concurrence qui existe entre eux pour vendre au public.
Quel que grand que puisse être le pouvoir de l'employeur, il ne peut s'étendre jusqu'à lui attribuer une
part exorbitante du prix. Le mot « profit », compris
par tant de gens comme le gain de l'exploitation, est
plus exactement interprété comme le corrélatif de
« perte ».

Mais, tandis que nous pouvons être satisfaits de ce
que les employeurs ne gagne nt pas trop, il ne s'ensui
pas que leurs employés ne gagnent pas trop peu.
Étant donné, que, sur le prix réalisé, l'employeur est
obligé de payer en plus aux facteurs un minimum de
salaire appelé profit, qu'est-ce qui garantit le prix
contre un avilissement exagéré? Et ceci nous conduit
à la difficulté qui nou strouble tous dans la question
des salaires.

Dans cette concurrence qui réduit le profit à un minimum, un trait caractérisque est que l'employeur est
toujours en train de chercher les facteurs les plus efficaces. Mais, pour lui, efficaces veut dire les facteurs qui
agissent le plus sur le prix. De deux facteurs faisant
dans le même temps la même quantité et la même
qualité de travail, celui qui estle plus efficace est celui
qui coûte le moins cher. Et, comme nous l'avons vu, il
est forcé, quelles que puissent être ses tendances, d'acheter la main-d'œuvre comme un autre produit, c'est-à-
dire aussi bon marché que possible. La question qui
semble se présenter naturellement est celle-ci : qu'est-
ce qui prouve que la rémunération ainsi abaissée représente l'équivalent exact du service rendu ?

Si la question est posée sous cette forme, j'ai peur qu'il
ne soit pas possible d'y répondre. Il est absolument vrai
que nous ne pouvons pas nous débarrasser de l'idée qu'il
y aurait « un équivalent équitable », si seulement nous

pouvions trouver les moyens de le déterminer. Il est possible que cette idée nous vienne du temps où les hommes, individuellement, tiraient leur subsistance de leurs champs et comptaient ce qu'ils avaient pris pour leur consommation comme l'ouvrage de leurs propres mains ; ou bien nous imaginons qu'il y a dû y avoir une période de l'histoire où cela devait être ainsi. Tout en reconnaissant la différence qui existe entre l'ouvrage d'un exploitant du sol dans un monde peu habité et le travail de toute une communauté coopérative où aucun facteur n'est plus que la plus petite dent négligeable d'un engrenage, nous nous prenons parfois à rêver qu'il doit être possible de déterminer les salaires par le produit, comme on peut convenir de payer à un travailleur le surplus du produit qu'il a économisé, ou comme une maîtresse de maison pourrait — et devrait — s'engager à payer un intendant qui empêcherait les domestiques sous ses ordres de mal faire. Et l'idée prend de la force quand, jetant les yeux sur le travail complexe d'une machine industrielle, nous trouvons qu'au fond chaque acte de production revient à donner un *quid pro quo*, une dépense de vie humaine ou de richesse réalisée, — ou toutes les deux — pour recevoir en échange plus de vie ou de richesse, ou plus des deux. S'il en est ainsi, on est prêt à se demander : Pourquoi serait-il impossible d'attacher un équivalent en retour de la valeur du service rendu ?

Il est bon de déclarer, une fois pour toutes, que si nous basons nos espérances d'un salaire équitable sur une idée de ce genre, nous serons déçus. Comme nous l'avons vu amplement, il n'y a pas de *critérium* de ce genre possible dans notre industrie divisée. Dans le prix brut, la part contributive de chacun des facteurs à la fabrication des produits a complètement disparu.

Tout de même nous ne sommes pas acculés à la conclusion que la valeur du service du facteur est exactement ce que l'employeur peut payer. Peu de facteurs dépendent de la volonté, de la capacité, de la force de l'employeur individuel. Dans le cas des facteurs fournis par le capital, le chose est tout à fait évidente. Le capital engagé, il est vrai, est moins mobile que presque tout genre de travail, mais d'autres formes de capital se déplacent aisément quand il y a des bateaux ou des trains pour les prendre, et, en dehors de cela, le flot montant du capital nouveau peut être facilement guidé dans les directions qui paraissent avantageuses. Ainsi, dans le cas du capital, il y a un très réel recours contre la tyrannie de l'employeur individuel. Dans le cas du travail, par contre, si les ouvriers d'une industrie déterminée sont informés, s'ils veulent et peuvent se déplacer, il y a un recours de l'employeur individuel au corps des employeurs de cette industrie (1), et, dans ce cas aussi, la nouvelle génération d'ouvriers est prête à s'engager dans des occupations plus lucratives. Cette possibilité de quitter certaines positions pour en prendre d'autres, ce que nous appelons la Mobilité, — assure un fait ; montrons bien clairement ce qu'elle assure.

Supposons qu'un filateur isolé annonce une réduction des salaires de 12 à 11 sh. pour la quinzaine prochaine. Il ne s'ensuit pas que, la quinzaine suivante,

----

(1) Nous parlons ici comme si le recours se produisait toujours contre l'employeur — comme si le prix « le plus bas » payé aux ouvriers devait être évidemment plus bas que celui qui correspond au service rendu, — et cela est certainement le danger. Mais dans le texte on avait noté que « la tyrannie individuelle » peut exister de l'autre côté et que l'employeur, aussi en vertu de cette mobilité, est également sauvegardé contre le danger de payer plus que les services rendus ne pourraient garantir, voir p.

les roues resteront inactives parce que les ouvriers auront quitté l'atelier pour se transporter ailleurs. D'une
part, rien ne prouve que les autres employeurs puissent
prendre plus d'ouvriers ; d'autre part, il peut y avoir
assez d'ouvriers sans ouvrage qui se contenteraient d'un
salaire inférieur. Tout ce que nous pouvons dire, c'est
qu'il y aura une tendance à se mouvoir vers les usines
où les salaires sont encore de 12 sh., si une place s'y
trouve vacante, et que les nouvelles recrues, une fois
sorties du *demi-temps*, se porteront dans la direction des
plus hauts salaires. A la longue, par conséquent, il y
aura pénurie de bras dans les usines de paie inférieure,
et ceci tendra à rehausser les salaires. Mais, en même
temps, et, par contre-partie, il y aura une offre plus
abondante de main-d'œuvre aux portes des usines
de paie supérieure. Le niveau peut s'abaisser et il
s'abaissera et ceci tendra à réduire le salaire. Si
plusieurs réservoirs remplis d'un fluide liquide sont
mis en rapport avec un tuyau, il y aura une pression
constante du fluide tendant vers un niveau, mais s'il
y a une fissure dans l'un des réservoirs, le niveau ne
s'établira pas. Il n'y a donc rien dans tout cela qui
assure que le prix le plus bas ne puisse être trop bas.

Mais, même en admettant tout cela, c'est quelque chose
que la mobilité. C'est un recours du paiement donné par
un patron au paiement donné par d'autres. Si la perte
des ouvriers qui connaissent la place et ses ressources est
une chose avec laquelle l'employeur doive compter, il y
regardera à deux fois avant d'en courir le risque. Tous
les employeurs ne désirent pas réduire les salaires, et
ils ne le désirent pas tous à la fois. D'autre part, la mobilité met l'ouvrier en état de prendre avantage de la
chance quand la possibilité d'avoir un plus haut salaire s'ouvrira devant lui.

Peut-être avons-nous laissé cet aspect du sujet trop exclusivement d'un côté, en raison de la prévalence actuelle d'un phénomène dont nous aurons à parler plus tard — la tendance de la machine à prendre de plus en plus de travail exécuté jusqu'ici par des hommes et la concurrence qui en résulte entre le facteur capital et le facteur humain. Mais, en tout temps, l'ouvrier a à vendre quelque chose que l'employeur doit acheter s'il reste employeur; et c'est, en outre, comme nous le verrons plus tard, une chose dont la valeur, par rapport à l'employeur, peut s'accroître, avec une hausse des salaires, hors de toute proportion avec cette hausse. Un employeur judicieux peut gagner plus avec des salaires élevés qu'un employeur ordinaire avec des salaires bas. Ainsi, bien que l'action des Trades-Unions tende plutôt à dissimuler la chose, il y a une réelle concurrence pour l'achat de la main-d'œuvre, laquelle concurrence tend à élever le taux des salaires aussi sûrement que la concurrence pour la vente tend à l'abaisser. Dans ces conditions, la mobilité assure et rémunère le recours contre l'employeur qui veut réduire les salaires auprès de celui qui veut les maintenir ou les élever.

Ainsi ce que fait la mobilité pour chaque industrie c'est d'assurer les facteurs contre l'arbitraire du paiement, et, d'établir les conditions des forces qui tendent à élever les salaires contre celles qui tendent à les abaisser. Tandis, comme nous l'avons vu, qu'il y a une tendance dans chaque industrie à réduire tous les employeurs à un niveau normal de salaires, la mobilité tend à assurer que des services égaux trouveront une rémunération égale (1).

(1) Il est à peine nécessaire de dire que cette tendance à l'égalité ne signifie pas une tendance quelconque à l'égalisation des salaires en numéraire, mais à des salaires présentant un avan-

Et maintenant se pose la question de savoir si cette
mobilité, avec sa tendance à l'égalisation, ne doit pas
s'étendre au-delà des industries individuelles. Incontestablement il en est ainsi en ce qui concerne le capital, et
une analyse des conditions de mobilité semble montrer
qu'à un certain degré il en est de même en ce qui regarde la main-d'œuvre. Il y a certaines tendances qui
rendent la chose plus aisée que quand il s'agissait de
passer d'une industrie à une autre. L'une d'elles est l'introduction universelle des machines et la tendance à réduire la majorité des ouvriers au rôle de conducteurs de
ces machines. Une autre, plus importante peut-être, est
l'amélioration constante des conditions d'existence de
l'ouvrier. Un confort croissant donne plus de temps pour
l'instruction générale et technique ainsi que pour l'entraînement. Ceci n'affecte pas les ouvriers adultes à un
haut degré, mais agit sur la classe où la mobilité s'exerce
le plus efficacement, les enfants. Ceci est, naturellement,
surtout sensible dans les classes qui reçoivent la meilleure
éducation, et nous voyons ainsi le maximum de la mobilité s'exercer parmi les employeurs eux-mêmes — les
employeurs entrant ici en ligne avec la généralité des
ouvriers. Mais c'est un phénomène très bien marqué
dans toutes les classes s'élevant au-dessus de la plus basse
que les enfants, en général, tendent à passer à une occupation d'un degré plus élevé que celle de leurs parents.
Et chaque progrès réalisé par les gouvernements et les
corporations pour donner une meilleure éducation
aux enfants pauvres, pour rendre possible l'accession
de l'école primaire à l'université aux élèves promet-

tage net égal; et, en outre, qu'il n'y a pas une tendance à une
rémunération égale pour le travail efficace et inefficace, mais
vers l'établissement de niveaux égaux pour un même rendement
utile.

tant le plus, accentue plus énergiquement cette tendance.

Ceci termine notre argumentation au point où nous
en sommes. Il semble hors de question que les revenus,
dans ce genre d'industrie, sont très loin d'être arbitraires ; que ce sont des paiements pour des services
dont la valeur est comparée et établie par toutes sortes
de moyens ; et que, comme résultat, il y a une tendance puissante pour le cas du capital, beaucoup plus
faible pour le cas de la main-d'œuvre, à l'établissement
de niveaux réguliers dans la rémunération de tous les
facteurs. Mais dans l'établissement de ces niveaux, nous
ne nous débarrassons pas de la pression de haut en bas
exercée par et sur les employeurs. La question qui
semble surgir est donc celle-ci : Y a-t-il un point auquel
cette pression doive s'arrêter ?

CHAPITRE XIV

SALAIRES DE SUBSISTANCE

N'existe-t-il pas un niveau minimum de salaires pour la subsistance ? Mais qu'est-ce que la subsistance ? Pour les physiocrates, c'était une chose — une observation tirée des faits. Pour Ricardo, c'était une autre — une déduction inexacte. Nous devons distinguer entre la subsistance du travail et celle de l'être humain. Le travail moderne, infiniment varié, demandant de l'intelligence, de l'énergie nerveuse et des ressources, n'a rien de commun avec un minimum physiologique de nourriture, de vêtement et d'habitation. C'est une force incorporée, transmise, portée à un haut degré de rendement par l'éducation, l'organisation et l'entourage. Sa subsistance, par conséquent, implique la reproduction de tout cela ; son « coût de production » signifie les frais nécessaires pour développer une succession continue d'ouvriers nés à la maison, instruits, entraînés.

Y a-t-il un point où la pression exercée de haut en bas par et sur les employeurs doive s'arrêter ? La réponse qui vient sur les lèvres de quiconque est familiarisé avec les théories économiques est que, en ce qui concerne les salaires, il y a un niveau inférieur, le niveau de subsistance. « Bien que des millions de gens soient morts de faim, dit M. Cannan, il a toujours été admis qu'un homme doit pouvoir vivre » (*Theories of Production and Distribution*, 1776-1848, p. 232).

Quelque simple que paraisse l'idée de salaire de subsistance, l'histoire des théories nous montre sous des faces très différentes ce qu'elle est et les conséquences auxquelles elle conduit. Dans la première théorie de la répartition, celle des Physiocrates, la subsistance n'était pas tant un minimum de salaire et un concept économique, qu'un exposé économique de faits. La force qui maintenait le niveau de subsistance du paysan français, c'était l'impôt — non l'impôt que nous connaissons, — mais une taxation destinée à soutenir une classe privilégiée, qui ne payait point de taxes, qui tenait dans ses mains les destinées de la France et avait des ambitions, un idéal de vie nationale que la taxation des paysans rendait réalisables. Grâce surtout à une politique à peine concevable aujourd'hui, qui entourait chaque province d'un mur protecteur contre les provinces voisines, la France était misérablement pauvre, et sa population était en décroissance; mais les dépenses du gouvernement étaient énormes. La guerre était l'amusement de la cour, mais elle n'était pas défrayée par elle. En dix-huit ans, la dette publique était montée de 6.000.000 £. à 130.000.000 £.

Comment le paysan aurait-il pu espérer plus que sa subsistance quand le malheureux roi et la Cour ne pouvaient même pas en recevoir autant puisqu'ils s'endettaient? Et le système d'impôts était calculé pour maintenir les hommes dans la pauvreté. La taxe était levée dans le district et affermée aux fermiers généraux; comme conséquence, ceux qui pouvaient payer devaient payer pour les autres. Comment travailler quand tout gain réalisé par le cultivateur en dehors de sa subsistance pouvait être saisi par le collecteur des taxes?

Il est à peine besoin de dire que la position de l'ouvrier anglais actuel est aussi différente que possible de celle-là. Il ne paie pas d'impôts directs pour le compte de l'Etat. S'il s'abstient de liqueurs, de tabac, de thé, il échappe même aux impôts indirects. S'il est taxé sous cette forme, ce n'est pas pour soutenir une classe privilégiée ou oisive ayant des ambitions nationales ou des idées différentes des siennes ; sa taxation est simplement le paiement de ce que lui et ses concitoyens considèrent comme la valeur des services à eux rendus. C'est une contribution qui, prise au peuple, retournera au peuple en lui rendant des services qui peuvent mieux être organisés par ce système que par tout autre.

Si donc, la théorie économique avait continué à être fondée sur l'observation des faits, la théorie de la subsistance aurait été reléguée dans les limbes des généralisations téméraires. Mais la puissante argumentation déductive de Ricardo lui a fourni une base qu'il n'était pas facile d'ébranler. Il y avait deux choses auxquelles Ricardo ne pouvait pas échapper. L'une était la démonstration de Malthus montrant la puissance de l'impulsion sexuelle en face des facultés limitées de la terre : quand les salaires s'élèvent le nombre des mariages et des naissances augmente, et, avec le nouveau flot de population, les salaires tombent à leur niveau « naturel » strictement nécessaire pour nourrir et entretenir d'une manière convenable le travailleur et sa famille. L'autre était que les salaires, « dans une société en progrès », peuvent être constamment supérieurs aux besoins de la subsistance pour une période indéfinie.

En essayant de se tenir entre les deux, Ricardo a été conduit à d'étranges inconséquences. « La subsistance, « dit-il, varie à différentes époques dans le même pays et « diffère beaucoup, matériellement, dans les différentes « contrées. » Un travailleur anglais considérerait une alimentation exclusivement composée de pommes de terre et une sale cabane pour habitation comme au-

pessous du niveau de subsistance. La subsistance, ainsi,
est une question de coutumes et d'habitudes. Mais, dans
le même chapitre, il vient justement de dire que, quand
le prix payé aux travailleurs descend au-dessous du prix
naturel (de subsistance), les privations « réduisent leur
nombre », identifiant ainsi la subsistance avec le minimum physiologique. Il est impossible de concilier ces
deux concepts, et les économistes qui ont accepté
Ricardo comme chef d'école se sont ralliés à l'un ou à
l'autre, suivant le but qu'ils poursuivaient. La théorie de
Ricardo, par conséquent, est citée comme l'origine au-
torisée de la loi d'airain des socialistes, et, de la doctrine moderne, suivant laquelle les salaires sont liés au
niveau du confort courant à l'époque considérée.

En parlant des salaires de subsistance, nous devons
soigneusement distinguer deux choses qui sont déjà suffisamment vagues par elles-mêmes sans qu'on les con-
fonde ; la subsistance du travailleur en tant qu'être humain
et sa subsistance en tant que travailleur ; et, plus brième-
ment, entre le niveau de la subsistance du travailleur et
le niveau de la subsistance du travail.

La différence n'était pas encore bien accusée quand
la théorie économique était en train de se formuler. La
subsistance des laboureurs écossais, dans l'ancien temps,
consistait presque exclusivement en farine d'avoine (1).

Quand le dîner est réduit à un pur incident de la vie
— comme chez quelques végétariens — au lieu d'être
une fonction solennelle que les Anglais n'oublient
jamais — la subsistance est facile à calculer.

(1) « Qu'avez-vous pour déjeuner ? — Que pourrais-je avoir sinon de la bouillie ! — Ay ! et quoi pour dîner ? — De la bouillie.
— Et sûrement quelque chose d'autre pour souper ? — Non, précisément encore de la bouillie. — Est-il possible que vous ne vous
nourrissiez bu de bouillie, matin et soir ? » — (David of Logan).

Le plus grand des économistes français, parmi ceux du xviiie siècle, a fait son apprentissage dans le Limousin parmi des paysans qui, la moitié de l'année, vivaient de châtaignes. Et l'on se rappelle le terrible témoignage d'Adam Smith sur la pauvreté des Highlands. « Il est « fréquent, je l'ai souvent entendu dire, qu'une mère qui « a eu vingt enfants n'en a plus que deux vivants. » Il est probable que le concept de subsistance comme minimum n'aurait jamais surgi si ce n'est dans une société où elle constituait le salaire ordinaire.

Mais c'était avant la vapeur, quand les hommes avaient à faire ce que les machines-outils font aujourd'hui — et font mieux. Par conséquent, il y avait des jours où il y avait à faire un effort comparativement faible pour le système nerveux et l'intelligence, dans les tâches ordinaires de la vie. Dans l'industrie moderne, il est évident qu'une subsistance différente est nécessaire pour le travail qui se fait surtout à l'intérieur, toujours en collaboration avec une machine d'un genre plus ou moins compliqué et où la force physique est peu nécessaire. Mais, quand nous regardons les niveaux inférieurs du travail, — et sans s'occuper du tout du travail purement mental — les conditions générales de la vie de l'ouvrier entrent en considération, et nous trouvons que la majeure partie du travail le plus ordinaire demande une certaine force, des ressources qui ne peuvent être obtenues sans un degré considérable de confort à domicile, de loisir, d'éducation et de récréation. Il n'est pas possible de parler de « main-d'œuvre » comme d'une chose définie, et de sa « subsistance » comme un simple minimum de dépense pour la nourriture, le vêtement et l'habitation. En un mot, la subsistance, sous sa forme la plus simple de minimum physiologique, est un concept très vague.

C'est néanmoins une erreur que de confondre le travail avec l'homme. Le travail est une force incorporée dans l'homme seul, améliorée par l'éducation, transmise à ses enfants et, par conséquent, une force très étroitement liée aux conditions générales de son existence : mais c'est aussi une force capable d'une extension indéfinie quand elle est utilisée dans son milieu et en collaboration. Dans les *Principes* du professeur Marshall, l'offre de la « main-d'œuvre » est considérée comme dépendant, non seulement du nombre des ouvriers, mais aussi de l'intensité, de l'éducation, de l'organisation de leur travail. Le travail, en un mot, est une abstraction. C'est le service rendu par le travailleur; un nombre croissant de travailleurs travaillent plus et mieux individuellement; collectivement, ils font plus et mieux encore.

Par suite, le niveau de la subsistance du travail moderne n'est pas celle qui est nécessaire pour permettre aux hommes de vivre et de perpétuer leur race, mais celle qui pourra maintenir le courant de la main-d'œuvre au niveau de rendement qui a été atteint par une provision plus généreuse, par l'éducation et des institutions libres. Le niveau le plus bas du travail n'est pas celui où le travailleur meurt de faim, mais celui où le travail devient inefficace et non productif; où le travailleur est renvoyé par l'employeur comme « ne gagnant pas son pain ». Ou, si nous parlons le langage des ouvriers, nous devons voir dans le travailleur ce qu'il est — c'est-à-dire une machine portée à une grande perfection, valant non par la force, mais par la délicatesse et la complexité, dans la fabrication duquel a été engagé et risqué un capital considérable. La question n'est pas entre la satisfaction ou la non satisfaction de la faim du travailleur, mais entre le mauvais usage d'une belle machine et sa conservation à l'état d'outil de premier ordre.

En cela donc, il y a une différence essentielle entre le capital et le travail. Il n'y a point de calculs, de régime, d'art médical qui puissent produire des enfants comme une machine fabrique des aiguilles ou des épingles. Tous les ouvriers sont nés inégaux, parce que chacun d'eux est le point où convergent des ancêtres aussi anciens que la vie humaine elle-même ; et, une fois qu'il est né, il est modifié d'une façon différente par les influences de son entourage, même si ces influences étaient identiques pour tous. En tant qu'ouvrier, par conséquent, il présente des gradations infiniment variées par la nature, et, ce n'est pas tout : plus notre civilisation est complexe, plus cette différence de degré s'accentue et défie tout calcul. Ainsi, le gamin paresseux, songeur, maladif, pratiquement impropre à être utilisé par les générations qui le précèdent, — c'était en réalité un fardeau pour elles — sera l'ouvrier placé au premier rang aujourd'hui s'il a le don divin du chant. La division du travail, il faut se le rappeler, est une coopération aussi de consommation ; grâce à elle, si des gens se bornent à fabriquer une seule chose ou des choses en petit nombre, ils sont mis en position d'obtenir tout ce qu'ils demandent. La division du travail est donc fondée sur deux choses — l'aptitude à travailler, et l'aptitude à satisfaire un besoin ; comme les besoins augmentent et se diversifient la capacité de produire la « richesse » s'accroît indéfiniment.

Mais le processus de la production industrielle présente précisément cette différence avec celui de la production humaine, qu'il ne transmet pas des tendances héréditaires. Il se borne à créer une forme. Et, quand la chose est produite, elle ne va pas plus loin, elle commence à décliner. Son rendement, par conséquent, est prédéterminé et simplement par ce qu'il coûte.

Elle est prédéterminé pour une fabrication, elle ne se développe pas auparavant ; elle ne devient pas meilleure comme le fait le travailleur, mais constamment moins bonne. Elle est prédéterminé par ce qu'elle coûte ; elle n'a point d'ancêtres inégaux, et ne nous surprend jamais en faisant un travail inattendu. Ce que fait un enfant du capital, un autre pourra le faire. La nature ici obéit à ses maîtres et produit comme on dit, « machinalement ».

Cette subsistance du travail, par conséquent, implique beaucoup plus qu'elle n'en a l'air. Ce n'est pas seulement le salaire nécessaire pour maintenir le travailleur dans des conditions suffisantes pour le préserver contre la détérioration des forces et de l'habileté incorporées en lui ; c'est le prix des conditions permettant à l'ouvrier de développer ce qui est en lui et de profiter des avantages de sa situation ; c'est aussi bien le coût de reproduction d'un travail semblable. Nous ne devons pas nous laisser intimider, comme l'ont été certains économistes, par l'accusation de brutalité en parlant du « coût de production » d'êtres humains, comme on pourrait parler du coût de production de chevaux de trait (1). Car le caractère principal de ce coût de production n'est pas la dépense nécessaire pour se marier et pour donner à la femme et à la famille du pain et du beurre, mais les dépenses nécessaires pour laisser la femme à la maison surveillant la famille, pour envoyer les enfants à

____

(1) On ne doit pas fermer les yeux sur ce fait que la proportion des mariages et des naissances sont affectées par des considérations économiques, et peut-être serait-il bon qu'elles le fussent davantage. Refuser toute considération à une théorie qui admet qu'il y a un coût de production des êtres humains, c'est porter contre l'homme l'accusation grave de ne pas apporter plus de prévoyance et de raison dans les actes de la vie qui entraînent le plus de responsabilités, que les oiseaux qui s'accouplent quand ils sentent venir le printemps.

l'école jusqu'à la quatorzième année, leur donner l'éducation technique, puis un apprentissage gratuit, et, en outre, pour maintenir tout le ménage dans des conditions sanitaires, morales, fortifiantes.

Si les salaires sont insuffisants pour assurer ces avantages à une famille d'un nombre moyen de membres, nous voyons le phénomène que la France nous a rendu familier, d'une offre sévèrement restreinte de travailleurs, ou une réduction dans la qualité du travail due à ce que les enfants insuffisamment nourris et instruits sont envoyés prématurément dans les rues ou les usines pour accroître les ressources du mén' ge. Le salaire suffisant pour élever des enfants aptes à travailler aux champs à l'âge de dix ans est différent de celui qui permettrait de laisser les enfants à l'école jusqu'à treize ans. Le salaire qui peut soutenir une famille vivant à la campagne n'est pas le même que celui qui lui serait nécessaire pour lui conserver la santé et le bien-être à la ville. Tous deux, par contre, sont trop bas pour permettre de garder l'enfant à la maison jusqu'à la fin de son apprentissage ; et, sans cela pourtant, il est évident que ce n'est pas suffisant pour donner l'instruction technique à la jeune génération. Ce n'est pour ainsi dire que maintenant que nous commençons à comprendre que le régime, les conditions sanitaires, le loisir et les distractions ont un équivalent en numéraire dans le produit, et il y a des raisons de croire que nous avons beaucoup de chemin à faire avant d'arriver au salaire suffisant pour fabriquer cette machine à travail économe et judicieux, l'ouvrier bien disposé et consciencieux ; ce sera le produit d'une éducation beaucoup meilleure, de conditions d'existence bien supérieures à celles que nous semblons aujourd'hui en état de réaliser. Toute maîtresse de maison peut calculer le gage beaucoup plus élevé qu'elle donnerait à ses domestiques pour que ceux-ci prissent ses intérêts avec autant de soin que les leurs propres (1).

En résumé, l'idée d'un niveau des salaires déterminé par la subsistance est le résultat d'une généralisation imparfaite du concept de travail, comme si l'humanité était coulée dans un moule de machines vivantes demandant pour leur entretien tant pour la nourriture, tant pour le vêtement, tant pour l'habitation. Cela ne pourrait être vrai que si le travail exécuté par un homme était d'une seule espèce et d'une espèce qui se contenterait pour vivre d'un peu de farine d'avoine. Mais plus la machine a de puissance productive, plus il est nécessaire que son travail soit différent et la première forme de la différence est dans la diversité des tâches qu'elle peut remplir, dans les différents degrés d'intensité avec lesquels elle peut les remplir. Aujourd'hui, chaque tâche exige une dose spéciale de force physique, d'énergie nerveuse, d'intelligence, et de ce résultat de l'hérédité, de l'éducation, des circonstances favorables que nous appelons « ressources » ; à chaque

(1) Ce qu'on peut dire pour la théorie aujourd'hui en faveur des salaires nécessaires pour vivre, repose sur cette base. Tant qu'on la regarde comme une concession forcée, arrachée à des employeurs contre leur gré et fondée seulement sur l'accroissement de la richesse nationale, il y a peu à dire pour leur défense et l'on ne peut guère espérer qu'ils se maintiennent. Mais, du jour où nous reconnaîtrons qu'un ouvrier bien portant, convenablement instruit et capable ne peut être *produit* sans qu'une certaine somme soit payée au chef de famille, les salaires nécessaires à la vie seront envisagés sous un nouvel aspect ; on a vu que les employeurs paieraient volontiers s'ils étaient aussi intéressés à l'avenir du travail et à sa force productive que, par exemple, les propriétaires d'esclaves. Mais, naturellement, le danger d'un minimum établi est qu'il peut conduire à un maximum. Cf. W. SMART, *A Living Wage* (*Studies in Economics*).

tâche, par conséquent, un salaire de subsistance différent. Et il n'y a point de travailleur qui ne puisse dé-
ployer des facultés insoupçonnées et une intensité de
travail inattendue, si sa subsistance est accrue, ou variée, ou assaisonnée par l'espérance. La seconde forme
de la dissemblance est que l'entretien du travail n'est pas
seulement la conservation du travailleur dans l'état où il
est, mais la création d'un courant continu d'habileté
technique, d'aptitudes héréditaires, et ceci dépend de
conditions de famille, de vie politique et sociale qui ne
sont pas réalisables par un minimum physiologique
quelconque.

CHAPITRE XV

La théorie physiocratique supposait aussi qu'il y avait un revenu au-dessous duquel le capital commencerait à disparaître; c'est-à-dire, un intérêt de subsistance, et l'idée paraît assez légitime. Mais quel est le capital qui disparaît? Est-ce le croît qui se ralentit, ou le stock de la richesse qui commence à s'anéantir? Quoi qu'il en soit, il serait difficile de préciser le point où le capital commence à s'évanouir. L'intérêt tombera probablement au-dessous du taux actuel, mais il n'est pas probable que l'accumulation annuelle doive décroître, en tant que les gens qui économiseront — les riches — seront alors probablement plus riches. Mais le niveau plus bas est encore plus vague. Un intérêt, même négatif, n'empêcherait pas d'économiser, car la richesse une fois créée doit se conserver par l'usage. Aussi un abaissement des salaires est-il beaucoup plus sérieux qu'un avilissement de l'intérêt. Mais la difficulté de mettre le travail et le capital en parallèle s'accentue, quand, parlant du taux de l'intérêt, même d'un intérêt négatif, nous imaginons le revenu relatif, non pas au capital concret, mais à la valeur du capital, tandis que les salaires sont relatifs aux travailleurs eux-mêmes.

Dans la théorie physiocratique de la distribution on supposait que, si le prix déterminé pour les produits n'assurait pas au capital une rémunération suffisante, le capital disparaîtrait et cela de l'une des deux manières suivantes : 1º Au lieu d'être employé à la production il serait immédiatement consommé — comme des grains qui peuvent être mangés ; 2º il s'enfuirait vers d'autres pays où le taux de l'intérêt serait plus haut. C'était, en un mot, supposer que le capital, comme le travail, a son niveau de subsistance.

L'application du mot subsistance « au capital mort » peut sembler impropre. Mais il devient de plus en plus évident que le capital et le travail, sous le rapport de la production et de la distribution, doivent être placés dans des colonnes parallèles. S'il devient plus clair que le travail n'a pas d'intérêt engagé dans la production du Revenu national, il est évident aussi que le propriétaire d'un capital n'a pas le même titre à nos sympathies en ce qui regarde la distribution de ce capital, et il faut avant tout être clair. Dans l'industrie moderne apparait ce phénomène, qui n'était pas si évident à des époques plus simples, que le capital n'est pas, pour le travail, un pur auxiliaire, mais un concurrent sérieux pour remplir la même besogne. Nous sommes apparemment loin du temps — si jamais il arrive, — où les sphères d'action de chacun d'eux seront définies et séparées ; jusque-là, dans quelques domaines de l'industrie, ils sont en train de combattre pour la possession presque exclusive et, dans d'autres, pour la situation prédominante. L'employeur fait usage de l'un et de l'autre indifféremment à sa convenance, remplaçant l'un par l'autre, et achetant chacun d'eux au meilleur marché possible. Le fait que l'employeur est très souvent un capitaliste ne devrait pas nous faire oublier que, dans la conception économique, il est l'employeur du capital d'autres hommes. Son objet personnel n'est pas de prêter un capital pour en obtenir l'intérêt, mais de se servir du capital pour réaliser des profits. A ce point de vue, par conséquent, la question de la subsistance du niveau de l'intérêt peut se poser tout aussi raisonnablement que la question de la subsistance des salaires.

La seconde partie de l'hypothèse physiocratique reste assez vraie. Si la mobilité du capital était notoire, même dans ces temps reculés, elle n'est pas moindre aujourd'hui. Entre 1875 et 1885, nos placements à l'étranger se sont accrus dans une proportion qui n'est pas moindre de 30.000.000 livres par an (Giffen, *the Growth of Capital*, p. 41) et aucune preuve n'a jamais été fournie à l'assertion de certains protectionnistes disant que nous sommes en train de vendre nos titres à l'extérieur. Mais les gens, en général, aimeraient mieux conserver leur argent sous leurs yeux, si c'était possible, et il est permis de supposer que cet argent est allé au dehors parce qu'il y trouvait un intérêt plus élevé que ne le comporte l'état des choses dans ce pays-ci.

Sur la première partie de l'hypothèse il y a plus de doute. Le calcul de sir Robert Giffen porte l'épargne annuelle de ce pays à quelque 200.000.000 livres ; c'est-à-dire que c'est la somme qui, annuellement, s'ajoute à notre richesse totale. La question qui se pose alors est celle-ci : quand le taux de l'intérêt s'abaisse jusqu'à un certain point, devons-nous admettre que ce chiffre annuel d'épargne va faiblir, ou que l'ensemble du capital va commencer à disparaître ? Car il n'y a pas moins de 200.000.000 livres de différence entre eux. Mais, quelle que soit la supposition admise parmi ces deux-là, le point où la disparition commence est très difficile à déterminer avec précision.

Nous avons toutes raisons de penser que l'intérêt tombera progressivement au-dessous du taux actuellement le plus bas. La date fixée par M. Goschen pour le changement de l'intérêt sur les Consolidés à 2 1/2 °/₀ (1903) et la garantie de ce taux seulement pendant les 20 années suivantes, le prouvent suffisamment.

Nous avons peu de raisons de croire que cette réduc-

tion diminuera notre épargne actuelle. L'épargne ne se
produit pas quand les gens sont pauvres, mais quand
ils sont riches. Les premières sommes mises de côté ont
pu mériter le nom de « sacrifices », mais il n'est pas
facile de justifier cette dénomination dans ces temps de
confort universel et d'extravagances occasionnelles. Nous
ne pouvons pas espérer qu'un ouvrier à 20 sh. la semaine
économise quelque chose ; peut-être vaut-il mieux pour
la société qu'il n'épargne pas, mais qu'il dépense pour
mieux élever sa famille, quand un shelling ou deux par
semaine peuvent décider du développement ou de l'arrêt
physique et moral de la jeune génération. En tout cas,
ce n'est pas cette classe qui forme la clientèle des caisses
d'épargne, et, par contre, ce n'est pas cette clientèle qui
fait les grandes accumulations, mais les gens dont
l'épargne constitue, non un sacrifice, mais un placement.
Comme la nation peut être supposée continuant à devenir de plus en plus riche chaque année, il est tout à fait
chimérique d'indiquer un point où le taux de cette accumulation devra se ralentir (1).

Mais le niveau inférieur auquel ce n'est pas l'accroissement annuel, mais bien le total du capital lui-même

(1) Que beaucoup de gens prennent sur leur capital, c'est
assez connu, mais qu'ils le fassent parce qu'ils aiment mieux le
consommer que d'accepter l'intérêt qui leur est offert, c'est très
douteux. Ce n'est pas une affaire de goût ; si des gens de fortune médiocre reçoivent un intérêt insuffisant pour les faire
vivre, ils prennent sur leur capital. Si le fait se produisait sur
une grande échelle, il en faudrait conclure qu'il y a un niveau
d'intérêt auquel s'arrête l'accumulation constante du capital,
signe caractéristique d'un pays en progrès. Mais les gens qui
prennent sur leur capital parce qu'ils ne peuvent vivre sur l'intérêt, ne sont généralement pas ceux qui accumulent. D'autre
part, quand l'intérêt baisse, les gens sensés ne prennent pas
sur leur capital ; ils travaillent plus dur ou pendant une période plus longue de leur vie qu'ils ne l'auraient fait sans cela.

qui commence à disparaître, est infiniment plus incertain. Le capital, une fois formé, doit être conservé; ceux qui oublient que le capital n'est pas du numéraire mais la somme totale des richesses plus ou moins périssables qui existent dans un pays, ceux-là seuls peuvent penser autrement. Si un homme fait sa fortune, sa préoccupation est de la conserver et la seule manière d'y arriver, quand il a passé l'âge ou qu'il n'a plus le goût de la faire valoir lui-même, est de la prêter aux autres pour la faire valoir à sa place. La demande de capital est encore assez grande pour que d'autres gens se chargent de le garder et paient pour cela, mais, s'il en était autrement, le capitaliste en paierait plutôt la garde et l'emploi que d'être obligé de le garder lui-même.

Quand le père de Pope s'est retiré des affaires, il mit des guinées dans un coffre à sa villa de Twickenham, et il y prenait l'argent dont il avait besoin pour son ménage. Personne aujourd'hui n'agirait ainsi. Au pis aller, il mettrait son coffre au National Safe Deposit et paierait un « intérêt négatif » à titre de droit de garde. Et personne ne serait détourné de s'enrichir, pour sa famille ou pour sa vieillesse, par la crainte de ne pouvoir retirer aucun intérêt de cette fortune.

C'est un parallèle inexact que nous pouvons faire entre le capital et le travail. Nous parlons comme si le capitaliste n'avait pas d'autres moyens d'existence que son capital, précisément comme le travailleur n'a pour vivre que son travail; nous supposons que l'instrument de production que chaque homme possède dans son propre corps est dans les mêmes conditions que l'instrument de production que quelques-uns ont dans leur poche. En réalité, l'homme qui possède un capital est présumé avoir deux moyens de gagner sa vie. S'il a un fort capital, il n'a pas besoin de travailler; s'il n'en a pas assez, il peut travailler pour en parfaire l'intérêt. Pour le capitaliste, la baisse de l'intérêt n'a pas la même importance que la baisse du salaire pour le travailleur. L'intérêt est un auxiliaire ; le salaire est une question de vie ou de mort.

Nous pouvons donc nous attendre à trouver que toute pression qui abaisse le niveau des salaires et de l'intérêt jusqu'au point de subsistance — quelle que soit l'idée qu'on se fasse de cette dernière — a, à la longue, différents effets dans les deux cas et peut être tellement plus sérieux pour le travail, que nous pouvons être obligés de distinguer l'intérêt de l'employeur de celui de la nation. Si l'offre du capital est ralentie pour un moment par l'abaissement de l'intérêt à son taux le plus bas, l'élévation inévitable au point de subsistance permettra de remettre immédiatement à flot les usines les mieux renommées, d'organiser des installations de toutes sortes. Mais si l'offre de travail est arrêtée par l'abaissement des salaires au niveau de famine, la hausse des salaires au niveau normal ne rendra pas de la vigueur aux muscles, ne refera pas l'entraînement des jeunes gens, elle ne remplacera pas d'une façon appréciable l'influence développante de l'hérédité et des accessoires. Et tout ceci est dépendant du fait que l'homme est la fin de tout travail, et jamais un simple outil de production.

Mais, en réalité, il y a dans l'ensemble de la question une ambiguité qu'il faut tirer au clair ; on l'a déjà dit. Il est relativement facile de parler de la subsistance du travail, car le travail a toujours un représentant concret, l'être humain qui l'exécute. Si la « subsistance » du travail, comme nous l'avons vu, est vague, le total de ce qui « nourrit, habille et abrite » le travailleur, a au moins quelque chose de défini. Mais le capital n'a point de représentant concret. Quand le public en parle, il veut dire le numéraire, et un écrivain l'identifie avec le crédit. Si nous parcourons les ouvrages de différents économistes, nous pouvons soupçonner que, pour l'un, l'outillage est la forme typique ; pour un autre, ce sont les chemins de fer ; pour un troisième, c'est le capital engagé dans le commerce. Mais ces différents types ne sont que pour aider — peut-être même pour égarer — la pensée ; car si le capital est « la richesse qui produit un revenu », il est difficile de choisir une forme comme typique dans cette variété infinie des autres.

Mais la difficulté la plus sérieuse surgit quand, parlant du « taux de l'intérêt », nous exprimons le capital au moyen de sa valeur. Nous parlons alors, non d'un capital concret, mais, par exemple, de 100 £ que vaut ce capital ; tandis que les salaires, d'autre part, se rapportent toujours non à une certaine valeur du travail, mais à un travailleur concret. En un mot, sous forme de valeur, le capital peut être réduit de moitié, tandis que l'outillage, les chemins de fer ou d'autres instruments de production que représente le capital restent exactement ce qu'ils étaient, les mêmes par la forme extérieure, les mêmes pour la faculté de produire certaines utilités.

Si nous accordons ce point, nous verrons qu'une réduction ou un accroissement du capital dans un sens n'a pas une relation nécessaire avec une réduction ou un accroissement de capital dans un autre sens. Ainsi, la question de savoir à quel point le capital, considéré comme un tout, commence à disparaître, n'a pas de lien avec la question de savoir à quel point le taux de l'intérêt cesse d'encourager l'épargne.

Il en a été dit assez, peut-être, pour montrer que l'intérêt de subsistance est au moins aussi vague et peu défini que le salaire de subsistance. Peut-être pourrons-nous trouver dans les chapitres qui suivent qu'il est sans utilité, pour le but que nous poursuivons, que nous fassions plus que d'indiquer les difficultés qui s'attachent à ces deux idées.

CHAPITRE XVI

L'analyse des deux derniers chapitres n'a d'importance que pour montrer qu'on ne peut rien attendre d'une théorie fondée sur une idée aussi vague que celle de la subsistance. La séduction de la loi d'airain reposait sur une apparente clarté. Mais si le mot « subsistance » est pris dans le sens de subsistance d'efficacité (*efficiency*) — comme semble l'exiger le raisonnement — cette clarté disparaît. Nous tombons sur une théorie dont il est aussi impossible de prouver la vérité que l'erreur. Le premier venu, qui ignore Ricardo et la loi d'airain, est jusqu'à un certain point dans son droit quand il demande quelle est l'importance d'une théorie d'après laquelle les salaires doivent baisser ou rester fixes, quand notre expérience nous montre que certains salaires montent. Mais même si le niveau de l'efficacité était parfaitement défini, l'efficacité pourrait-elle à elle seule soutenir les salaires contre la pression qui tend à les abaisser ?

Le sujet des deux derniers chapitres nous imposait la direction suivie dans notre enquête. Si nous admettons que l'employeur est l'organisateur et le payeur en chef des facteurs qui coopèrent à créer le Revenu national, c'est à son activité que nous devons nous reporter pour en expliquer l'organisation et le paiement. Ici, nous avons toujours eu devant les yeux la pression constamment exercée sur les salaires et sur l'intérêt ; et l'économiste, si aucune autre considération n'intervient, est obligé de

tenir compte de la thèse qui a des répondants aussi res-
pectables que Ricardo, Turgot et des propagandistes
aussi véhéments que les socialistes de la dernière génération — et qui consiste à soutenir que la pression
s'exerce jusqu'à ce que le niveau de subsistance soit
atteint.

Mais la tentative d'attacher un sens défini à un mot
invoqué aussi aisément semble avoir échoué. La subsistance du travail serait assez définie si nous pouvions
nous figurer le travail comme un cheval de labour qui
travaillera tant d'années, à condition qu'il ait suffisamment d'avoine, de foin et une écurie à l'abri de l'humidité.

Mais le travail qui coopère avec le capital dans l'industrie moderne est aussi différent que possible de ce
concept. Toute idée satisfaisante de la subsistance du
travail doit impliquer le maintien d'un courant continu
de travailleurs, dans lequel s'incarne une aptitude héréditaire et croissante pour un genre de travaux infiniment
variés. Si nous acceptons cette définition, le débat s'éteint
de lui-même ; nous pouvons à peine dire que les salaires
tendent à tomber à ce niveau, mais ne tomberont pas
au-dessous, quand tout nous pousse à conclure qu'il en
est ainsi seulement depuis peu d'années et que c'est dans
les portions les plus favorisées du monde que les salaires
ont encore monté jusque-là.

La plupart d'entre nous seraient disposés à croire avec
le professeur Marshall, que, « sur une grande partie du
monde, les salaires sont régis à peu près par la loi dite
de fer ou d'airain qui les maintient très voisins des frais
nécessaires pour soutenir l'existence d'une classe de travailleurs plutôt peu productive ».

Et nous n'avons pas été plus heureux en essayant de
définir le niveau de subsistance du capital. Ce que nous

savons empiriquement du capital, c'est qu'un certain taux minimum d'intérêt est obtenu quand la sécurité est parfaite, et, à ce point, il pourrait être possible de concevoir le capital comme une seule chose — concept presque impossible dans le cas d'un instrument de production aussi infiniment « divers » que l'homme. Mais nous n'avons pas l'expérience d'un taux au-dessous de 2 1/2 % ; et ce taux — bien que décroissant constamment — ne paraît en aucune manière ralentir l'énorme accroissement du capital. Aller plus loin ; traduire le capital en valeur avec une unité de 100 £ par exemple comme étalon, et discuter la possibilité du décroissement, n'est pas autre chose qu'un exercice académique.

Une fois convaincus du caractère extrêmement vague de l'idée de subsistance, il me semble que toute la séduction qu'elle exerce du point de vue de la théorie économique disparaît. C'était le besoin de quelque chose de défini pour établir la part dans la distribution qui avait induit les socialistes de la dernière génération à traduire le concept de Ricardo sur le salaire naturel par la loi d'airain. De même, beaucoup d'entre nous ont été hantés par la possibilité d'une théorie de la distribution qui rattacherait directement les prix au coût de production des facteurs (1).

(1) Tout économiste est familier avec la réhabilitation faite par Cairnes du mot Coût en lui rendant sa signification littérale de sacrifice. Mill, dit-il, en parlant du coût de production comme déterminant la valeur, n'entend pas parler d'autre chose que des dépenses en numéraire encourues par les employeurs, tandis qu'en réalité, il ne pourrait y avoir de plus grand contraste qu'entre le coût, le sacrifice supporté par l'homme dans l'industrie productive, et les salaires donnés en échange par la nature à l'homme. Il était réservé, néanmoins, aux économistes autrichiens, de donner au mot sa complète signification

Ce serait le cas si l'on montrait que la rémunération de chaque facteur tendait à se limiter à la somme nécessaire pour les faire subsister. Tant que la « subsistance » était considérée comme le minimum physiologique nécessaire pour conserver la vie, la tentative était évidemment sans espoir. Elle heurtait trop rudement les faits de chaque jour et elle confondait le travail avec un travailleur imaginaire supposé normal.

Mais quelques économistes récemment semblent avoir pensé qu'ils levaient la difficulté en définissant la subsistance, « la somme nécessaire pour conserver au travail son efficacité ».

Il est certain que, par ce système, ils s'arrangent de manière à éviter la réfutation directe. Il est possible de montrer qu'au travailleur qui a 20 sh. par semaine, il reste quelque chose au-delà du minimum strictement nécessaire pour vivre ; et si 20 sh. est le salaire moyen d'un travailleur manuel, cela prouve *ipso facto* que son salaire n'est pas au niveau de subsistance, au sens ancien

d'un sacrifice de richesse aussi bien que d'énergie humaine. Le « coût » de chaque facteur, dans ce sens, signifie ce que la mise au monde de ce facteur a coûté à la communauté, soit en richesse, soit en vie humaine réalisée, soit en toutes les deux. La production coûte toujours quelque chose, bien que cette perte nous soit cachée par la rapide récupération de la nature, précisément comme la mère oublie ses douleurs « dans la joie d'avoir mis un enfant au monde. » Même pour l'instrument le plus durable, pour la terre, chaque récolte l'appauvrit d'un certain tantième de ses éléments de richesse. Le travail de chaque jour enlève quelque chose à l'homme, bien qu'il ne s'en aperçoive pas, la nature le lui rendant en nourriture, etc. En sorte que le coût de production de tout facteur est ce qu'on prend au monde pour fabriquer ce facteur, — la richesse, le matériel et le personnel qu'il consomme pour arriver à être productif ; évidemment, ce coût réel de production est applicable aux hommes et aux choses ; la fabrication des uns coûte en réalité autant que la fabrication des autres.

du mot. De même, si quelqu'un se plaît à affirmer que
35 sh. est le plus faible salaire qui puisse entretenir un
courant continu de travail réellement utile et technique,
et si 35 sh. est le salaire moyen du travail technique
dans le pays, il est impossible de réfuter l'assertion que
ce salaire est au niveau de subsistance. A cela, on gagne
encore que, si les salaires montent à 70 sh. par semaine,
il sera possible de soutenir qu'ils ne sont pas au-dessus
de ce qui est nécessaire pour le travail particulièrement
efficace qui en sortira probablement. Ainsi, si nous nous
contentons de passer sur ce que le mot « rendement » ou
efficacité (*efficiency*) présente de vague et d'indéfini, nous
pouvons dire que les salaires sont maintenant au niveau le
plus bas, parce que, s'ils descendaient au-dessous, l'efficacité du travail en souffrirait. Et, de même, nous pouvons dire que l'intérêt est au taux le plus bas, parce
que, s'il tombait au-dessous, le capital ne se formerait
plus en quantité suffisante pour donner au travail son
concours le plus efficace. De cette manière, nous pouvons soutenir que les prix tendent vers le « coût de production » parce que les salaires et l'intérêt tendent toujours vers le coût de production du travail et du capital.
Mais, dans ce cas, que devient la séduction exercée par
le caractère soi-disant défini de la loi d'airain? Ceci
compris une fois pour toutes, qui voudrait accorder
confiance à une théorie qui dit que l'intérêt est à son
niveau minimum parce qu'il n'a jamais été plus bas, et
que les salaires sont à leur minimum parce qu'ils n'ont
jamais été plus élevés?

Mais, après avoir payé à Ricardo et à la théorie socialiste
ce, qu'économiquement, on leur doit de déférence, il
est peut-être temps de montrer un peu plus de déférence
pour le sens commun. Le premier venu bouleverse
toutes nos théories en nous demandant : est-il vrai que

les salaires tendent aujourd'hui ou promettent d'avoir une tendance vers le niveau de subsistance? Il est, naturellement, absurde de dire qu'ils soient, en un lieu quelconque, voisins du niveau de subsistance physique. Mais la dernière Commission royale (celle de la dépression agricole), n'a-t-elle pas déclaré que la valeur de la terre était tombée de 1 000 000 000 £. ou de 50 %, que les profits des exploitations rurales, jamais très hauts, avaient aussi baissé, tandis que les salaires, dans cette industrie la moins rémunérée de toutes, s'étaient maintenus, et même, en certains endroits, avaient définitivement monté? Et n'est-il pas notoire qu'en dehors de l'agriculture, les salaires se sont constamment élevés pendant la dernière génération?

« N'y a-t-il pas lieu de soupçonner, pourrait-il dire
« encore, qu'ayant prouvé, à votre propre satisfaction,
« que les salaires ne peuvent pas monter, vous avez
« maintenant à expliquer pourquoi, en fait, ils montent?
« N'est-ce pas la preuve que, pour conserver à votre
« théorie une apparence simple de probabilité, vous
« avez dû changer la définition simple du concept de
« la subsistance en un si vague qu'il peut s'appliquer à
« tous les cas? — ce que vous appelez la subsistance
« concept? Vous avez à défendre une thèse qui déclare
« que les salaires tendent à tomber, et vous le faites en
« affirmant qu'ils tombent vers un niveau de l'efficacité
« ascendant : quelque chose qu'on ne peut ni définir,
« ni comprendre, ni mesurer, appelé efficacité. Mais
« supposons que vous arriviez à exprimer le niveau de
« rendement d'un homme par tant de sh. par semaine,
« ce chiffre serait-il un fossé, un rempart, contre lequel
« la pression des employeurs viendrait se briser en
« vain? »

CHAPITRE XVII

LA FAILLITE DE L'EFFICACITÉ (EFFICIENCY) POUR SOUTENIR LES SALAIRES

L'efficacité, à elle seule, peut-elle maintenir constante la rémunération d'un facteur quelconque ? Si un nouvel outillage,
demandant un travail brut à une efficacité de 25 sh. par
semaine, prend la place d'une machine qui demande un travail intelligent à 35 sh., l'efficacité technique empêchera-t-
elle les salaires de tomber ? Même si l'action des Trade-Unions
empêchait l'avilissement pour un temps, — ce ne pourrait
être que pour un temps — et l'action des Trade-Unions n'est
pas l'efficacité en soi. En accordant, néanmoins, que ceci
soit vrai dans les industries individuelles, l'efficacité une fois
gagné constitue-t-elle un point d'acquis — gouvernant les
salaires dans les industries en question ? Peut-être ; mais
qu'arrivera t il, si, dans des industries mécaniques, il n'est
pas besoin dans l'avenir d'un haut rendement ?

La suggestion qui termine le dernier chapitre était que
l'efficacité de chaque facteur ne pouvait soutenir sa
rémunération. Si cela peut être prouvé, nous aurons un
argument final et décisif pour refuser au concept de la
subsistance une place utile quelconque dans la théorie
de la distribution.

L'outillage, la forme représentative d'un capital concret, est l'allié du travail en tant que les intérêts de tous
deux concourent à la production d'un grand nombre de
produits formant le Revenu national. C'est le rival du
travail en tant que ce Revenu national est produit indif-

féremment par l'un ou par l'autre. L'employeur l'emploie comme il lui convient et seulement tant qu'il lui convient. C'est son intérêt d'en tirer le plus possible et de le payer le moins cher possible. C'est lui qui les associe ou les oppose l'un à l'autre utilisant leur concurrence pour les buts qu'il poursuit lui-même.

Supposons donc que les différents niveaux de subsistance des efficacités soient aussi définis qu'ils le sont peu actuellement; supposons qu'un certain degré de travail technique, coopérant avec un certain outillage, demande pour donner sa pleine efficacité à plein un salaire de 35 sh. par semaine. Supposons que ce salaire se soit maintenu comme la somme que les consommateurs doivent payer dans le prix des produits dont ils ont besoin; bref, que 35 sh. représentent le « coût de production, dans le sens littéral du mot, de ce travail technique.

Mais, supposons qu'on ait trouvé que ce travail spécial n'est pas indispensable; qu'on ait inventé des outils plus automatiques qui ne demandent plus qu'à être surveillés par des manœuvres; et que, pour fonctionner d'une façon satisfaisante, ces manœuvres demandent seulement 25 sh. par semaine. Suivons ce qui pourrait arriver dans un cas semblable; on le reconnaîtra comme ressemblant à un autre avec lequel nous avons été familiarisés en 1897.

« Nous n'avons pas d'objection quelconque contre les « nouvelles machines, dit la voix des ouvriers, et nous « ne nous opposons pas à ce qu'elles soient dirigées par « des hommes de peine, mais nous demandons que le « minimum de leur salaire soit de 35 sh. »

Il serait très difficile à tout autre qu'à un Trade-unioniste d'expliquer cette exigence d'une façon rationnelle. Ici l'employeur ne réduit pas les salaires; au contraire, il se propose d'élever ceux d'une certaine classe d'ouvriers. Il demande seulement la liberté d'employer le genre de travail dont il a besoin — d'obtenir l'efficacité qu'il désire, c'est-à-dire qu'il est en train d'exercer sa fonction normale qui est de combiner les éléments qui, sans contestation possible, sont les facteurs les plus efficaces pour le but qu'il poursuit.

Si la politique proposée par les ouvriers venait à réussir, le résultat, pratiquement, serait celui-ci : obligé de choisir entre les ouvriers instruits et les hommes de peine travaillant au même prix, l'employeur choisirait les premiers, et un nouveau principe entrerait en ligne. Quelle que soit la modification qui s'opérerait dans la nature du travail, il n'y aurait que les ouvriers instruits qui pourraient être employés à leur prix spécial, s'ils l'avaient déjà été une première fois. Il n'est pas correct de représenter ceci comme une détermination hostile à l'introduction des machines en général ; cette détermination n'existerait qu'à l'égard de l'introduction d'une certaine espèce de machines — celle, notamment, qui correspond à des *simplifications* apportées à leur fonctionnement. Les seules améliorations permises, à ce point de vue, seraient celles qui réclament des ouvriers instruits — prétention qui légitimerait, par exemple, la machine à écrire et condamnerait la machine à calculer et, logiquement suivie, interdirait tous les perfectionnements qui suppriment du travail.

Les conséquences, naturellement, seraient :

1° Que l'invention des machines serait limitée et découragée ; 2° que, cette réduction des frais étant interdite, les prix des produits des machines resteraient tenus élevés ; 3° ces prix restant élevés, leur demande resterait stationnaire, sauf le cas où la population s'accroîtrait ; 4° la fabrication des machines verrait disparaître l'accroissement naturel qu'elle prend avec la demande correspondante de capital et de travail ; 5° le travail qui devrait naturellement échoir aux hommes rémunérés à raison de 25 sh. serait amoindri, et ces hommes perdraient toute chance d'améliorer leur situation. Ainsi, la perte qui en résulterait se répartirait sur trois classes, les consommateurs, les fabricants de machines, et les hommes de peine ; tout cela pour maintenir élevés les salaires d'ouvriers instruits faisant un travail qui ne demande pas d'instruction.

Il semble évident que l'Union qui conseillerait ces mesures devrait être condamnée, et que les employeurs qui se révolteraient contre elle devraient pouvoir compter sur les sympathies du public. Dans l'ancienne lutte entre le travail organisé et le travail non organisé, la victoire eût été acquise à ce dernier ; le Trade-Unionisme serait proportionnellement discrédité et, finalement, l'ouvrier à 35 sh. eût été remplacé par l'ouvrier à 25 sh. L'efficacité, même maintenue par une Union puissante, ne suffit pas pour maintenir les salaires.

Mais on objectera que ceci peut être vrai pour l'ouvrier individuel ou même pour l'industrie individuelle. Cette expérience acquise n'est-elle pas une chose désirable et ayant une valeur dans beaucoup d'industries en dehors de celle où elle a été acquise. Ceci doit être examiné en détail.

Une perte temporaire d'emploi peut, il est vrai, être considérée comme un incident fâcheux dont les conséquences peuvent être atténuées par la mobilité croissante du capital et du travail. Nous nous rappelons la révolution opérée dans l'industrie des tissus fabriqués à la main, où les ouvriers habiles passèrent à la direction des métiers mécaniques à leur grand profit. M. et Mme Webb nous ont donné un exemple frappant de ce qui peut être fait dans différentes voies pour maintenir l'habileté technique et le salaire de l'ouvrier déplacé par la machine, et c'est de nature à suggérer de grandes espérances. Quand, vers le milieu du siècle dernier, l'application de la machine à coudre à la fabrication des bottes vint révolutionner l'industrie, la vieille *Sociéty of amalgamated Cordwainers*, au lieu d'adopter les nouveaux procédés, maintint ses prix, et resta fidèle à son vieux métier manuel.

Résultat : Alors que la botte à bon marché est devenue l'objet d'une nouvelle et croissante demande, la botte faite à la main a conservé sa place parmi ceux qui voulaient en payer le prix.

« Les cordonniers à la main sont devenus un corps « d'élite, non parce qu'ils ont fermé leurs rangs, mais « parce que personne, si ce n'est des hommes entraînés « depuis longtemps et possédant une habileté techni- « que exceptionnelle, ne peut trouver de l'emploi « ou exécuter le travail raffiné que les employeurs ré- « munèrent par des salaires aussi élevés. La concur- « rence entre les artisans manuels prend, en fait, la « forme d'une élimination continuelle des moins habiles « d'entre eux, qui sont encouragés, dans leur jeunesse, à « travailler à la machine. Il en est résulté que les ou- « vriers bottiers habiles, bien qu'un peu moins nom- « breux, ont positivement élevé l'échelle de leurs prix « et le taux moyen de leurs gains et ont plus que main- « tenu le niveau de leur savoir professionnel. Finalement, « et malgré l'amélioration continue des chaussures faites « à la machine, la botte faite à la main reste encore un « idéal vers lequel les inventeurs et les directeurs d'usines « ont les yeux constamment fixés pour en rapprocher « leurs produits moins raffinés. » Un phénomène du même genre se rencontre dans l'industrie du papier, où la demande du papier de qualité supérieure, fait à la

main, s'est actuellement accrue et où il n'y a jamais eu
de réduction dans les salaires ; tandis qu'en même temps,
« la production du papier fait à la machine a progressé
par sauts et par bonds, au grand avantage du public en
abaissant le prix de l'article usuel » (Webb, *Industrial
Democracy*, I, 419).

Si ces exemples étaient typiques ; si à la naissance de
nouvelles industries venait s'ajouter la possibilité de
conserver une autre forme de la même industrie ; si des
ouvriers habiles, remplacés par des manœuvres inexpérimentés, pouvaient trouver un emploi et un marché
pour leurs produits en fabriquant une certaine catégorie
de produits où l'habileté technique serait encore demandée, le problème n'existerait pas. Mais qu'arrive-
t-il si ces exemples ne sont pas typiques ; si, dans des
grands groupements industriels, l'aire de l'habileté technique va aujourd'hui en s'amoindrissant ?

Un de mes distingués collègues dans notre Université,
qui a toute espèce de moyens de juger la position au
point de vue de la construction des machines, et une
expérience pratique de ce qui en résultera pour les ouvriers, estime que nous ne sommes qu'au début d'une
autre révolution économique ; qu'en fait, la machine est
en train de devenir si parfaite et si automatique que la
diriger n'exigera aucun apprentissage et que, par conséquent, dans le vaste domaine des industries mécaniques, la demande de travail se réduira à une demande
de conducteurs de machines avec un minimum de spé-
cialité (1).

(1) Dr Archibald Barr, professeur de mécanique et de génie
civil. Concurremment avec cela, dans son opinion, il surgira nécessairement, une demande d'une nouvelle classe de mécaniciens
instruits — notamment des hommes qui ne seront pas appelés
à faire preuve d'habileté de main, mais à appliquer leur intelli-

Nous ne pouvons pas nous flatter non plus que l'habileté autrefois employée à diriger les machines pourra être utilisée à la fabrication de ces machines, de telle sorte qu'une mécanicien exercé, chassé de sa situation par des ouvriers moins habiles, n'ait qu'à se transporter dans les usines où l'on fabrique des tours, des raboteuses, etc., et qu'il y trouvera l'emploi de ses talents à raison de 35 sh. par semaine comme auparavant. Car le même phénomène — la machine perfectionnée ne demandant que des hommes de peine — se présente aussi dans les ateliers où l'on fait des machines et des machines-outils.

Si ce diagnostic est exact, il semble suffisamment démontré que l'opinion du premier venu, à savoir que la valeur d'un travail en lui-même ne maintiendra la rémunération d'aucun facteur, est fondée (1). Il ne serait pas difficile de montrer que la même chose se produit dans les rangs inférieurs du travail quand les machines viennent prendre la place des ouvriers. Il n'y a pas d'habileté de main, par exemple, qui puisse soutenir les couturières dans la lutte inégale avec les produits à la machine. Il y a toute raison de prévoir que l'avenir du capital est de coopérer à presque tous les travaux qui se font aujourd'hui à la main sinon de les exécuter à lui seul.

gence et leur expérience sur les procédés de la manufacture, en cherchant les méthodes les plus économiques et les systèmes de répartir le travail entre les ateliers.

(1) Peut-être en cas de malentendu, faudrait-il dire que l'efficacité du travail a certainement sa place dans la conservation du salaire réel. Cette efficacité se manifeste en accroissant le Revenu réel et, à ce point de vue, elle soutient les salaires. Mais ici nous parlons des salaires individuels ou des salaires de certains groupes d'ouvriers, mais non de la part qui revient au travail dans son ensemble.

CHAPITRE XVIII

FAUSSE PISTE

Dans les derniers chapitres, il semble que nous soyons arrivés à
un résultat fâcheux en apparence : la pression des employeurs
qui veulent acheter les services au meilleur marché possible
nous conduit à une théorie qui oppose la subsistance à cette
pression. Mais ceci est un recours du prix de demande — rémunération proportionnelle au service rendu — au prix d'offre
— rémunération indépendante de ce service. Ayant établi
maintenant qu'aucune catégorie ne présente un point de subsistance discernable, nous sommes libres [de reprendre le fil
de notre argumentation et de faire une enquête sur ce rempart que le travail semble avoir élevé contre la pression venant d'en haut.

Dans la première partie de cet ouvrage, nous avons
vu que les opinions émises sur la distribution « mauvaise » ou « injuste » de la richesse semblaient fondées
en grande partie sur quelque vague notion préconçue
de ce que cette distribution devrait être — comme si
l'inégalité était suffisante pour la condamner, ou comme
si elle prouvait que les mérites ne sont pas un titre à
une rémunération quelconque.

Une analyse minutieuse de l'industrie usinière, néanmoins, où les employeurs individuels répartissent un
prix réalisé entre les divers facteurs du produit, a suggéré que le service rendu jouait au moins un grand rôle
dans la détermination des revenus. Peut-être la seule

chose qui pût satisfaire nos aspirations à la justice économique serait-elle une répartition suivant, et dans la mesure démontrable, les services rendus à la constitution du Revenu national. Mais à défaut de cette justice économique nous avons paru arriver à une approximation tolérable quand, en faisant nos comptes dans le chap. XIII, nous avons trouvé que les revenus payés par les employeurs privés sont régis par les circonstances économiques, de telle sorte que l'arbitraire apparent du paiement disparaît. L'employeur est obligé de tenir compte du prix, de la concurrence de ses rivaux, des demandes de ses facteurs. Les services qui lui sont rendus dans le principe lui sont payés à un taux déterminé par l'ensemble des employeurs, en même temps qu'il est constaté que les employeurs ne sont rien de plus que les canaux par lesquels ces paiements viennent de la corporation plus considérable des consommateurs.

Si ce n'est pas un paiement qu'on puisse démontrer proportionnel au service rendu — et au point où nous en sommes il semble impossible de recourir à cette mesure — on pourrait dire au moins ceci : la pression des circonstances économiques empêche l'employeur de prélever une part exorbitante du prix ; si les prix sont trop bas, et si, le profit prélevé, il reste en apparence trop peu de chose pour payer équitablement les autres facteurs, ils reçoivent au moins un autre avantage quand ils viennent réaliser leurs titres en dépensant leur rémunération en numéraire.

Mais à ce point les choses nous mettent sur ce qu'on peut appeler une fausse piste. En démontrant quel recours, dans les conditions modernes, l'ouvrier individuel a contre l'arbitraire de l'employeur isolé, nous avons montré que la mobilité était une condition essentielle de ce recours. Mais nous avons une tendance à attribuer à la mobilité plus de puissance qu'elle n'en a réellement. Elle ne peut pas par elle-même maintenir ou rehausser le taux des salaires. Elle apporte simplement une condition nécessaire pour y arriver quand les autres conditions sont favorables, et, sur toute l'aire où elle s'exerce, elle établit un niveau déterminé de salaires. Supposons dans les prix une tendance à baisser ; il est exact que la mobilité permet à un ouvrier isolé d'en appeler des personnes qui veulent réduire sa rémunération, aux personnes qui ont moins besoin de le faire, et par conséquent les premiers employeurs y regardent à deux fois avant de réduire les salaires. Mais cela donne aux autres employeurs plus de facilité pour la réduction, en étendant le domaine des offres qui leur sont faites. Ainsi notre attention est attirée de nouveau sur la pression exercée de haut en bas par l'employeur.

A ce point nous avons rencontré une théorie qui cherche aussi à échapper à l'arbitraire du paiement mais par une voie différente, la théorie, qui dit qu'il y a un niveau, celui de la subsistance, qui s'oppose à la pression. On a suggéré que ce que nous appelons le « prix coûtant », pour un employeur représentatif, recouvrait en réalité un véritable « coût de production », signifiant le coût de production *des facteurs*, — ce qu'il en coûte pour les appeler à la vie et pour les y maintenir.

Il n'y a pas de doute que cette théorie eût été très complète. La distribution actuelle serait très près de se justifier aux yeux de tous — au moins si nous prenons subsistance dans le sens de subsistance de puissance productive utile ou efficacité (*efficiency*). Les facteurs employés seraient, dans l'opinion des représentants de la communauté, les facteurs les plus efficaces, ceux qui *de-*

vraient être employés. Ils seraient payés proportionnellement à leur efficacité, en ce sens qu'ils devraient toucher la somme nécessaire pour produire et maintenir cette efficacité. Ainsi tous les prix seraient abaissés et resteraient comme fonctions de leur coût ; ce prix serait nécessairement unique : celui sans lequel on ne pourrait avoir les produits. Les paiements seraient le maximum de ce que la somme totale réalisée — le prix que la communauté est disposée à payer les produits — permettrait d'être payé ; car le fonds sur lequel ils seraient payés pourrait s'épuiser par les paiements. Et tandis que les facteurs toucheraient ainsi leur maximum, ils toucheraient en même temps leur minimum, car le paiement ne pourrait pas tomber au-dessous du coût de production. Ce serait le plus que les ouvriers pourraient toucher aussi bien que le moins qu'ils pourraient prendre.

Mais, quand on analyse cette théorie, elle semble succomber sur tous les points, ou tout au moins ne subsister qu'à la condition d'occuper des positions également attaquables et défendables ; la faiblesse finale étant devenue évidente quand on a reconnu que le « rendement » n'était que faiblement doué du pouvoir de résistance attribué à la subsistance physique.

En fait, nous avons trouvé que, comme aucun facteur n'a un intérêt engagé dans la production, mais concourt toujours avec beaucoup d'autres pour faire le même travail, il n'y a pas de niveau qui puisse assurer la subsistance d'un facteur quelconque. En même temps, ce qui ressortait graduellement de toute notre discussion c'est que ni les facteurs du capital, ni les facteurs du travail, ne montraient un signe quelconque se détachant sur l'ensemble, de quelque chose même approchant une rémunération de subsistance. Et il est un fait notoire, c'est que les salaires s'élèvent partout.

Probablement jusqu'à ce que nous ayons atteint ce point de la démonstration — l'impuissance de la pression pour empêcher les salaires de monter — ce n'était pas à ce moment que nous pouvions conclure à une fausse piste : en cherchant une mesure pour le paiement *en subsistance* nous en appelions à un principe totalement différent de celui sur lequel repose le paiement *en service.*

La route à parcourir pour les recherches obstinément suivies partait du point où la connexion est établie entre le produit ou la coopération au produit et la rémunération. Nous avons vu que, dans l'industrie manufacturière au moins, les facteurs étaient payés en raison des services rendus, et que l'employeur était considéré comme payant suivant sa propre appréciation de ces services. La « demande » pour les facteurs a passé par lui mais elle n'est pas de lui. Ce que l'employeur paie, c'est ce que les ouvriers peuvent lui fournir — ce qu'ils peuvent produire sous sa direction. Plus l'ouvrier peut fournir — ajouter au Revenu national — et plus il vaut ; le prix qu'il demande, par conséquent, monte avec les services qu'il rend en quantité ou en qualité ou en toutes les deux, parce que c'est l'expression et l'équivalent de ces services. Cette explication du paiement et cette mesure du paiement venaient toutes deux du côté de la demande — la demande du service rendu par l'ouvrier parce que ce produit était demandé par la communauté. Bref, nous n'avons jusqu'ici considéré la distribution que du côté de la demande ; le prix payé par l'employeur à chaque facteur était un prix de demande.

Mais chercher l'explication et le principe de la rémunération dans la subsistance, c'est faire appel à un principe tout à fait différent. C'est concevoir que les facteurs soient payés, non suivant le service qu'ils rendent, mais suivant ce qu'il en coûte pour les appeler à l'existence et les y maintenir. C'est le principe du travail-serf et non du travail libre ; le principe d'après lequel nous nourrissons les chevaux pour les mettre à même de tirer la charrue, et non le principe suivant lequel nous payons les facteurs qui peuvent montrer un titre valable sur un produit total croissant. Réclamer ce salaire dans une communauté dont le *dividende* s'accroît environ deux fois plus vite que les diviseurs, c'est une réclamation ayant presque le caractère du désespoir. C'est avouer que l'ouvrier ne peut pas toucher un salaire commensurable avec ce qu'il a produit — avec ce que valent ses services comme demandés par la communauté. A défaut d'autre et comme seul moyen de s'assurer un salaire, l'ouvrier met en avant l'argument suprême : s'il n'est pas payé ce qu'il lui faut pour vivre et travailler, l'employeur devra se passer de lui et de ses services. C'est trancher la question en recourant du prix de demande au prix d'offre.

Mais toute notre recherche, au point où nous rencontrions cette théorie, ne nous explique pas pourquoi nous devrions ainsi trancher la question. Nous avions trouvé le microcosme de notre organisation industrielle dans une communauté de personnes gagnant leur vie à cultiver le sol ; leurs salaires s'accroissant à mesure que les récoltes sont plus abondantes ; l'efficacité de leur travail se reflétant dans l'accroissement du produit et y trouvant sa rémunération. Quand une communauté semblable se soumet à l'organisation, l'un des faits, l'accroissement de la récolte, n'est pas altéré : pourquoi l'autre fait, l'accroissement de la part dans cette récolte devrait-il être altéré ? Si l'organisateur réussit à accroître les récoltes, on pourrait supposer que ces récoltes plus abondantes représenteraient des salaires plus élevés pour l'ouvrier et pour l'organisateur. En général, les facteurs remettent leurs produits à certains employeurs pour en recevoir la rémunération d'autres employeurs : la demande de l'employeur pour leur travail devrait croître automatiquement avec l'accroissement du produit que lui remettent les facteurs. C'est une distribution proportionnelle au service rendu, c'est-à-dire au produit. Le processus de production et le processus de distribution ne font qu'un ; c'est la coopération à la production qui donne un droit sur la distribution.

Alors, pourquoi abandonner cette direction de nos recherches, qui suivait de près les phénomènes courants de l'industrie et de la rémunération connexe au service, pour recourir à une théorie dont le principal mérite est de ne se rattacher aux faits par aucun lien ?

Comme nous le verrons plus tard, cette discussion, bien que mettant sur une fausse piste n'a pas été sans utilité. Elle nous aura au moins rappelé que, si la demande des produits ne signifie rien, économiquement, séparée de l'offre, la demande actuelle du prix des facteurs est influencée par le prix possible de l'offre ; c'est cela qui a suggéré aux Trade-Unions de prendre la position qu'elles ont prise — faisant refuser par les ouvriers d'offrir leurs services et leur personne pour moins d'un certain prix.

Cependant, nous reprenons le raisonnement où nous l'avons laissé, p. 206. Le fait dominant de toute répartition est que ce qui est distribué est une quantité croissante. Il s'ensuit que la valeur absolue de la part qui revient au capital et de la part qui revient au travail est également croissante. Comment ces deux parts sont-elles l'une par rapport à l'autre dans cet accroissement, c'est ce qui serait, je suppose, impossible à dire, sans une enquête statistique très difficile à faire. Comme nous l'avons vu, le taux de l'intérêt ne nous dit rien là-dessus. Nous pouvons affirmer en toute sécurité que le capital n'a pas été réduit au prix désespérant de subsistance. D'un autre côté, il n'y a pas à en douter, les salaires, même les [salaires en numéraire, vont en croissant. Nous revenons donc au prix de demande. La suggestion est celle-ci : ou le travail s'est arrangé pour élever un rempart artificiel contre la dépression de ses salaires, ou il n'y a pas de rempart du tout, et le résultat observé provient uniquement du libre jeu de l'offre et de la demande.

CHAPITRE XIX

UNE HYPOTHÈSE ET LES LEÇONS QU'ON PEUT EN TIRER

Une hypothèse : l'introduction universelle du machinisme réduit le travail en général à la surveillance des machines, les salaires prenant un niveau moyen entre ceux du travail technique et du travail ordinaire. Dans ce cas, ils baissent parce qu'il y a une offre surabondante d'hommes concourant avec le capital pour le même ouvrage. Mais plus est grand l'accroissement des produits plus vite se produit la demande d'hommes, et les salaires remontent. La leçon est celle-ci ; ce qui détermine en dernier ressort la rémunération d'un facteur quelconque, c'est l'impossibilité de s'en passer, l'efficacité ayant son action légitime en rendant ce facteur indispensable. Ceci est confirmé par les cas où l'homme est encore en concurrence avec le capital au lieu de le compléter. Les difficultés {de la transition ne doivent pas nous aveugler sur l'inévitable, et sur l'affranchissement de l'homme qu'elle promet pour l'avenir.

Supposons que l'hypothèse de la page 230, concernant les industries mécaniques, vienne à se réaliser. Allons plus loin, et supposons que le même phénomène se produise dans toutes les autres branches de l'industrie manufacturière. La position est alors celle-ci: l'instruction technique n'étant pas requise, les salaires du travail technique ont baissé, ceux du travail ordinaire ont haussé pour se rencontrer au niveau que comporte la surveillance des machines, soit 25 sh. par semaine. La population est en train de s'entasser dans les usines et les ateliers ; elle est condamnée à une besogne monotone, inintelligente, peu développante, à laquelle un petit nombre seulement d'hommes échappent pour être entrepreneurs ou administrateurs dans ce gigantesque moulin à broyer. La condition de l'homme a baissé, et sa dégradation est cumulative, en ce sens que l'homme de peine élève des enfants à son image. Mais le coût de production est plus bas, le prix des choses est plus bas, et le consommateur y gagne. Ce n'est la faute de personne ; c'est seulement la conséquence de la science appliquée prenant beaucoup sur le travail que l'homme était en train de faire, remplaçant la dextérité des doigts, des yeux, du cerveau, par l'action automatique de la machine.

Dans ce cas, qu'est-ce qui a fait baisser les salaires ? La réponse n'est pas douteuse : l'offre d'hommes a dépassé la demande qu'en faisait l'employeur, et plutôt que de n'avoir point de travail du tout, l'homme a dû baisser son prix (1).

Mais ceci va-t-il continuer ? Non, et pour une raison parfaitement définie. C'est que, tôt ou tard, on arrive au point où le capital cesse de remplacer l'homme pour le demander. Le capital ne pourrait se réaliser sans

(1) On doit noter que ce cas est hypothétique. Mais s'il semble violer les règles reçues en émettant une supposition tout à fait absurde, nous pouvons avec profit nous souvenir que nous ne sommes qu'au début de l'âge des machines ; que nous sommes en train d'introduire partout ce rival de l'homme, et que le besoin d'hommes diminue pour un temps partout où la machine s'introduit. Le travail autrefois accompli par la nature et l'homme est en train maintenant de s'opérer plus par la nature et moins par l'homme. L'œuvre de l'homme se concentre dans l'invention de machines nouvelles, dans l'organisation, dans l'administration et dans la surveillance des outils ; les trois premières destinations occupent une petite minorité, la quatrième la majorité.

l'homme mais, pour le moment, il est présumé avoir trouvé plus d'ouvriers qu'il ne lui en fallait pour coopérer avec lui. Mais ceci a une fin.

Par hypothèse, le coût est réduit, et, par conséquent, le prix l'est également. Avec la réduction des prix, il est inévitable qu'un accroissement se produise dans la demande des produits. Cet accroissement de demande fait multiplier encore le nombre des machines, et par conséquent augmenter la demande des hommes dont on a besoin pour les diriger. Où pourra-t-on trouver ces derniers ? On ne peut les tirer des rangs des ouvriers non instruits, puisque ceux-ci sont tous employés dans la situation inférieure de surveillants de machines. On ne peut les trouver que dans l'accroissement naturel de la population. Mais, dans ce pays, la population s'accroît moitié moins vite que la richesse. Par conséquent, comme le capital se répand dans le monde, la demande d'ouvriers devient de plus en plus urgente ; l'homme est indispensable, il peut exiger un salaire plus élevé. Le capital qui s'accroît toujours ne peut prendre sa place ; il réclame à grands cris des hommes pour l'employer et il surgit un état d'affaires nouveau. C'est l'offre du capital qui est surabondante.

Mettons ceci sous une forme plus concrète. Supposons nos prévisions réalisées : on n'a plus besoin de mécaniciens instruits et l'usine de l'avenir comprend des douzaines de machines automatiques surveillées par un petit nombre d'ouvriers non instruits. Ceci paraît formidable pour un temps et même, un moment, assez désastreux. Des centaines d'hommes, dans une petite localité, par exemple, sont promus au rang de mécaniciens et ne trouvent pas d'autre emploi que celui de surveillants de machines. Mais c'est beaucoup moins formidable si nous attendons un peu que le nombre des usines ait doublé ou triplé. Si nous supposons que, dans la localité en question, la proportion du travail et du capital reste la même, pour chaque homme qui arrive en plus, la valeur de l'outillage — non le nombre des machines — double. Il semble évident qu'à ce moment-là tous ces mécaniciens trouveront à s'employer. Mais, objectera-t-on, à un salaire réduit ? Oui, pour un temps. Mais que le mouvement continue, que la valeur de l'outillage quadruple chaque fois que le nombre des hommes double, et ceux-ci acquerront rapidement une valeur de monopole. L'employeur est encore celui qui combine et qui paie ; il introduit les machines partout où il le peut ; mais il y a un point où l'homme est indispensable. Cela peut être à la troisième, à la quatrième, à la sixième machine, mais cela finit par arriver. L'employeur trouve alors un obstacle absolu à l'introduction de nouvelles machines, à moins qu'il n'enrôle de nouveaux ouvriers. Mais ceux-ci sont rares, le travail fait prime, et les salaires se mettent à monter d'une manière constante, non pas que le travail soit plus efficace ou plus raffiné, mais simplement parce qu'il est plus indispensable.

Nous voilà ainsi loin de notre hypothèse. Le premier stade semblait prouver que, quelque constante qu'ait été la hausse des salaires dans le passé, elle devait inévitablement subir un arrêt et un retour en arrière, si le perfectionnement des machines mettait l'employeur à même de les faire entrer en concurrence directe avec l'effort humain instruit ; le second stade semblait démontrer que les salaires reprendraient leur marche ascendante, quand l'accroissement du nombre de machines perfectionnées aurait rendu indispensable la coopération du facteur humain.

L'hypothèse a été poussée aussi loin que possible pour bien mettre en évidence qu'en dernier ressort, ce qui protège la rémunération de chaque facteur contre la pression des employeurs, ce n'est ni la subsistance, ni l'efficacité, mais — pour employer un gros mot — l'*indispensabilité* de ce facteur. Chacun d'eux est payé par l'employeur, non dans la mesure du service rendu, évalué en une unité abstraite, mais suivant que ce service présente, directement ou indirectement, le caractère d'une nécessité absolue. On a déjà noté que le service rendu par chaque facteur n'est mesuré, ni par ce qu'il produit matériellement, ni par l'étendue, la qualité ou l'utilité de sa coopération. Nous avons maintenant à accentuer que l'efficacité économique d'un facteur, et, par conséquent, sa rémunération est mesurée, non par ce qu'il peut faire, mais par ce que, *seul*, il peut faire — par le besoin que les autres facteurs ont de lui dans la coopération de production.

C'est là une autre des protéiques expressions de la formule de la valeur. Il n'y a pas de valeur absolue. La valeur repose sur la demande, mais la demande elle-même dépend de l'offre, de même que le désir, la racine de la demande, varie avec la satisfaction obtenue ou à obtenir. C'est ainsi que des choses qui sont d'un très grand usage, quand elles sont mesurées par les unités ordinaires, peuvent avoir une très faible valeur, qui peut elle-même disparaître complètement par l'effet de la surabondance. Appliquée aux facteurs de la production, cette proposition prend la forme suivante : l'efficacité doit être conditionnée par la rareté ; la demande, pour un facteur, dépend de ce qu'il peut faire — son efficacité — relativement à l'abondance du facteur s'offrant lui-même.

Ici, au moins, nous trouvons le rendement mis à sa vraie place et l'origine de la conviction universelle de son importance qui l'a poussé jusque dans une position indéfendable dans la théorie de la subsistance. Après tout, c'est là une idée directrice que plus le facteur est efficace, plus il est évidemment indispensable.

Si, par exemple, tous les jeunes gens se portaient vers la médecine, et devenaient des médecins, des chirurgiens de premier ordre, tout leur talent ne pourrait leur garantir qu'ils recevraient un salaire aussi élevé que l'homme qui les fournit de pommes de terre. Mais, tout de même, le médecin pourrait employer son énergie à planter des pommes de terre, tandis qu'aucune incitation, si grande qu'elle fût, ne pourrait faire, du planteur de pommes de terre, un médecin.

On a donné à entendre que notre hypothèse n'était pas du tout réellement hypothétique. Demandons-nous, alors, dans quelle mesure elle s'applique aux phénomènes modernes, et voyons si les résultats concordent avec nos conclusions. Il n'y a pas tant d'années, Glascow était un centre de tissage mécanique. Si l'on demande aujourd'hui pourquoi ce centre est en ce moment en pleine décadence, la réponse est parfaitement simple. Jusqu'à ces temps derniers, les tisseurs de Glascow se sont résolument refusés à conduire plus de deux métiers. En vain les amis des ouvriers leur ont-ils signalé le danger ; en vain les employeurs ont-ils tenté d'amener les ouvriers à composition avec de plus hauts salaires pour un travail aux pièces à un tarif moins élevé, s'ils voulaient prendre trois métiers. Nulle part, les tisseurs ne sont plus habiles qu'à Glascow, et ils ne peuvent pas comprendre pourquoi les employeurs leur demanderaient d'accepter des tarifs plus bas. La raison est simplement que le Lancashire a depuis longtemps accepté l'inévitable et a adopté le système à trois ou quatre métiers. Il est possible que le produit ne soit pas aussi bon. Il est possible aussi, là où le public demande des tissus de qualité supérieure, que le prix qu'il en veut encore donner donne aux tisseurs de Glascow de l'ouvrage jusqu'à un certain point. Mais, de qualité supérieure ou inférieure, ce sont les produits du Lancashire qui sont le plus demandés. La différence de prix est telle que la demande s'accroît de plus en plus pour les produits bon marché du Lancashire, et diminue de plus en plus pour les produits chers de Glascow. Le capital ne se place plus dans les usines de Glascow ; il se dirige de plus en plus vers le Lancashire. A Glascow les salaires baissent. Dans le Lancashire, ils montent.

La correspondance avec notre cas supposé est évidente. Pour le moment, le capital, devenant plus abondant et moins cher, s'est engagé à fond dans les tissages, abaissant les salaires du travail jusqu'au point — le quatrième métier — où lui, capital, ne peut aller plus loin ; le travail des femmes acquiert une valeur de monopole et le salaire, qui jusqu'ici avait une tendance à baisser, commence à monter. A Glascow, d'autre part, l'afflux du capital a été empêché par l'action des tisseurs — et le résultat est inévitable.

Il n'y a que trop de raisons de craindre que ce cas ne soit pas isolé. Si le capital pouvait prendre pour lui tout le travail de l'homme dans l'industrie, l'homme en serait constamment chassé jusqu'à ce qu'il n'y ait plus du tout de place pour lui dans l'organisme industriel. Cette hypothèse, naturellement, est absurde. Ce qui se passe actuellement est ceci : grâce à des perfectionnements que nos ancêtres n'avaient pu prévoir même en rêve, le capital a été amené à mettre la main sur de nombreuses tâches qui, jusque-là, revenaient à l'homme, mais qui ne pouvaient lui être conservées, si nous poussions assez loin la division du travail. « Les choses « montent en selle et éperonnent le genre humain », parce que les choses et les hommes ne se sont pas encore mis d'accord sur les sphères où ils doivent, non se faire concurrence, mais se compléter l'un l'autre. Le service propre du genre humain c'est l'homme faisant ce que la machine ne peut faire. Quand il essaye de faire ce que la machine peut faire aussi bien que lui, son salaire tombe.

Le problème qui se pose est semblable à celui que notre propre nation va avoir à résoudre par l'arrivée des autres pays à une puissance industrielle plus également répartie, et des contrées qui, autrefois, importaient beaucoup de produits d'Angleterre sont devenues capables d'en fabriquer un grand nombre chez elles, et même d'en exporter. La richesse de toutes les nations est en train de s'accroître; il en est de même de la richesse de chacune d'elles ; néanmoins, il y a encore de nombreux groupes d'industries qui restent inoccupées et des hommes sans emploi. La raison en est que notre pays a fait des choses qu'il n'aurait jamais entreprises si les autres nations s'étaient ébranlées toutes à la fois. Ainsi nos fermiers font des affaires de plus en plus mauvaises en cultivant du blé, parce que nous n'aurions jamais fait du blé notre principale culture, si nous avions eu l'Amérique dans notre territoire. Ainsi, sur une plus grande échelle, nous avons engagé une grande partie de notre capital et spécialisé une grande partie de notre travail dans l'agriculture, tandis qu'ils auraient dû être affectés à d'autres destinations si nous avions pu prévoir ce qui allait arriver.

Il en est de même pour le capital et le travail. Nous avons deux facteurs, comme deux pays, qui ont fait chacun le travail de l'autre. Maintenant l'un d'eux a prouvé qu'il était le plus fort. Le capital abaisse le niveau des salaires, et tant que l'homme lutte avec lui, il

doit se soumettre. Mais quand on est arrivé au point où
le capital ne peut plus marcher dans les souliers de
l'homme, et que celui-ci est décidément indispensable au
capital pour lui permettre de gagner même son salaire
de subsistance, alors, la demande d'hommes n'est plus
troublée par leur compétition et, comme le capital
s'accroît, la demande de l'homme indispensable augmente aussi, les employeurs se disputent le travail
et les salaires montent.

Ceci, par conséquent, répond à la question posée à la
fin du dernier chapitre : pourquoi le travail, dans son
ensemble, a-t-il pu conserver et accroître ses titres sur
le Revenu national? Cela n'a rien à voir avec la subsistance. C'est l'*indispensabilité* relative par rapport aux
employeurs de la nation. La demande du travail, comparée avec l'offre qui en était faite, a été telle que l'intérêt de l'employeur à abaisser les salaires a été victo-
rieusement combattu par son intérêt à trouver du travail.

L'hypothèse émise a encore un autre but à côté de
celui qui vient d'être exposé. C'est d'indiquer dans quelle
mesure il peut être raisonnable de craindre que le machinisme soit le Frankenstein de notre civilisation.

Si la prévision de la p. 239 contient une grande part
de vérité, nous avons devant nous des temps troublés.
Les classes ouvrières n'imaginent pas que les salaires
puissent rétrograder par l'effet de causes purement
économiques. C'est l'un des effets fâcheux de l'appréciation de notre étalon monétaire, qu'ils ne savent pas
combien la hausse a été considérable depuis 1873
— la hausse des salaires en numéraire accompagnée
de la baisse des prix. Ce qu'ils savent, c'est que la richesse du pays va s'accroissant par soubresauts ; ils regardent la hausse constante des salaires en numéraire
comme l'expression et l'accompagnement obligé de ce

phénomène. Dans un meeting d'ouvriers à Glascow, appelé à examiner l'effet du travail à bon marché sur les salaires des hommes, un des délégués fit remarquer qu'à sa connaissance il n'y avait pas eu de changement dans les salaires de son industrie pendant les dernières années, ajoutant naïvement comme une idée qui lui arrivait, « excepté, naturellement, une hausse, de temps en temps ». Cette conviction est tellement enracinée, que la plus grande Union du pays, dernièrement, risquait tous ses fonds et faisait perdre à la nation un grand nombre de millions en demandant le travail de huit heures par jour « sans réduction de salaires ». Si donc nous sommes appelés à passer par une période de baisse des salaires des ouvriers instruits, nous pouvons nous préparer à des troubles encore plus graves. Le monde est encore, on peut le craindre, sous la domination de ce que le professeur Marshall a heureusement appelé la fiction du travail consolidé (*fixed Work fund*), et il en peut résulter jusqu'à une révolte sauvage des classes ouvrières contre les machines qui, suivant elles, viendraient leur ôter le pain de la bouche.

Mais, tout à fait à part de la réduction de salaire, la dégradation de l'homme, l'adresse technique et l'entraînement étant devenus superflus, est quelque chose de beaucoup plus sérieux, même si, par suite de nouvelles mesures prises par le gouvernement, les enfants sont préservés contre la déchéance de leurs parents. Si les occupations qui demandent de l'adresse technique disparaissent, si les hommes entraînés à faire un vigoureux usage de leurs facultés sont relégués dans une besogne qui demande une moindre utilisation des facultés humaines, des hommes qui n'ont qu'une vie à vivre perdent du coup ; le gain de la postérité n'est pas notre gain à nous, et c'est pure folie de prêcher la résignation.

Personnellement, j'espère sincèrement que la première partie de mon hypothèse restera à l'état hypothétique (1). L'expérience que j'ai acquise d'abord comme grand employeur, puis comme professeur, m'a donné la croyance la plus absolue dans la joie qui s'attache essentiellement au travail. Je pose en fait indiscutable par exemple, qu'aucun être exerçant une carrière libérale, homme ou femme, ne tolérerait une restriction légale aux heures de son travail. Mais, en admettant la différence qui existe entre un travail de ce genre et celui des ouvriers dans les fabriques, — surtout en ce qui concerne la liberté de faire son travail au moment qu'on veut — j'ai toujours espéré que quelque progrès nouveau amènerait un avenir où la plus grande partie du travail serait intelligent et attrayant, et où, par conséquent, la puissante réserve de forces travaillant sous l'impulsion de l'espérance et du goût d'une besogne déterminée, viendrait s'ajouter aux ressources matérielles que la science est en train de mettre à notre disposition.

L'outil humain est sur un point essentiellement différent de tous les autres. Quand on achète une machine, on sait tout ce qu'elle peut donner. Elle peut se détériorer indéfiniment si on s'en sert mal, mais elle ne s'améliorera pas, même si on en fait l'emploi le plus judicieux.

(1) On doit rappeler que le phénomène qui donne à l'hypothèse en question toute sa force c'est l'apparition dans l'industrie de machines qui ne demandent de l'instruction et de l'adresse que dans leur construction et leur mise en place. Il est tout à fait possible que ceci ne puisse être un caractère typique des machines en général, ou ne constitue qu'une phase passagère ; que la machine de l'avenir soit encore plus compliquée et demande un haut degré d'instruction technique, même pour être dirigée. Le linotype, par exemple, à ce que l'on dit, demande plus d'adresse et un niveau d'éducation plus élevé que ce qu'on demande même à l'ouvrier le plus raffiné, le compositeur d'imprimerie.

Très souvent, au contraire, un homme sera cher à 35 sh. et pourra être bon marché à 35 sh., exactement comme si une jeune fille, qui n'a jamais fait œuvre de ses dix doigts chez ses parents, devient tout à coup une maîtresse de maison énergique et pleine de ressources quand elle est chez elle. Il serait très regrettable que nous eussions encore pendant quelque temps à subir une grande réorganisation avant de reprendre la marche ascendante. Ce n'est pas affaire aux économistes de porter le remède aux difficultés de ce genre ; le monde les écouterait probablement avec plus de faveur s'ils n'étaient pas si ardents à indiquer le bien final, tandis qu'ils semblent négliger le mal actuel. Et ce mal est très grand.

Mais quand tout a été dit là-dessus, il reste à l'économiste à prévenir son auditoire contre la tentative de s'opposer à la pression des forces économiques qui cadrent avec l'évolution du monde, et à plaider que la sympathie pour les souffrances présentes ne doit pas barrer la route au bien final (1). Car, après tout, l'issue finale de notre hypothèse est, non la dégradation de l'homme rabaissé au rôle de serviteur de la machine, mais son affranchissement de la tyrannie de cette dernière. Dans l'état actuel des choses, dans beaucoup de catégories, des hommes tâchent de conserver pour eux un travail que la machine peut faire comme eux, et où il s'agit seulement de savoir qui des deux peut le faire au meilleur marché. Il est singulier que, malgré cela, la demande de l'habileté humaine soit encore si considérable que les salaires, non seulement n'ont pas baissé mais ont, dans leur ensemble, monté. On peut espé-

____

(1) Comme, par exemple, je suis persuadé que c'est le cas quand on permet aux ouvrières travaillant à domicile, en concurrence illusoire avec l'industrie manufacturière, d'échapper à l'influence bienfaisante des Factory Acts.

rer que cela continuera ; que, dans l'avenir, la surveillance
et la direction des machines pourront exiger une proportion très considérable d'instruction technique et peu de
travail brut, plutôt que la proportion inverse. Mais, au
pis-aller, après une période de transition pénible, le capital, en raison de son abondance même, retombera à son
rang naturel, non pas comme le rival, mais comme le
serviteur de l'homme ; et quand cela arrivera, deux
choses apparaîtront très claires qui sont déjà obscurément
pressenties :

1° L'ajustage et la surveillance des machines tendront
toujours à occuper un rang inférieur ; l'administration et
l'organisation un rang supérieur ;

2° Comme services directs, le champ ouvert à l'activité
humaine est illimité.

S'il est vrai qu'en dernière analyse les salaires doivent
nécessairement monter dans les régions où le capital a
toute sa part et est introduit dans la pleine mesure du
possible, ceci montre clairement quelle est la situation
de l'homme dans les occupations où la machine ne peut
pas s'introduire du tout. S'il y a une valeur de monopole attachée à l'homme même dans le domaine de l'industrie mécanique, sa valeur de monopole dans d'autres
occupations, particulièrement dans celles où le cerveau
joue un rôle prépondérant et indispensable, est évidente.

Le fait est que la richesse croissante, comme elle a
apporté le mal, apportera le remède. Car, pendant bien
des années encore, la grande majorité de la population
demandera, automatiquement pour ainsi dire, un nombre croissant de produits fabriqués à la machine, tant
que leur coût baissera. Mais la richesse croissante implique des besoins également croissants — besoins qui
ne se manifestent pas du tout dans les stades inférieurs
mais se développent en importance et en urgence, dès

que les besoins d'un ordre inférieur sont mieux satisfaits ; ces besoins supérieurs ne peuvent pas du tout trouver leur satisfaction dans des produits faits à la machine. Qui est-ce qui a fait, par exemple, monter les gages des domestiques, si ce n'est la demande qui se produit instantanément dès que les gens se trouvent assez à leur aise. Quiconque connaît les classes ouvrières ne peut que constater la satisfaction exprimée par la phrase : « maintenant nous avons une bonne ! » Cette satisfaction a souvent été interprétée par les économistes comme la manifestation d'une ambition de distinctions sociales, comme si les gens voulaient affirmer leur richesse en prenant quelqu'un « au-dessous d'eux » ; et peut-être un ressentiment naturel contre une attitude pareille entre-t-il pour quelque chose dans l'impopularité du service au sein de la classe où nous pourrions espérer recruter les domestiques. Il est néanmoins plus sûr et plus honorable d'interpréter cette demande de services que des hommes et des femmes peuvent seuls rendre, comme la preuve directe que les besoins inférieurs sont satisfaits.

Négliger cette évolution, c'est oublier ce qu'il y a d'essentiel dans la nature de l'homme. Son estomac et sa digestion comportent des limites. Les nécessités du logement et du chauffage représentent une quantité fixe (Voir *Studies in Economics,* pp. 193, 272). Il est vrai que cette quantité fixe est si loin d'être mise à la disposition des masses, qu'il y a, comme on l'a dit, un champ énorme encore pour la fourniture des produits inférieurs, des objets faits à la machine. Ces nécessités une fois satisfaites, le domaine des désirs de tout homme s'étend jusqu'à la satisfaction de ses sens, de son intelligence, de son goût. Il a besoin de plus de livres, de journaux et, quoique ceux-ci soient directement fabriqués pour lui dans des usines et des ateliers fonctionnant à

l'instar des usines, encore y a-t-il une demande indirecte pour un plus grand nombre de penseurs, de
poètes, de voyageurs, de gens recueillant des nouvelles
et des informations en général. Il a plus nettement
le besoin de choses qui satisfassent le sens de la
beauté ; il a plus besoin de distractions, de professeurs.
En fait, dans ce dernier domaine il y a place pour un
nombre infini d'êtres humains, car ce domaine est infini
comme la connaissance elle-même. Il ne s'agit pas, bien
entendu, d'un nombre illimité d'écoles primaires : il y a
une limite à ce genre d'éducation. Mais, fondée sur cet
enseignement, vient la demande pour les écoles secondaires, pour les Universités. Les Universités, il est vrai,
au moins en Ecosse, sont trop absorbées maintenant par
les gens exerçant les professions libérales, mais la demande pour l'éducation en elle-même et pour elle-même
est appelée à se généralise r parmi les classes cultivées.
On peut espérer qu'un jour — même dans la frugale
Ecosse — une éducation universitaire sera demandée à
l'entrée des plus hautes situations de la vie des affaires,
que l'Université, en outre, aura à trouver une place pour
tout homme ayant des connaissances spéciales de quelque chose, quelque différentes qu'elles soient des sciences
« du pain et du beurre ». A chaque progrès fait par la
richesse, tandis que la demande de capital et de machines
augmente, la demande de l'homme en tant qu'homme
augmentera dans une proportion plus forte encore.

CHAPITRE XX

TRADE-UNIONISME ; POUR ET CONTRE LE TRAVAIL
A BON MARCHÉ

La base du Trade-Unionisme, c'est la conviction que l'ouvrier
n'est pas en situation de vendre avantageusement son travail.
Comme introduction : 1° demandons-nous pourquoi l'employeur
n'achèterait-il pas aussi bon marché que possible et 2° essayons
de démêler les raisons qui poussent l'ouvrier à refuser de vendre son travail au prix de l'employeur individuel.

1° Le salaire n'étant pas une aumône, pourquoi à un employeur, qui se sert du travail comme de ses autres instruments et ne peut lui-même recevoir, pour ses propres services
et pour ses produits, que le prix existant au marché, pourrait-
on demander de faire au travail un traitement exceptionnel et
de le payer à un prix supérieur au prix courant du marché ?
Ou bien, s'il a les moyens de le payer plus, doit-il être par
rapport à sa classe un « black leg » ? Mais, encore une fois,
qu'est-ce que c'est que le travail « à bon marché » par rapport au prix courant du marché du travail ?

2° En supposant que, de la liberté accordée à l'employeur
d'acheter le travail aussi bon marché que possible puisse surgir un Revenu national considérable ; une créance certaine sur
un revenu qui peut être plus faible peut valoir mieux· qu'une
créance possible sur un revenu certainement plus fort et,
comme l'inventeur qui prélève ses droits de brevet, l'ouvrier
doit affirmer ses droits au moment où il a les meilleures
chances de les faire valoir.

Jusqu'ici nous avons regardé les relations des ouvriers avec les employeurs comme non affectées par des
restrictions ou des interventions quelconques provenant

de combinaisons plus puissantes que celles impliquées dans la solidarité des masses enrégimentées. Nous avons maintenant à considérer les effets de la combinaison consciente des ouvriers dans ce qu'on appelle la politique du Trade-Unionisme. Comment affecte-t-elle l'activité des employeurs, et, par suite, la répartition de la richesse qu'ils créent sous forme de salaires ?

Le Trade-Unionisme est fondé sur la conviction que l'ouvrier, en tant qu'individu, n'est pas dans une position aussi forte pour vendre son travail que l'employeur pour le lui acheter, et que, par conséquent, à moins d'être soutenu et renforcé par une action commune, il vend toujours son travail trop bon marché.

Cet argument paraît avoir beaucoup frappé nos ancêtres, comme si leurs chevaux de labour, se retournant dans les brancarts, s'étaient mis à se plaindre qu'ils n'étaient plus en situation d'obtenir leur ration de nourriture en avoine ou en foin. Le sentiment des employeurs, il y a même une génération, était qu'ils se considéraient comme les seuls juges de ce que valait un homme ; une demande d'augmentation de salaires était ressentie comme une impertinence (1) — jamais pourtant aucun employeur n'aurait songé à l'accorder spontanément. Et l'homme qui avait fait la demande était souvent chassé avec une sorte de flétrissure, de telle façon que les autres employeurs, en la voyant, pussent se méfier de lui.

Nous avons beaucoup appris depuis lors. Nous connaissons le vice de l'argument : « S'il n'est pas content du salaire, il n'a pas besoin de prendre le travail », dans un monde où toute l'industrie est organisée et où, aucun homme banni de cette industrie ne peut s'employer lui-

(1) J'ai peur qu'il n'en soit encore de même pour les industries non organisées, exercées par des femmes.

même. L'organisation d'une nation pour gagner sa vie est considérée comme l'affaire de la nation ; elle peut être laissée à l'initiative privée si celle-ci peut faire mieux que tout autre système, mais pas un moment de plus (1).

Il est vrai que nous sommes en danger d'aller beaucoup trop loin et d'oublier la vérité essentielle de ce que les économistes d'autrefois ont mis sous une forme trop absolue et repoussante. Supposant qu'accorder aux ouvriers le droit de s'associer pour vendre leur travail le plus cher possible, implique la négation du droit de l'employeur à payer ce travail aussi bon marché qu'il le peut, — ne voyant pas que ce sont là deux droits parfaitement compatibles — l'opinion publique semble incliner à traiter comme un curieux survivant de l'économie politique discréditée, tout économiste qui voudrait défendre sérieusement l'achat du travail au meilleur marché. C'est là un témoignage singulier du pouvoir de l'idée Trade-Unioniste sur la conscience publique. Peut-être, néanmoins, ne sera-ce point un mauvais préambule à l'étude de l'argumentation des Trade-Unions, et

---

(1) La science économique a généralement insisté sur ce *caveat* en ce qui concerne les tenanciers du sol, même quand toutes les autres fonctions étaient tenues pour sacrées. Si ce n'est plus aussi important qu'autrefois, c'est parce que l'abaissement du fret a réduit l'importance des terres cultivées, en mettant le monopole de la nourriture du peuple ailleurs qu'entre les mains des propriétaires du sol. De là, nous avons la tendance distincte parmi les économistes à grouper ensemble le capital et la terre : et reconnaître que, dans les deux sphères, les employeurs ont le plus grand intérêt à prendre les intérêts de ceux qu'ils emploient. En fait, comme on le soupçonnait, nous avons comme l'idée obscure que les fonctions d'employeur sont une sorte de fonction publique ; on semble attendre d'un employeur les obligations d'un fonctionnaire civil, même sans les garanties que celui-ci trouve dans le traitement qui lui est alloué.

sera-t-il possible de rappeler certaines choses qui ne devraient pas être « discréditées », si, pour le moment, nous demandons, pour compléter le raisonnement du chap. VI, pourquoi l'employeur ne pourrait pas acheter la marchandise-travail comme il achète les autres facteurs dont il a besoin.

Il y a encore une suggestion mystérieuse de charité ou de bienveillance liées au paiement des salaires. Pour ne rien dire de l'assertion fréquente que les ouvriers sont des « ingrats », entendant par là qu'ils n'acceptent pas sans discussion les salaires qui leur sont offerts, il n'y a pas de doute que les employeurs, publics ou privés, pensent faire une belle action quand ils paient au-dessus du prix courant et que les ouvriers ne s'en formalisent pas, même quand ils savent qu'ils reçoivent plus que la « valeur » qui leur est attribuée par les autres employeurs. Mais le salaire est l'équivalent d'un travail fait ; l'ouvrier n'a pas plus de raisons de dire « merci » pour ce salaire que l'employeur de dire « merci » pour le service qu'il reçoit. Et quelle est la signification de ce qu'on appelle pourboire ? C'est une offense faite par l'employeur suggérant qu'il ne paye pas ce qu'il doit, ou une espèce d'aumône, ou, pis encore, une politesse qui devrait être donnée gratis. Sans aucun doute, un ouvrier indépendant devrait dire : « payez-moi ce que vous me devez », sans ajouter « et en plus autant qu'il vous plaira ». Un commerçant serait offensé si on lui offrait plus qu'il ne demande. Pourquoi un ouvrier ne le serait-il pas ?

Plus on examine ce cas, et plus il paraît bizarre qu'un employeur doive payer ou doive être loué, parce qu'il paie plus qu'on ne lui demande. Il engage le travail non pas pour le travail lui-même, mais simplement parce que c'est un facteur dans la production des objets qu'il désire fabriquer. Il désire les fabriquer, non parce qu'il en a personnellement besoin, ou parce qu'il en est requis par un État bienveillant, mais parce qu'il a besoin de les vendre purement et simplement, parce que c'est un moyen de gagner sa vie. C'est là le mobile et la fin de toute son affaire ; et, si l'ouvrier ne voit pas qu'il est intéressé à donner une part de son gain pour que l'employeur puisse avoir son profit, pourquoi l'employeur sacrifierait-il une portion de ce qu'il gagne pour donner à l'ouvrier son salaire? On pense — et avec raison — que c'est honteux pour un homme d'être paresseux ; quand il entre dans le service public comme employeur, pourquoi s'attendre à le voir devenir philanthrope? Pourquoi traiterait-il la marchandise-travail autrement qu'il ne traite la matière première ou l'outillage? Ou plutôt, qui est-ce qui lui garantit une rémunération suffisante pour gagner sa vie, s'il la traite différemment?

Il y a quelque chose au fond de tout cela. Il y a incontestablement la conviction que, normalement, l'employeur gagne plus qu'il ne le doit — quelque vague que puisse être l'idée cachée sous le mot « doit » ; bref, qu'il a les moyens de payer plus qu'il ne voudrait.

Mais, si notre analyse est exacte, l'employeur n'est pas un agent libre sous ce rapport. Il est notoire que si un homme aisé retire son argent d'un placement sûr à un petit intérêt, et l'engage dans une industrie qui fonctionne sous ses yeux, il assume un travail et des inquiétudes qu'il n'avait pas besoin de rechercher, et il court le risque considérable, non seulement de ne rien gagner par son travail, mais même de toucher, de son capital, moins que ne lui donnait le placement sûr. Il est déraisonnable de penser qu'il doive être influencé par d'autres considérations que des motifs industriels. Mais quand il risque ainsi son avoir comme employeur, il paie et se paie sur le prix. S'il hausse ce prix et paie un salaire supplémentaire sur ce prix surélevé, c'est, en réalité, sur la bourse du public qu'il prend, en chargeant les consommateurs. Mais cette élévation des prix est presque au-dessus de son pouvoir. Il est lui-même gouverné par les circonstances. La valeur d'un employeur, en tant qu'employeur, est probablement soumise à une épreuve plus sévère que celle de toute autre classe, et, dans l'ensemble, il ne peut pas se payer à lui-même plus qu'un salaire inférieur à celui que reçoit un travail similaire dans les autres catégories de l'industrie. S'il en est ainsi, il ne lui est pas possible de payer plus qu'on ne lui demande, et, ceci une fois établi, ce qu'il paye en plus tombe dans une catégorie qui devrait être interdite, celle de l'aumône.

Mais prenons le cas exceptionnel où il a, individuellement, un profit supplémentaire, ou, plutôt, où il est en train d'obtenir ce qu'on appelle proprement une « rente » en addition de son profit, et où il sacrifie une portion de cette rente. Dans l'industrie, nous l'avons vu surabondamment, l'individu n'est jamais seul. Dans l'usine il y a un flux et un reflux de travail qui en maintient le niveau pendant que le personnel des travailleurs se modifie. Une hausse des salaires, alors, accordée de bonne volonté par un employeur est le point de départ d'une demande de hausse dans toutes les industries du même genre. Mais, par hypothèse, accorder cette hausse c'est priver l'employeur moyen d'une partie de son gagne-pain. Dans ce cas, l'employeur placé dans des conditions exceptionnelles, n'a-t-il pas une responsabilité vis-à-vis de sa propre classe — de ceux qui travaillent péniblement pour y gagner leur vie et ne la gagnent que sous la forme de salaire appelée profit ? Le concept de

« black leg » (jambes noires) doit-il être limité à la classe ouvrière (1).

Si enfin il n'a ni extra-profits ni rente et paie encore ses ouvriers plus qu'il ne le faut — peut-être parce qu'il a d'autres revenus sur lesquels il peut vivre — cela revient au même. C'est comme une municipalité qui construit des maisons pour les pauvres et ruine les entrepreneurs de constructions privées. Si ceux-ci sont découragés et cessent de construire, la municipalité aura assez à faire quoique, probablement, la nouvelle somme prélevée sur la poche des contribuables doive avoir un effet qui ne se produit pas quand un employeur privé doit ajouter quelque chose sur sa propre bourse.

On peut donc très bien prétendre qu'en agissant suivant ses propres intérêts, l'employeur est obligé de faire de son mieux pour le plus grand intérêt national, l'intérêt du consommateur. Le but de son activité est de faire que deux tiges poussent là où une seule poussait auparavant — d'accroître cette masse de produits sur laquelle les livres, les shellings, les deniers donnés comme salaire constituent un titre. Dans la mesure où l'employeur réussit, l'argent que l'ouvrier reçoit achète une quantité de plus en plus grande de ces produits ; et, sans payer plus qu'il ne faut, il remplit sa fonction de serviteur nécessaire de la communauté.

Mais, en dehors de cela, nous pouvons très bien nous demander ce que signifie l'expression « travail bon marché ». Il est curieux de voir comme les gens continuent longtemps à se servir d'un mot sans en remarquer l'ambiguité. Qu'est-ce que c'est que des produits bon marché ? Le sont-ils par comparaison avec ce que l'on paie-

(1) Avec le temps, bien entendu, ceci devra se corriger, à moins que le bienveillant employeur en question ne soit à même d'absorber toute l'industrie de ses rivaux sacrifiés.

rait « plutôt que de s'en aller sans les acheter? (1) » Ou par comparaison avec ce qu'on paierait dans les circonstances ordinaires? Ou avec ce qu'on a payé autrefois? Ou avec leur importance pour nos besoins physiques? L'aluminium est-il « bon marché » à 1 sh. 3 d. la livre, parce qu'il a des qualités spéciales qui ne se rencontrent pas dans les autres métaux d'un prix similaire, ou parce qu'en 1883, il coûtait 5 sh. 3 d. la livre? Bon marché est opposé à cherté et les deux termes se rapportent à quelque norme. Mais si l'on demande à l'économiste quel est le « prix normal », il répondra en demandant ce qu'est le prix normal et renverra le questionneur aux *Principles* du professeur Marshall — s'il est d'accord avec lui.

Mais le bon marché d'un service ou d'un instrument de production est encore plus difficile à définir. Il ne nous est pas permis, ce semble, de parler du manufacturier ou du commerçant comme vendant leurs services pour « moins qu'ils ne valent » : on admet qu'ils « valent » ce qu'ils rapportent. Le travail de l'ouvrier, néanmoins, semble comporter deux évaluations : l'une, ce qu'il rapportera s'il est librement acheté ou vendu ; l'autre — au fait quelle est l'autre? Est-ce le prix fixé par la Trade-Union? Mais ceci est résoudre la question par la question. Est-ce le prix de « subsistance » ? Mais il est à peine concevable que des gens qui crient contre le « travail bon marché » considèrent comme normal le prix de subsistance. Le travail n'a pas de valeur par lui-même ; c'est seulement pour la part qu'il a dans la production de quelque chose qu'il est considéré comme valant assez pour

_____

(1) La différence entre cela et ce qu'on paie actuellement est la définition donnée par Marshall de la Rente des consommateurs ou plutôt de l'excédent touché sur les consommateurs.

qu'on l'achète. Par conséquent, le critérium de ce que vaut le travail, c'est le prix que le consommateur consent à payer. Dire, par conséquent, que le travail est bon marché semblerait dire qu'il est incorporé dans des produits qu'on vend à bas prix. Mais si ce prix est tout ce que les consommateurs veulent payer, pourquoi dire que les produits sont bon marché, et que devient la prétention de soutenir que le travail est bon marché? Ceci se réduit à l'ancienne accusation que les employeurs font baisser le prix des produits, qu'ils vendent moins cher qu'ils ne le devraient. Certainement ils le font ; mais, à moins que nous ne soyions disposés à adopter une théorie de la subsistance et à dire que les salaires doivent déterminer le prix, nous devons dire que cette réduction des prix est précisément ce que nous attendons de l'employeur et, portant la guerre chez l'ennemi, nous pouvons dire que les classes ouvrières sont les premières à grogner si les prix sont haussés contre elles, et les premières à les déprimer autant qu'elles le peuvent.

Faut-il ajouter quelque chose de plus pour montrer qu'avant d'attacher au mot « travail à bon marché » une signification impliquant condamnation de la chose, il serait à propos de définir le sens qu'y attachent ceux qui s'en plaignent.

Jusqu'ici nous avons discuté le raisonnement que « les survivants d'une économie politique discréditée » pourraient opposer à l'action du Trade-Unionisme. Examinons maintenant, encore comme préambule, et en toute impartialité, la réponse des Trade-Unions.

Si un État socialiste, héritant des résultats de la forme et des méthodes individualistes, devait nommer ses propres fonctionnaires et leur enseigner que le seul but qu'ils doivent poursuivre est la production de la plus grande somme de richesse qu'on puisse obtenir des ressources, matérielles et humaines, de la communauté, il n'y aurait pas de combinaisons à chercher pour le travail ; les ouvriers se résigneraient à être traités simplement comme des facteurs de production dont le salaire leur serait payé suivant l'estimation faite par les employeurs de leur rôle dans la coopération — l'employeur étant tout à fait désintéressé. Mais, dans ce cas, le paiement des salaires ne constituerait qu'un premier à-compte sur la rémunération réelle. Il y aurait un solde à leur verser subséquemment. Qu'il prenne la forme d'une dépense publique pour acheter des objets d'un usage commun, où d'extra-paiement aux ouvriers en raison des mérites particuliers, ou des besoins, la totalité de ce solde irait aux ouvriers.

Mais, dans le système actuel, le premier à-compte constitue tout ce que les ouvriers sont sûrs de recevoir ; le solde arrive quelquefois, mais il n'y a aucune garantie qu'il aille à ceux qui l'ont produit. Actuellement, comme on l'a dit, ceci revient à permettre à l'ouvrier d'ajouter le *maximum* possible au Revenu national, en lui assignant, sur ce revenu, une part *minima :* car, ainsi qu'on l'a prouvé dans la première partie de cet ouvrage, la production du Revenu national en est en même temps la répartition. Bien entendu, c'est beaucoup que d'accroître le revenu, mais si la production détermine la répartition — si la part de l'ouvrier est déterminée parce qu'il produit — il est fondé à demander que cette production-répartition lui donne tout ce qui lui est dû sur le total.

Prenons une comparaison : l'inventeur ne se contente pas de savoir que sa nouvelle machine réduira les prix et qu'il aura sa part dans les produits bon marché. Il ne se contente pas de trouver sa rémunération en fabriquant et en vendant cette machine, il prélève ses droits de brevets ; c'est-à-dire, il porte la valeur de son titre au plus haut qu'il peut. De même, admettant qu'un Revenu national considérable est désirable, la part des ouvriers ne leur est point garantie, à moins qu'ils ne fassent entrer tout ce qu'ils peuvent dans leur titre, c'est-à-dire la mesure dans laquelle leur travail est nécessaire pour produire leur revenu. En un mot, si les produits à bon marché sont une bonne chose, quel avantage y trouve l'ouvrier si son salaire est réduit dans la même proportion que le prix des produits ?

Il y a, continue le raisonnement, une erreur dans l'idée courante que les salaires bas trouvent une compensation adéquate dans les produits à bon marché. Sans doute quelques esprits logiques conçoivent que, quand les salaires diminuent et que le prix des produits baisse aussi de plus en plus, les ouvriers sont aussi à leur aise qu'ils le seraient avec des salaires élevés, plus à leur aise, peut-être, s'ils sont ainsi obligés de renoncer à la faculté de se mettre en grève. Ils disent que, tant que la productivité du travail et du capital n'est pas atteinte, l'industrie produit le même Revenu national quels que soient les salaires payés, et ils inclinent à croire que la distribution aussi n'en est pas affectée. Les salaires peu élevés et le bas prix des produits constituent un premier système de répartition. Il y en a un autre si les salaires sont hauts et les produits chers. Mais si les deux éléments restent respectivement dans la même proportion, l'ouvrier reçoit, dans les deux cas, par son salaire, la même quantité pour vivre. Une pauvre femme, gagnant 11^d 1/2 par jour à piquer un vêtement tout fait, c'est triste, ainsi qu'une famille fabriquant des boîtes d'allumettes à 2^d 1/4 la grosse (en fournissant elle-même la colle). Mais voyez comme les choses s'arrangent bien ! La pauvre femme peut acheter pour son fils un vêtement complet moyennant 4 sh. et la pauvre famille a une boîte d'allumettes pour un demi-penny !

Ici l'erreur réside dans la supposition que le bénéfice des bas prix revient aux seuls ouvriers. Ils forment seulement une section de la communauté et sont, individuellement, de petits consommateurs, tandis que le niveau inférieur des prix répand ses bienfaits aussi bien sur les autres sections, même les plus éloignées (1).

Il n'y a pas de doute que les consommateurs forment les plus gros bataillons, d'autant qu'ils comprennent les indigents, les criminels, les infirmes, les enfants, les femmes, les paresseux. Mais les intérêts des infirmes, des enfants et des femmes sont liés avec ceux des hommes qui les font vivre ; les intérêts des pauvres et des criminels sont tout à fait subordonnés aux intérêts de ceux qui travaillent ; et, pour ce qui est des paresseux, il n'est pas sage de leur sacrifier les intérêts des gens laborieux. C'est le consommateur-producteur qu'il faut considérer ; ses intérêts sont les plus réels de la communauté et comprennent la plus vaste étendue. Les ouvriers, par conséquent, ont raison de faire porter leur réclamation de préférence sur le point où elle a le plus de chances d'être légitimement admise.

Ceci, je pense, peut être accepté comme l'argumentation de la Trade-Union répondant à la prétention de l'employeur d'acheter le travail au plus bas prix pos-

____

(1) La Fabian Society estime que, bien que les salariés du Royaume-Uni forment les quatre cinquièmes de la population, ils consomment seulement entre un tiers et deux cinquièmes de la somme annuelle des produits et des services. Ce serait encore plus satisfaisant si cette estimation était donnée par la société de statistique.

sible (1). Même s'il était prouvé que le plus court chemin pour arriver à un gros dividende serait de laisser aux employeurs cette liberté, on pourrait prétendre que cela ne suffirait pas en voyant qu'on n'est pas assuré, dans la répartition de ce dividende, que les classes ouvrières auraient la part qui leur revient légitimement. Mieux vaut un revenu plus faible si, en affirmant leur droit, elles peuvent s'en assurer une part plus grande.

Ceci, on doit le comprendre, n'est pas du tout le raisonnement qu'un économiste opposerait à la prétention finale du Trade-Unionisme, mais c'est, autant que j'en puis juger, la réponse de l'ouvrier au principe du « free trade » en matière de travail.

Le point qui nous intéresse ici dans le Trade-Unionisme, c'est le traitement de ce que nous avons appelé le « but flottant » de la question des salaires — l'équivalence entre le service et la rémunération. Cela n'implique aucune opinion sur l'équivalence, excepté la conviction que le travail est toujours payé au-dessous de ce qu'il vaut. Cela veut dire que les Trade-Unions ont opposé une sorte de « barrière efficace » à la prédominance possible de la pression des employeurs ; et, si on

______

(1) On peut se demander jusqu'à quel point on a le droit de « mettre ces paroles dans la bouche » du Trade-Unionisme et de rechercher les principes d'une action inconsciente de tout principe. Mais, si M. et Mᵐᵉ Webb ne l'avaient point fait, *Industrial Democracy* n'aurait jamais été écrit, car cet ouvrage repose tout entier sur cette base que les Trade-Unions ont « édifié mieux qu'elles ne le savaient elles-mêmes » et il reste encore à savoir dans quelle mesure les Trade-Unions accepteront cette interprétation. Dans le cas présent, il est assez évident que les Trade-Unions ne sont guidées consciemment par aucun principe, mais qu'elles cherchent à se servir du franc-parler de leurs répondants, simplement pour obtenir par leur marchandage collectif quelque chose de plus qu'elles n'obtiendraient par le marchandage individuel, p. 321.

insistait là-dessus, on dirait probablement que l'accroissement de la richesse nationale garantit une subsistance
meilleure. Mais il n'est pas possible de se rendre compte
de la valeur de cette barrière sans rentrer dans l'argumentation et la méthode générale du Trade-Unionisme.
Nous commencerons par les arguments employés pour
prouver la faiblesse prétendue de la « position straté-
gique » des ouvriers comparée à celle de l'employeur
jusqu'à un certain point.

CHAPITRE XXI

TRADE-UNIONISME : L'IMPUISSANCE DE L'INDIVIDU

On prétend que les employeurs sont eux-mêmes les victimes d'une pression irrésistible qui, de tous côtés, les pousse à la réduction des salaires. D'autre part, l'ouvrier isolé n'a pas derrière lui de réserves qui lui permettent de chercher un autre métier ou de transporter son domicile ailleurs, et il a toujours l'ennemi derrière la porte ; il accepte donc la réduction et celle-ci est contagieuse. Le remède c'est l'action commune dans une même industrie ; les exigences individuelles des ouvriers et des employeurs se neutralisant réciproquement, le contrat de salaire est établi entre un corps de travailleurs et un corps d'employeurs.

Laissant de côté les imputations téméraires dirigées sans réflexion contre les employeurs accusés d'exploiter les besoins urgents des ouvriers, l'argument est que les meilleurs employeurs sont eux-mêmes victimes d'une pression irrésistible (1).

(1) Il est pénible de voir que les ouvriers sont toujours disposés à accuser leurs employeurs — des hommes qu'ils reconnaissent comme honorables dans les autres relations de la vie — d'actes qui, on l'espère, leur paraîtraient incroyables venant de leur propre classe ; on a beaucoup de peine à s'imaginer cela quand on n'a pas passé dans les cercles de Trade-Unions. Je ne parle pas du paiement de salaires trop peu élevés, mais d'accusations, comme, par exemple, de manque de parole, de mauvaise foi évidente, d'usage de faux poids et de fausses mesures dans l'évaluation du travail de l'ouvrier, etc.

Comme nous l'avons vu, ils subissent la pression du public et en exercent une les uns sur les autres, le dernier venu d'entre eux étant toujours dans les meilleures conditions. Ainsi il y a toujours des employeurs qui, ayant fait tout ce qu'ils pouvaient pour réduire leurs frais par d'autres moyens, et trouvant que leurs concurrents peuvent vendre à un prix inférieur, estiment raisonnable que leurs ouvriers les aident à faire marcher leur usine en acceptant des salaires plus bas.

Quelle est la position de l'ouvrier pour réagir contre cette pression? Il n'est généralement pas assez fort pour la combattre en quittant sa place. Un homme qui n'a que peu d'argent devant lui n'est pas en situation de perdre son temps et, comme il doit abandonner son métier avant même d'en trouver un autre — car il ne peut chercher un emploi que pendant les heures de travail — il perd nécessairement du temps dans cette recherche. Il n'est pas, non plus, en général, en situation de faire face aux dépenses d'un déménagement pour lui et sa famille, et d'aller demeurer dans une autre localité, et quand on se souvient que, dans les meilleurs temps, la proportion des ouvriers non employés dans les industries organisées est de 3 à 5 %, il est téméraire de supposer qu'il trouvera un autre emploi vacant dans la même localité. Il doit donc toujours faire son calcul pour voir s'il ne lui coûte pas moins de perdre, par exemple, un sh. par semaine, que de se lancer dans des dépenses immédiates qui viendront faire brèche à ses économies.

En outre, si les hommes ne coopèrent pas ensemble, chacun d'eux a pour ennemis ceux qui habitent autour de lui. Un homme y regardera à deux fois avant de quitter son métier, quand il sait que les ouvriers sans ouvrage, qui en ont probablement cherché dans toute la localité, attendent à la porte de l'usine pour le prendre. Dans ces conditions, il est de toute évidence qu'il aimera mieux, s'il agit isolément, se résigner à accepter un salaire plus bas. Mais si les salaires sont réduits dans une usine, l'exemple est suivi par tous les employeurs du district, et les salaires prendront le cours des prix en général ; ils baisseront constamment.

Pour protéger l'ouvrier contre cette pression, la méthode qui s'impose, dit le raisonnement, c'est l'union et l'action commune de tous les ouvriers engagés dans la même industrie. Par cette unité d'action, il s'établit une unité de travail pour le corps des ouvriers dans chaque industrie. Les exigences de chacun d'eux dans un établissement isolé, dans un district isolé, dans un métier isolé, on passe par-dessus. En même temps, on néglige les exigences des employeurs isolés. Le plus riche fournisseur et l'entrepreneur sur le point de faire banqueroute, la firme regorgeant d'ordres divers et celle qui ne fait rien sont placés sur le même pied. Le contrat de salaire est conclu entre une collectivité d'ouvriers et un employeur représentatif, et, dans les meilleures unions, l'interprétation du marché est confiée à des « experts professionnels qui consacrent la totalité de leur temps aux services respectifs de l'association des employeurs et de la Trade-Union » (*Industrial Democracy*, I, p. 193).

CHAPITRE XXII

TRADE-UNIONISME : LE MARCHANDAGE COLLECTIF ET LE TAUX

NORMAL

Le marchandage collectif est un résultat des conditions de la vie
moderne. Il poursuit un grand nombre de buts, dont plusieurs
sont universellement admis. Mais le principal est le maintien
d'un taux fixe ; non pas des salaires égaux mais une proportion égale entre les salaires ; non pas une proportion égale
d'une industrie à une autre, mais une proportion particulière
pour chacune ; non pas un maximum ou une moyenne, mais
un minimum ; et pas un salaire élevé pour le travail médiocre.
Toute l'action des Trade-Unions est subordonnée au marchandage collectif et au maintien du taux fixe. Même la Société
amicale fournit une aide purement accidentelle, et ses fonds
ne sont pas considérés comme sacrés devant une tentative
d'abaisser le taux.

Tout bien considéré, le marchandage est un résultat
des conditions de la vie moderne. Il a pris naissance
avec la rupture du lien personnel qui pouvait exister
quand les ouvriers avaient accès auprès de leurs patrons,
mais qui est devenu impossible dans les énormes usines
et avec l'industrie variée d'aujourd'hui. Etant admis
qu'il devrait y avoir un marché et non une acceptation
pure et simple par l'une des parties des conditions de
l'autre, il est clair que, dans beaucoup d'industries, le
marchandage individuel est presque impossible. Dans
quelques-unes, l'obstacle réside dans l'étendue de l'or-

ganisation ; dans d'autres, c'est le caractère du travail ;
et l'obstacle est absolument insurmontable quand l'employeur est une compagnie. « Ce n'est pas trop dire qu'en
ce qui concerne la vie personnelle des 50.000 employés
de la London and North-Western Railway, les 55.000
actionnaires ordinaires propriétaires de cette vaste entreprise sont encore plus ignorants, plus inaccessibles,
plus irresponsables que les millions de voyageurs qu'ils
transportent (*Industrial Democracy*, II, p. 691). Dans
des industries comme la fabrication des chaussures, par
exemple, où il s'opère constamment de légers changements, même s'il avait un libre accès auprès de son employeur, aucun ouvrier ne peut savoir ce que vaut son
travail. S'il n'y a ni marchandage collectif ni moyen de
l'interpréter, l'ouvrier doit ou s'en rapporter à la bonne
volonté de l'employeur ou faire des conjectures sur la
valeur de ses services. Ici la seule alternative du marchandage collectif semble être un salaire établi par la
coutume. En fait, dans toute industrie où il y a constamment des changements, même si les Trade-Unions
ne s'en mêlent pas, il y a un marchandage collectif ; à
chaque détail nouveau le contre-maître et un groupe
petit ou grand d'ouvriers doivent s'accorder sur un prix
— spécialement s'il s'agit d'un travail aux pièces — et
le marchandage collectif formel n'est autre chose que
l'extension d'un accord auquel on arriverait dans tous
les cas. La prétention, alors, est que, le marchandage
individuel étant impossible, le marchandage collectif
constitue la seule alternative d'accepter les conditions de
l'employeur.

Les différents buts qu'il cherche à atteindre sont nombreux. Ils embrassent les heures où commence et finit
le travail, les arrangements pour les congés, pour les
repas, pour la prise en charge des outils, le paiement

des heures supplémentaires, le tarif du travail aux pièces, l'avis à donner pour les engagements terminés, les questions des extras, de l'apprentissage, etc.

Pour la plupart de ces questions il est évident que les intérêts engagés sont communs à de nombreux groupes d'ouvriers, et ne pourraient raisonnablement en aucun cas être l'objet de négociations entre les employeurs et les individus. Parmi ces objets, au contraire, quelques-uns qui tout d'abord avaient soulevé d'énergiques objections sont aujourd'hui acceptés par tout le monde. Tels sont la limitation et le règlement des heures de travail par la loi.dans le cas des femmes et des enfants, à l'amiable dans le cas des adultes, et les nombreuses dispositions relatives à la sécurité, à la santé, le bien-être. Quand la question est posée sur le Trade-Unionisme considéré comme un tout, il faut porter à son crédit la persévérance avec laquelle, dans le passé, il a lutté pour arracher ces réformes aux dents des intérêts engagés, de l'opposition capitaliste et même de la philanthropie fourvoyée.

Mais l'objet principal du marchandage collectif — la règle pratiquement universelle et indispensable « parmi les Trade-Unions » — c'est l'établissement d'un taux minimum de salaires pour le travail similaire dans certains groupes. Nous devons préciser exactement ce que c'est que ce taux fixe.

1° Ce qu'il est important d'assurer ce n'est pas l'égalité des salaires, mais l'égalité du taux des salaires. Quelquefois, comme dans les plus vastes et les plus puissantes Trade-Unions, notamment celles des Coal-Miners, Cotton Spinners, Cotton Weavers et Boot and Shoe Operatives, ce taux est assuré par des listes bien étudiées de tarif aux pièces, nécessitant d'ordinaire le travail constant d'experts chèrement payés ; quelquefois par un salaire fixe par heure comme pour les Engineers, Carpenters, Stone-Masons, and Bricklayers ; quelquefois par une combinaison des deux comme pour l'United Society of Boilermakers and Iron Shipbuilders, et les Compositeurs d'imprimerie (1). Mais quelle que soit la méthode adoptée, le but poursuivi est l'uniformité du paiement pour un travail égal — « une rémunération identique pour un effort identique ».

2° Le taux n'est pas le même d'une industrie à une autre. « Dans le monde des Trade-Unions aujourd'hui « il n'y a aucune trace d'une tendance à l'égalité des sa- « laires. Les *card room* ouvriers d'une filature de coton « du Lancashire, gagnant de 10 shellings à 20 shellings « par semaine, se mettront sans hésitation en grève « pour aider les filateurs à maintenir un taux normal de « salaire sur les produits combinés de deux sections ga- « gnant en moyenne 40 shellings par semaine ». C'est simplement l'égalité dans chaque métier. Et même cette expression « dans chaque métier » doit être expliquée. C'est, naturellement, un principe chez les Trade-Unions que « métier » signifie la profession tout entière exercée dans le pays ; mais, jusqu'ici, on ne peut pas dire que « le Trade-Unionisme ait fait autre chose que d'assurer un taux normal local... le coût de la vie est sensiblement différent, même les plus puissantes Unions admettent des variations dans les taux locaux ». A Londres,

____

(1) « Ce qu'on cherche, c'est l'uniformité dans le taux. Dans quelques industries, cette uniformité peut être maintenue simplement en insistant sur le salaire fixe par heure. Dans d'autres cas, ce salaire fixe donnerait un résultat diamétralement opposé et, par conséquent, les Trade-Unionistes insistent, avec une égale énergie, pour obtenir le travail aux pièces ». Pour les raisons qui militent dans certaines industries en faveur du salaire fixe par heure et, dans d'autres, pour le travail aux pièces, voir *Industrial Democracy*, I, p. 288.

par exemple, le taux des salaires est ordinairement de 10 0/0 plus élevé qu'en province (1).

3° C'est un minimum, non un maximum. Ainsi partout où l'employeur trouve avantageux de payer à un taux plus élevé, la Trade-Union encourage cordialement cette pratique. Les auteurs de l'*Industrial Democracy* avouent néanmoins que « bien que le taux normal soit un minimum « et non un maximum, la fixation de ce minimum arrive nécessairement à se rapprocher de « l'égalité des taux plus que tout autre système » — et ceci est particulièrement vrai pour le salaire fixe.

Et, ailleurs, ils sont assez naïfs pour reconnaître qu' « une catégorie nombreuse de la classe salariée a la

(1) *Ibid.*, I, II, V. L'égalité cherchée est encore plus indéterminée. La question de savoir s'il doit y avoir égalité pour les salaires nominaux ou pour les salaires réels « n'a jamais été posée en principe ». En ce qui regarde les femmes, tandis que « la répugnance irritée avec laquelle l'ouvrier moyen envisage l'idée des femmes s'introduisant dans l'industrie » est reconnue, la futilité de la prohibition est devenue évidente, et les Trade-Unions ont changé leur fusil d'épaule, demandant que les femmes aussi fussent admises au taux normal. « Mais il est cho- « quant et même cruel, pour la vaste armée des ouvrières, d'in- « troduire dans le monde industriel la fiction de l'égalité des « sexes » et un examen de ce qui se passe chez les tisseurs du Lancashire, « parmi lesquels il n'y a jamais eu de distinction de sexe », montre qu'il s'y produit une séparation réelle quoique non imposée, les besognes lourdes revenant aux hommes, et le travail comparativement léger (payé moins) aux femmes. Là-dessus, M. et Mme Webb fondent l'opinion que, au point de vue où se placent les Trade-Unions, on doit reconnaître franche-ment une classification du travail, chacune des deux catégories ayant son taux normal spécial. « La chose essentielle, c'est qu'il ne doit pas exister une surenchère des individus d'un sexe par des individus de l'autre sexe. Tant que la concurrence sera vir-tuellement confinée pour les hommes et les femmes dans leurs métiers respectifs, le fait que les femmes vendent leur travail à bas prix ne mettra pas en péril le taux normal du salaire des hommes (p. 506). »

conviction enracinée que l'ouvrier consciencieux, laborieux et lent, doit en équité recevoir autant que son voisin plus expéditif et aussi méritant » (*Industrial Democracy*, t. II, v. p. 285).

4° Ce n'est pas une demande d'un salaire élevé pour le travail médiocre. Le taux normal empêche de s'établir un salaire inférieur, mais ce n'est pas parce qu'il exige que l'ouvrier médiocre soit rétribué au-dessus de sa valeur. Il ne réclame nullement que l'ouvrier médiocre soit employé. Mais, s'il l'est, le marchandage collectif demande qu'il soit payé au tarif, sous prétexte qu'il vaut mieux que l'employeur souffre en le payant à plein tarif, que s'il se servait de son incapacité pour faire baisser le tarif de tous les autres (1).

Il y a, à la vérité, une prémisse dans le raisonnement qui a besoin d'être développée. C'est que le travailleur moyen « vaut » le salaire que demande son Union. Beaucoup d'entre nous, probablement, prenant sans y faire attention le point de vue des Trade-Unionistes pour celui de la Trade-Union, ne rendent pas justice à cet argument. Il entre rarement, il est vrai, dans la tête d'un ouvrier que son travail a une valeur comme un outil et seulement comme un outil. Même quand l'évidence éclate, il pense que son travail vaut toujours un salaire. Mais, en dehors de cela, il a été si accoutumé à voir constamment monter les salaires qu'il est fermement persuadé que la valeur du travail croît de plus en

______

(1) Si le travail était assez rare pour que tous les Trade-Unionistes fussent toujours obligés de le demander, ne pourrait-il arriver que quelques hommes fussent payés cher pour un médiocre travail ? A cette question la Trade-Union répond : 1° qu'il y a toujours quelque 3 °/₀ d'ouvriers non employés dans les meilleures Unions ; 2° que, comme ci-dessus, les Unions n'admettent que des hommes déclarant qu'ils *valent* le salaire normal.

plus et il en conclut naturellement qu'en tout temps, il vaut au moins le salaire de son métier.

Mais, sur ce point, la théorie du Trade-Unionisme est assez raisonnable. Elle ne demande pas que les salaires doivent toujours s'élever et jamais baisser (1).

Elle fait profession de prendre à son taux la somme qui, par les employeurs comme pour les ouvriers, est admise comme une rémunération adéquate des services d'un ouvrier moyen dans les circonstances de son métier, et elle n'admet dans ses rangs aucun ouvrier qui soit au-dessous de ce niveau moyen (2).

Ce qui nous empêche de voir que la prémisse supposée est parfaitement juste, c'est seulement la conviction généralement répandue que le principe, adopté par certaines Unions, fait partie du Trade-Unionisme.

Au marchandage collectif et au maintien du taux normal se subordonne toute l'action des Trade-Unions, et, dans leur défense, elle abandonne beaucoup de choses, admirables sous d'autres rapports, sauf qu'elles tendent à isoler les ouvriers les uns des autres. C'est là la raison de la mauvaise mine faite ou de l'hostilité active déclarée aux sociétés amicales du dehors, aux associations pour la maladie ou la sépulture, aux essais de participation,

(1) « Les filateurs de coton, par exemple, dont le gain normal a été déterminé par un accord national exceptionnellement stable, ont, durant les trente dernières années, accepté douze modifications au tarif, cinq au-dessus et sept au-dessous. » (Industrial Democracy, I, p. 286). La prétention populaire des mineurs de charbon, que le prix suive les fluctuations du salaire, n'est pas admise officiellement par les Trade-Unions et ne doit pas l'être.

(2) La question, naturellement, reste de savoir si les ouvriers une fois admis continuent à valoir le salaire normal et si des mesures adéquates sont prises pour expulser les membres devenus incapables.

aux échelles variables, — pour ne rien dire du travail à domicile et du système du petit patron.

Ceci aussi explique, s'il ne la justifie pas, la position particulière dans laquelle se trouve l'assurance mutuelle de la Trade-Union. Une Trade-Union ne peut ester en justice ; elle ne peut entrer comme partie prenante dans aucun contrat légal et synallagmatique ; il en résulte probablement la conséquence, que la Société Amicale, au point de vue de l'actuaire, est aussi mauvaise qu'il est possible de l'être. Elle « ne repose sur aucune base « scientifique ; elle représente de son mieux les conjec- « tures empiriques des membres (1) ». « Elle ne fait pas « profession d'apporter aucune sécurité légale, aucune « garantie certaine contre la destitution, la maladie ou la « vieillesse » ; des hommes qui ont payé leur souscrip- tion toute leur vie, sont exposés, sans recours possible à la loi, à être expulsés ou à perdre tous leurs droits s'ils se retirent volontairement, car il n'y a point de valeurs actuelles à leur rendre ; l'échelle des paiements peut être altérée arbitrairement, les bénéfices peuvent être réduits ou totalement supprimés. D'ailleurs, la totalité des fonds recueillis a une triple destination — la paie des ou- vriers sans travail, la paie des grèves, les secours pour la maladie ou la retraite ; mais ces deux dernières caté- gories (la maladie et la retraite) sont considérées comme nettement secondaires, et plus d'une fois de grandes Trade-Unions ont été réduites à la mendicité la plus

(1) « Aucune Trade-Union n'a délibérément désiré la banque- route ; mais beaucoup d'entre elles ont voté avec persistance pour des tarifs de contributions et des parts de bénéfices d'où résultait inévitablement la banqueroute ». — *Industrial Demo- cracy*, p. 61. Cette erreur de jugement est due quelquefois à des sociétés rivales qui se font concurrence, par exemple parmi les mécaniciens, et se disputent à qui aura le plus d'adhérents.

absolue après avoir épuisé leurs ressources pour les deux premières destinations (*Ibid.* I-II, I, *passim*).

Tout cela est exposé, non par des étrangers, mais par les champions du Trade-Unionisme. A mon sens, on a de la peine à laver « les fonctionnaires éprouvés des Trade-Unions » d'une accusation assez vilaine, quand on insinue que « leur plaidoyer en « faveur des secours aux ma- « lades et de la pension de retraite est motivé par l'aide « qu'il apporte à l'organisation de la classe ouvrière, no- « tamment, l'attrait puissant qu'exerce la perspective « d'être secouru en cas de maladie ou de chômage sur « l'homme jeune qui vient de finir son apprentissage. »

Mais cette politique discutable s'explique, si elle ne s'excuse pas, quand on constate que la fonction de la Société amicale, bien qu'étant la destination primitive de la Trade-Union et jouant un rôle qui lui a valu une approbation assez universelle pour fermer les yeux sur beaucoup de critiques relatives à d'autres abus, est maintenant tout à fait subordonnée à la fonction protectrice. La part dans les bénéfices est « un instrument puissant « pour maintenir la discipline et donner force de loi aux « décisions de la majorité. Si l'expulsion entraîne avec « elle la perte d'espérances intéressantes, comme par « exemple, celle de la retraite, elle devient une pénalité « très sévère. » C'est, en outre, une arme contre l'indé- pendance des branches. « Ainsi l'addition de bénéfices « *de secours* a, dans son ensemble, fait beaucoup pour « consolider et accroître la force des Trade-Unions ».

L'essence véritable de la Société Amicale résulte clai- rement de la provision en cas de chômage. Bien entendu, en soi, c'est une forme d'assurance admirable, bien utile, et il y a lieu de noter qu' « aucune autre organisation, commerciale ou philanthropique, n'a encore réussi à protéger le salarié contre la destitution résultant d'un

défaut d'emploi à donner » — pour cette raison que
« cette paie ne peut pratiquement être accordée que par
« des corps d'ouvriers appartenant au même métier et
« même travaillant dans le même établissement (1) ».
On peut donc difficilement contester que « ce soit la provision en cas de chômage qui prend la place la plus
importante dans les affaires d'assurance mutuelle, ses
limites s'étendant dans beaucoup de cas là où les limites
des autres attributions se restreignent.

Mais cette paie en temps de chômage est employée
presque exclusivement à maintenir le taux normal du
salaire. Elle a pour objet d'empêcher « l'ouvrier d'accep-
« ter des emplois à des conditions qui, au jugement com-
« mun de la Trade-Union, seraient nuisibles à ses inté-
« rêts. » Non seulement on permet à un membre de refuser occupation sur occupation si elles lui sont offertes au-
dessous du taux normal, mais il lui est absolument interdit d'accepter de l'ouvrage autrement qu'à des conditions satisfaisantes pour sa branche. Ainsi « la Société
« Amicale d'une Trade-Union n'est qu'un organe acces-
« soire, strictement subordonné à la fonction principale
« d'assurer aux membre de meilleures conditions de tra-
« vail. Pour obtenir ces conditions, la Trade-Union doit
« être libre, en toute circonstance, d'employer jusqu'à son

____

(1) Ceci fait comprendre la réelle utilité de la fonction de la
Société Amicale. « Les grandes compagnies d'assurance industrielles, avec leurs millions de clients appartenant aux classes
ouvrières, et leur réseau d'agents rémunérés, mais sans un
système de jury, trouvent financièrement impossible d'entre-
prendre même les secours en cas de maladie, et ne laissent
pour rien la provision de chômage. La Prudential Assurance
Company, la plus importante et la mieux administrée de toutes,
avait commencé à le faire, mais elle a dû y renoncer après cinq
ans de pratique en raison de l'impossibilité de déjouer la fraude
(*Industrial Democracy*, p. 101).

« dernier penny dans la lutte... L'insécurité de la subdivi-
« sion Société Amicale est, en fait, inhérente à sa relation
« avec la fonction principale » (*Industrial Democracy*,
II, p. 531 ; *ibid.* I-II, *passim*).

Les auteurs de *Industrial Democracy* semblent avoir
décidé que nous n'accepterions pas le Trade-Unionisme
sans le connaître « même par ses mauvais côtés ».

CHAPITRE XXIII

TRADE-UNIONISME : CE QU'IL DÉSAVOUE

En séparant la pratique des Trade-Unions de la pure théorie du
Trade-Unionisme — chose très nécessaire quand l'opinion publique est aussi irritée — on trouve que ce qui suit est désa-
voué : 1° l'intervention en cas de substitution en général, particulièrement en cas d'introduction de machines et de procédés
perfectionnés ; 2° le droit acquis à toute classe d'exercer une
industrie spéciale ; 3° l'insistance sur l'apprentissage et la
limitation du nombre des apprentis ; 4° l'opposition au travail aux pièces ; 5° le travail maximum ; 6° le picketing ;
7° l'intervention dans la direction.

Avant d'arriver à la discussion des restrictions que le
Trade-Unionisme apporte à l'activité de l'employeur, il
sera bon de débarrasser le débat de certaines restrictions
qu'à tort ou à raison certaines Trade-Unions particulières
sont chargées d'imposer.

La dernière moitié du siècle qui vient de s'écouler a
vu s'opérer un grand changement dans l'attitude des
économistes, aussi bien que du public, à l'égard du
Trade-Unionisme. L'hostilité active des employeurs a
fait place à une endurance au moins passive. En même
temps, de la suspicion les économistes ont passé à une
apologie à moitié sincère. Tous les hommes maintenant
voient le bien à la racine de ce qu'ils considéraient
comme le mal. Il est reconnu qu'il doit y avoir des
Trade-Unions. Il est dit même, et par des employeurs

qui ne les aiment pas : « mieux vaut une Union forte qu'une faible ».

Mais si cette attitude tolérante ne doit pas se convertir en une dénonciation passionnée, ce sera seulement grâce à la distinction très nette entre la théorie pure et la pratique, les accidents et les abus, exactement comme nous distinguons entre le christianisme et la pratique des chrétiens. Il est évident que, pour le moment (1897), l'opinion éclairée est extrêmement irritée contre les Unions. Leur refus grossier de considérer la concurrence étrangère comme autre chose qu'un prétexte imaginé par les employeurs ; la paralysie incessante des grandes industries à un moment où notre pays a encore des chances de reprendre son rang parmi les nations en voie de progrès — telles sont des circonstances inquiétantes pour une politique étrangère qui tend à élever le pavillon britannique au-dessus des nations anciennes et nouvelles, et pour une économie nationale qui ouvre les ports anglais et provoque la concurrence de tout autre pays. Quant à une intervention arrogante dans d'importantes questions d'administration et plus irritante encore dans des détails insignifiants, le public qui en souffre depuis longtemps désire savoir si cette ingérance fait ou non partie du système. Si les faits se produisent sans l'approbation du Trade-Unionisme officiel, on soupçonne qu'il en a cependant connaissance, et on commence à se demander comment le Trade-Unionisme officiel ne se prend pas au sérieux et ne proteste pas contre. Un peu plus, et, très sérieusement et très honnêtement, on tenterait de « ruiner les Unions », tentative suivie, bien entendu, de leur part d'une résolution de revanche — une Alsace-Lorraine économique qui pourrait coûter cher.

Dans *Industrial Democracy* (par Sydney et Béatrice

Webb, London : Longman, Green and C°), néanmoins nous trouvons, formulée par deux économistes, la pensée inavouée des hommes auxquels leur position interdit de juger dans leur propre cause, et nous pouvons accepter le désaveu suivant comme officiel :

1° Le Trade-Unionisme fait profession de ne pas intervenir dans l'action de l'employeur cherchant à substituer un facteur à un autre. Il ne s'oppose pas à la substitution de la machine au travail humain, ni à une combinaison particulière des facteurs dans l'organisation, ni à la substitution d'un certain nombre de membres d'un groupe ouvrier à un nombre correspondant de membres d'un autre groupe. Il ne s'oppose pas non plus à la substitution d'un membre à un autre dans le même groupe, pourvu qu'aucun des deux ne soit payé au-dessous du taux normal. Il se borne à établir un salaire minimum pour le groupe et à interdire la substitution d'un membre à autre dans le même groupe à un salaire inférieur.

En fait l'introduction de nouveaux procédés ou de nouvelles machines, non seulement n'est pas découragée par la politique actuelle des Trade-Unions, mais fait partie de leur rôle ; elles affirment même que la limitation de l'offre de travail par le moyen du taux normal est une énergique impulsion donnée à l'employeur pour substituer la machine aux hommes (1). Rien ne peut être

____

(1) « Le fait est que le Trade-Unionisme a modifié son attitude sur cette question..... La résistance aux machines ne « rentre plus dans la procédure du Trade-Unionisme anglais... « Et cette modification a été si loin qu'il y a maintenant des « difficultés causées par la pression exercée par les Trade-Unions « sur des employeurs à l'ancienne manière pour les forcer à « adopter les plus récentes inventions. » *Industrial Democracy*, II, p. 393-95.

plus satisfaisant que la franche déclaration suivante :
« Des ouvriers réfléchis, dans les industries principales,
« ont acquis la conviction par leur propre expérience,
« non moins que par les arguments répétés des écono-
« mistes, qu'une élévation dans le niveau des salaires et
« d'autres conditions d'emploi doit dépendre en dernière
« analyse de la productivité du travail, et, par conséquent,
« de l'usage le plus efficace et le plus économique du
« crédit, du capital et de la capacité... Si quelques-unes
« des méthodes et des règles adoptées par le Trade-Unio-
« nisme conduisent à choisir des facteurs de production
« moins efficaces que d'autres, cette partie du Trade-
« Unionisme, quelque avantageux qu'elle puisse paraître
« à l'égard de certaines sections ouvrières, doit être con-
« damnée. » (*Industrial Democracy*, II, p. p. 548, 702).

2° Le droit à un métier ou l'intérêt engagé dans un
métier, fondé sur des lignes de démarcations encombran-
tes et arbitraires entre des occupations peu différentes
et où des « triviales disputes » dégénéraient quelquefois
en guerres industrielles de première grandeur, est abandonné comme une « théorie surannée » (1).

3° La restriction des nombres, en insistant sur les
qualifications de l'apprentissage, en limitant le nombre
des apprentis, est qualifiée de « antidémocratique dans
« son but, antiscientifique dans ses méthodes éducation-
« nelles et fondamentalement vicieuse sous le rapport
« financier (2) ».

(1) II, p. 527 : « Dans les communautés civilisées de notre
temps, les circonstances sont si complexes et si perpétuellement
variables que l'esprit de l'homme ne peut définir le « droit à
un métier » sans arriver à émettre les absurdités les plus pal-
pables. » II, p. 516.

(2) *Industrial Democracy*, I, p. 481. Contrairement à l'opinion
commune « le règlement de l'apprentissage est si loin de jouer
« un rôle nécessaire dans le Trade-Unionisme, qu'une majorité

4° L'opposition au travail aux pièces n'est pas caractéristique du Trade-Unionisme dans son ensemble. En fait, il est volontiers accepté ou positivement demandé par la majorité des Trade-Unions, et cette majorité comprend les plus nombreuses et les plus puissantes parmi elles. Dans les métiers où le travail aux pièces est repoussé, c'est en vertu des mêmes raisons que, dans d'autres, les salaires fixes : c'est quand l'un ou l'autre des systèmes paraît incompatible avec le contrat collectif et le taux normal (*Industrial Democracy*, I, p.p. 288, 303).

5° La fixation occasionnelle d'un travail maximum pour le taux normal est expliquée comme une mesure défensive prise contre la pratique, usitée dans certaines industries à salaire fixe, de choisir certains ouvriers pour en faire des « chevaux de trompette », c'est-à-dire pour travailler à une vitesse exceptionnelle, de manière à forcer les autres à hâter le pas. Et tandis que ceci n'est pas condamné dans certains cas, on signale qu'il peut être « aisé de travailler ainsi en fraude sur l'employeur » (1).

« positive de Trade-Unionistes d'aujourd'hui appartiennent à « des occupations où il n'a jamais existé l'ombre d'un appren-« tissage. » Les 3/5 ou 900 000 membres des Trade-Unions ne restreignent en aucune manière l'apprentissage ou l'introduction de nouveau-venus dans le métier : 500 000, nominalement, posent des règles d'apprentissage, mais, en pratique, laissent leurs industries ouvertes : 90 000 seulement aujourd'hui exécutent les règlements d'apprentissage.

(1) Il a contracté pour le travail dont il a besoin à un taux global dans l'hypothèse qu'il recevrait une moyenne normale de travail. Dans le groupe des ouvriers, il y en aura, naturellement, travaillant à vitesse moyenne concurremment avec un plus petit nombre travaillant plus vite ou moins vite. Tous les règlements qui tendent à diminuer le nombre de ceux qui travaillent vite abaissent nécessairement la moyenne de l'ensemble sur laquelle, par hypothèse, le marché collectif a été conclu (*Ibid.*, I, p. 306).

En même temps le principe d'aller lentement est représenté comme une adultération du travail qui peut facilement conduire à la ruine finale du caractère personnel (1).

6° Les piquets (*picketing*) qui passent si facilement d'une « surveillance légale sur un point simplement pour obtenir ou communiquer un renseignement, et, par une inquisition » à l'état d'intimidation violente, sont, non pas un caractère du Trade-Unionisme, mais une preuve de son imperfection (2).

7° Enfin, l'ingérance dans l'administration, qui a joué un si grand rôle pour les employeurs dans le *lock out* de 1897, a été énergiquement repoussée par des branches individuelles, et désavouée dans des manifestes officiels. Elle doit donc être ajoutée à ce que le Trade-Unionisme désavoue.

Je répète que tous ces désaveux figurent dans les pages de ce qu'on a salué comme l'Evangile du Trade-Unionisme. Beaucoup d'entre nous, sans doute, se sont frotté les yeux en les lisant, et quelques-uns, avant de

(1) La pratique des sous-traitants cherchant à « activer le travail » la pression constante exercée sur un homme pour l'obliger à travailler à toute vitesse, détruira promptement la santé de l'ouvrier et appauvrira la nation en amenant la vieillesse prématurément. D'autre part, la fainéantise systématique détruira le caractère et l'habileté de l'ouvrier même le plus énergique. En altérant le produit, vous altérez l'homme. — *Ibid.*, p. 308.

(2) *Industrial Democracy*, p. 857 : « Les plus puissantes Unions d'aujourd'hui, les plus exigeantes à l'égard des employeurs, ont complètement abandonné le système du piquet avec ses ennuis inévitables et sa facilité à devenir une cause de troubles pour l'ordre public. Dans la grande grève de cinq mois des filateurs de coton en 1893, et dans la cessation gigantesque du travail des mines en 1894, il n'y a point eu de piquets et le besoin ne s'en est pas fait sentir. « Cela ne vaut ni les risques, ni les violations de l'ordre public, ni les dépenses que cela entraîne, » écrit un des meneurs officiels des Trade-Unions.

les tenir pour officiels, auront besoin de voir, dans la pratique future du Trade-Unionisme, si les désaveux eux-mêmes ne sont pas désavoués.

Mais, en présence de ces affirmations, il serait manifestement injuste de parler d'un de ces sept abus comme faisant partie de ce qu'on appelle la politique du Trade-Unionisme.

CHAPITRE XXIV

Si l'établissement du taux normal est l'objet essentiel du Trade-
Unionisme, la restriction est-elle si sérieuse ? Ne donne-t-elle
pas une prime au plus habile employeur ? Mais, pour cette
même raison, nous devons rechercher si l'influence des Trade-
Unions sur les salaires a été très grande. Est-il possible
qu'elles les aient empêchés de tomber jusqu'au point de subsistance ? Les industries exercées « à domicile », à la vérité,
donnent lieu à une objection *à priori* sur ce point. Mais ce ne
sont pas des industries manufacturières et, en outre, l'argument tiré des industries exercées par les femmes est faible.
Supposons néanmoins que nous le considérions comme fort ;
en tout cas, il néglige la « demande de prix » par l'ouvrier et
le recours à l'histoire et aux faits ne vient pas le corroborer.

Après les désaveux qui précèdent, nous arrivons à la
conclusion que la raison d'être du Trade-Unionisme
c'est le maintien du taux normal garanti par le marchandage collectif. C'est la réunion des ouvriers individuels,
avec leurs intérêts individuels, en groupes d'ouvriers
ayant chacun un intérêt unique. Ces groupes sont plus
ou moins grands suivant l'extension de la politique de
solidarité, mais le groupe qui tend à se former c'est le
métier. Chaque métier, au moins à l'intérieur d'un
district, tend à avoir et à maintenir un taux normal de
salaires.

Par cette méthode de marchandage collectif et de taux normal, on a prétendu que l'employeur est mis dans l'impossibilité, d'un côté, de tirer avantage de la concurrence de l'homme affamé et, d'autre part, d'abuser de l'habileté exceptionnelle d'un ouvrier pour abaisser le salaire des autres. « L'homme affamé accepte le même tarif aux pièces que l'ouvrier qui pourrait se réserver ses gains habituels. L'artisan d'habileté supérieure conserve tous ses avantages sur ses compagnons, mais il n'est pas permis que sa supériorité devienne un moyen d'abaisser le salaire hebdomadaire de l'artisan ordinaire. En même temps « l'employeur doué d'un talent supérieur pour les affaires ou d'une habileté technique plus grande, la firme ayant le meilleur outillage conservent, à ce que l'on soutient, chaque fraction de leurs avantages sur leurs concurrents » (*Industrial Democracy*, I, pp. 174, 175).

Quand nous arrivons alors à la question qui nous occupe, et que nous nous demandons quel effet cette politique a eu sur la distribution du revenu, nous avons à chercher son action directe dans les restrictions qu'elle apporte à la libre activité de l'employeur payeur en chef. Incontestablement, il y a un obstacle « artificiel » opposé à la pression exercée sur et par l'employeur (1). Cet obstacle l'empêche d'acheter le travail d'un métier ou d'un groupe au-dessous d'un certain prix. L'employeur peut opposer le travail au capital comme des facteurs rivaux, ou les hommes d'un métier aux les ouvriers d'un autre, ou des ouvriers d'élite à des ouvriers moyens dans le même métier, et payer cha-

---

(1) « Artificiel », par rapport à l'obstacle économique naturel que le caractère indispensable du facteur-travail opposerait à la demande de l'employeur.

cun d'eux suivant la valeur qu'il leur attribue ; mais il ne peut offrir moins que le taux normal d'un métier déterminé à tout homme exerçant ce métier.

J'ai demandé à beaucoup d'employeurs quelles objections ils avaient contre les Trade-Unions. Il est significatif que, presque invariablement, ils retombaient sur les actes que M. et Mme Webb affirment être des erreurs, des accidents ou des abus du Trade-Unionisme et que l'objection la moins fréquente peut-être portait sur le taux normal des salaires.

En tant que le Trade-Unionisme leur donne un travail moyen au taux du salaire normal, et ne les empêche pas d'obtenir un travail meilleur ou plus considérable pour un salaire plus élevé, la restriction est à peine sensible pour les gros employeurs. Ce point a été mis à l'arrière-plan par quelques esprits trop réfractaires à toute restriction. Comme il y a des gens qui protestent d'une façon académique même contre les Factory Acts — non parce qu'ils en désirent l'abolition mais parce qu'ils sont péniblement affectés par une restriction à la liberté sous une forme quelconque — de même il y a des critiques qui parlent comme si une vie d'employeur ne vaut pas la peine d'être vécue s'il n'a pas la permission de payer des salaires inférieurs. Mais c'est placer le raisonnement sur un mauvais terrain et identifier la liberté de la restriction avec un de ses résultats accidentels. Aucun employeur ne désire employer des ouvriers inférieurs, et un petit nombre d'entre eux oseraient avouer qu'ils souhaitent la liberté de donner de faibles salaires à de bons ouvriers.

Plus d'un employeur, à la vérité, désire avoir le droit de conserver de fidèles serviteurs quand ils sont usés et ne valent plus le taux normal, en leur payant, naturellement, un salaire inférieur. Mais ceci est une question de bonté, « non d'affaires » ; et ce n'est pas permis par les Trade-Unions. « Les affaires », d'autre part, veulent qu'on renvoie un homme quand ses cheveux grisonnent ou qu'il a besoin de lunettes, et ceci, les Trade-Unions ne le condamnent pas. Mais aucun de ceux qui combattent le marchandage collectif et le taux normal, et qui valent la peine d'être comptés, n'admet qu'un salaire inférieur soit désirable, soit en lui-même, soit parce qu'il amène aux produits à bon marché.

Loin de là, ce qu'ils prétendent, c'est que le marchandage collectif et le taux normal empêchent les meilleurs ouvriers de recevoir tout ce qu'ils méritent, et, en outre, empêchent le salaire moyen d'être aussi élevé qu'il pourrait l'être (1).

L'objection réelle que je rencontre parmi les employeurs — et elle est formulée avec une grande énergie — c'est que le minimum tend à devenir le salaire usuel, grâce à la crainte jalouse éprouvée par la majorité que

(1) Voir particulièrement les pamphlets incisifs de M. T. S. Cree — *A Criticism of Trade-Unions* et *Evils of Collective Bargaining* : L'argument principal de M. Cree est que le marchandage collectif ne garantit pas un véritable « prix économique » (ou, comme il l'appelle « juste ») du travail, parce qu'il éloigne le seul moyen d'y arriver; « l'extension du marché en beaucoup de transactions, et son universalisation finiraient par créer un terrain d'entente entre le capital et le travail sur la base de leurs forces respectives. Mais il ne dit pas que ce prix économique serait inférieur au prix actuel ; il dit, il est vrai, qu'il serait probablement supérieur et que, à quelque taux que ce fût, le prix du travail en dehors des Unions serait plus élevé. Je crois bon d'accentuer ce point, parce que M. Cree a été exposé à une hostilité considérable sur la supposition — dont sa qualité d'employeur de travail aurait pu le préserver — qu'un homme qui écrit contre les Trade-Unions doit défendre le capital avec modération. Mais il est vrai que l'économiste qui critique le Trade-Unionisme sans autre but que de le défendre, éprouvera généralement le même sort.

le meilleur travail du meilleur ouvrier ne se reflète trop sur l'ouvrier moyen (1) ce qui agit comme stimulant à l'émulation parmi les gens cultivés, agit en sens inverse sur les gens moins instruits. A ce degré, la politique limite l'activité de l'employeur. Peut-être, néanmoins, le mal vient-il, non du taux normal, mais de l'accumulation et de la solidarité du travail, dont le Trade-Unionisme est le résultat. En cherchant bien, on pourrait trouver que le phénomène est aussi caractérisé dans les grands établissements où le Trade-Unionisme n'a pas accès.

Mais alors, si le Trade-Unionisme ne réclame pas de hauts salaires ou même des salaires quelconques pour le travail médiocre, mais simplement un bon salaire pour un bon travail, son action restrictive, après tout, est-elle si sérieuse ?

Il y a, il est vrai, quelque chose de fondé dans l'argument que la restriction des Trade-Unions donne une prime au fort employeur. Une fois débarrassés de l'idée que la principale économie de l'employeur consiste dans l'abaissement des salaires, une fois convaincus qu'elle réside beaucoup plus dans la combinaison des facteurs

(1) Les employeurs ne sont-ils pas en train de trop demander quand ils espèrent qu'un salaire élevé est suffisant pour faire qu'un homme travaille jusqu'à la limite de sa propre capacité ? N'y a-t-il pas dans les classes cultivées des gens qui se contentent d'un faible revenu et d'une vie facile ? Et quelque énergiques ouvriers que soient les hommes adonnés aux professions libérales, travailleront-ils tous les jours à haute pression entre 6 heures du matin et 5 heures du soir ? Tant que le travail journalier est mécanique et ne fait appel à aucune des qualités supérieures de l'être humain, j'avoue que je n'aime pas à voir un ouvrier, obligé par la crainte de perdre sa place, ou par l'appât d'un salaire plus élevé, s'épuiser tellement à gagner sa journée qu'il ne lui reste plus d'énergie pour faire après quoi que ce soit de « divin ».

appropriés, dans l'importance des résultats obtenus, les procédés les plus perfectionnés et souvent les plus dispendieux, et dans une large production, la chose devient assez claire. Pour un employeur de ce genre, il y a un avantage très réel en ce qu'il est garanti à son tour à l'égard de ceux de ses concurrents qui abaisseraient les salaires. Par cette considération, la condition de payer au taux normal ne paraît pas une restriction bien rigoureuse.

Par contre, il y a beaucoup de vrai dans l'argument —·bien que, naturellement, il prête à la réponse de « la paille et la poutre » — que les employeurs subissent des restrictions beaucoup plus dures et que, tout de même, ils ne trouvent pas qu'elles viennent atténuer leurs propres profits ou les avantages nationaux. La provision pour la ventilation, l'espace cubique, le degré d'humidité ou de température, la fourniture d'eau, les convenances sanitaires, les règlements pour l'arrêt, pour le nettoyage et la réparation des machines, des dispositions spéciales dans les industries dangereuses, pour ne rien dire des Employers'-Liability and Workmen's Compensation Acts — on peut supposer que tout cela leur crée déjà un désavantage par rapport à leurs compétiteurs étrangers. Mais on trouve que ces restrictions agissent dans le même sens que le taux normal ; c'est-à-dire qu'elles stimulent le fort employeur et nuisent seulement à l'employeur qui n'a ni l'intelligence ni les moyens de faire de grosses économies — c'est-à-dire à celui qui mérite moins soit de l'ouvrier, soit de la communauté (1).

(1) Dans une fabrique de confitures à Londres, les jeunes filles se demandent encore pourquoi le gouvernement forcerait leur employeur de pourvoir à des convenances sanitaires coûteuses et lui permettrait de leur payer des salaires tout à fait insuffisants pour leur subsistance et le maintien de leur santé... Si le colonel Dyer et M. Livesey pouvaient, pour un moment, se débarrasser de

Mais, précisément parce que cette restriction exerce une action si limitée, on commence à soupçonner que le Trade-Unionisme a agi, quoi qu'en disent ses avocats professionnels, exactement comme le médecin qui nous affirme que, s'il n'avait pas été appelé juste au bon moment, le patient n'aurait plus eu à attendre aucun secours humain.

Les Unions déclarent qu'elles ont gagné pour l'ouvrier tout l'avantage qu'il a maintenant par rapport à ce qu'il avait dans le cruel ancien temps, quand les coalitions étaient encore illégales. Elles ne se bornent pas à affirmer que les salaires en numéraire n'auraient pas monté — ce qui pourrait avoir été compatible avec une hausse réelle due à l'abaissement des prix des produits ; elles affirment qu'ils auraient baissé jusqu'au point de subsistance, et par là nous devons entendre non seulement des salaires inférieurs en numéraire, mais un salaire assez bas pour qu'en dépit du bon marché des produits, il soit insuffisant pour acheter plus qu'il n'en faut pour conserver le corps et l'âme (1). Les arguments in-

leur horreur métaphysique pour tout règlement de salaires, ils admettraient que les dispositions étudiées du Factory Act en ce qui concerne la santé et la sécurité, ainsi que toute limitation des heures de travail, constituent un beaucoup plus grand embarras pour la libre administration de l'affaire, au point de vue où ils se placent, qu'un minimum national de salaires pour le degré inférieur du travail » (*Industrial Democracy*, I, p. 361 ; II, p. 777).

(1) « Où il n'existe aucune combinaison d'aucun genre, la faiblesse du salarié individuel, hors d'état, faute de réserves, de discuter le prix de son travail, le force à accepter les conditions les plus désavantageuses... S'il refuse les conditions du contremaître, même pour un jour, il perd irrévocablement la subsistance de tout un jour. S'il n'a absolument d'autres ressources que son travail, la faim l'oblige à plier les genoux dès le lendemain. Même s'il a une petite épargne ou un couple de chambres meublées, lui et sa famille ne peuvent exister qu'à la condition de vendre immédiatement leurs meubles pour éviter le malheur

voqués sont l'ignorance de l'ouvrier isolé, son défaut de ressources en réserve, la nature périssable des produits de son travail qu'il a à vendre, sa maladresse à marchander, la facilité qu'on a à l'opposer à ses compagnons, l'indétermination du contrat sur tous les points autres que le salaire nominal (1).

Il y a une catégorie d'industries qui, malheureusement, donne lieu à cette prétention ; c'est ce qu'on appelle les « sweated industries », où des magasins donnent à des femmes du travail qui doit être fait à domicile. Embauchant des personnes extrêmement pauvres, spéculant sur leur ignorance du taux des salaires payés aux autres, exploitant leur crainte d'être laissées sans emploi, les employeurs peuvent, s'ils veulent profiter de leurs avantages, réduire les salaires au-dessous du niveau nécessaire pour soutenir strictement la vie. Il ne semble pas douteux que, pour ces industries, il n'y a pas de niveau établi pour les salaires (2), et elles four-

ou la destruction de leur intérieur. Tôt ou tard, il doit souscrire aux conditions qu'on lui fait, sous peine de mourir de faim ou d'aller au Workhouse » (*Industrial Democracy*, II, p. 656).

(1) Ces arguments ont été présentés de la manière la plus forte dans le chapitre intitulé « marchandage », (*ibid.*, II, p. 654).

(2) Dans un rapport remarquable sur le travail des femmes à domicile : *Home Work among Women ; I. Finisseuses de chemises, Faiseuses de chemises et métiers similaires*, présenté et imprimé par les soins du Conseil des métiers féminins de Glascow par un écrivain très informé, Mlle Margaret Irwin, on lit ce qui suit : « Comme dans la plupart des industries exercées par des femmes, il n'y a aucun tarif uniforme pour le paiement d'un même travail. Un magasin peut payer 1 s. 8 d. pour faire la douzaine de tabliers ; un autre 10 d. la douzaine, les deux demandant quatorze heures de travail par jour. Des blouses payées 2 sh. 6 d. la douzaine par une maison sont payées 1 sh. la douzaine par une autre, quoique le temps soit le même dans les deux cas. Quelques maisons libérales donneront 2 sh. pour faire certains

nissent un argument très fort à ceux qui prétendent que c'est tromper les intentions des Factory Acts, et qu'en bonne justice on doit mettre un terme à cette exploitation. En général, les ouvrières soutiennent une lutte absolument sans espoir contre les machines et le travail organisé. Si des faiseuses de chemises travaillant à l'aiguille veulent lutter avec des fabriques de chemises, c'est la vieille histoire du tisseur à la main contre le métier mécanique. Dans des circonstances pareilles le meilleur employeur ne pourrait pas donner des salaires plus élevés qu'il ne le fait s'il donne au dehors du travail à domicile, et il ne semble pas qu'il y ait beaucoup de raisons pour rejeter le blâme sur eux. Probablement il n'y

vêtements que d'autres paieront 1 sh. et 1 sh. 6 d. Par contre, une maison paiera 2 sh. ce qu'une autre paiera 2 sh. 7 d. Sans doute ce système, ou plutôt cette absence de système conduit lui-même à une concurrence entre les employeurs d'une part et les ouvrières d'autre part avec des résultats désastreux pour tous les deux. Les firmes rivales en concurrence continuent à enchérir les unes sur les autres en contractant à des taux de plus en plus bas, et, dans des cas trop nombreux, il est à craindre que la tentation de se rattraper par des réductions de salaires ne soit irrésistible. D'autre part, les ouvrières n'étant pas organisées entre elles pour fixer et maintenir un taux uniforme, sont obligées d'accepter les réductions qui leur sont imposées par des employeurs peu scrupuleux et nécessiteux jusqu'à ce que, comme il arrive trop souvent, les salaires tombent au-dessous du « niveau de famine » et doivent être complétés par la charité publique ou privée. Une fabrique dans l'Ouest de l'Ecosse était poursuivie, il y a quelque temps ; l'employeur, pour se justifier de faire travailler ses employées pendant plus de temps que ne le permettait la loi, allégua que la plupart de ses ouvrières recevaient des secours de la paroisse et avaient besoin d'heures supplémentaires pour compléter leur salaire. » Cette *réduction à l'absurde* des salaires bas rappelle la remarque de Miss Collet dans le premier volume de M. Booth : « beaucoup de femmes, j'en suis convaincue, ne prennent de l'ouvrage que pour avoir l'air d'exercer un métier, et se donner ainsi un titre à recevoir l'aumône. »

en a parmi eux qu'un petit nombre qui ne seraient pas satisfaits si ce genre de travail devenait impossible (1).

Mais certainement la réponse péremptoire qui se présente est celle-ci : ce n'est pas là une industrie manufacturière, mais c'est la fin d'une lutte sans espoir contre cette industrie ; dans l'industrie manufacturière, il n'existe pas la possibilité, ici dominante, d'attaquer en détail les ouvrières dont la situation malheureuse est connue, et qui n'ont rien de la solidarité impliquée par le travail enrégimenté.

En fait, tout argument tiré des industries exercées par les femmes a peu de valeur quand on l'étend au-delà de cette sphère. Comme on l'a bien compris maintenant, jusqu'ici au moins, les industries des femmes ont été tenues à l'écart des industries des hommes, à l'état de groupes non concurrents. Le champ, en lui-même, est limité. Pour beaucoup de raisons que j'ai développées ailleurs (*Studies in Economics*, Women Wages, p. 107), les femmes sont particulièrement inaptes à se défendre et, comparées aux hommes d'une manière générale, peuvent même, dans beaucoup de cas, présenter sur eux une infériorité sans remède. Donc en ce qui concerne leurs industries, j'incline à adopter la proposition qui vient d'être émise ; ou, plutôt à dire que là où le niveau du salaire féminin reste au-dessus de ce qu'on peut appeler le minimum physiologique, cela est dû à la coutume et à la pression de l'opinion publique, bien plus qu'à toute autre cause (2).

Mais supposons que nous admettions la vérité de toute cette argumentation *a priori* en ce qui concerne

(1) Voir « les idées d'un employeur », p. 12 du même rapport.

(2) Particulièrement dans les grandes industries féminines, il est évident que le niveau des salaires résulte entièrement de la coutume, et qu'aucun employeur ne songe à l'abaisser.

les industries des hommes et que nous admettions, en outre, que les employeurs se doutent à peine de leur formidable pouvoir d'abaisser les salaires, simplement parce qu'un petit nombre d'entre eux a songé à s'en servir, il y a sûrement un autre côté de la question. C'est que le travail n'est pas un instrument dont on puisse, à volonté, user ou ne pas user, mais un facteur dont la coopération avec le capital est indispensable et, dans beaucoup de cas, un facteur qui ne peut pas être remplacé par un autre, quel qu'il soit.

N'y a-t-il pas quelque chose comme une compétition pour les services de cet instrument? Mais, pour aller plus loin dans cette réponse, il faudrait reprendre dans son ensemble toute notre argumentation, à savoir que les salaires du travail ont été déterminés par et se sont accrus avec l'accroissement du Revenu national, et qu'on en doit chercher l'explication dans le fait qu'ils sont un prix de demande et non, comme le supposent les Trade-Unions, un prix d'offre.

Comment, alors, les Trade-Unions peuvent-elles justifier l'extrême prétention que, sans elles, les salaires se seraient maintenus au niveau de subsistance ? Feront-elles appel à l'histoire ? L'histoire nous parle bien d'un temps où les salaires étaient au niveau de famine, mais c'était en France au dernier siècle et pour des raisons politiques beaucoup plutôt qu'économiques. Il est plus naturel de s'en référer aux premières années du xix° siècle, quand le capital commençait à croître, mais que le travail était encore abondant, aucune restriction n'étant apportée au nombre d'heures de travail des hommes, des femmes, ou même des enfants. Entre la pression exercée par en haut par les employeurs et par en bas par l'abondance du travail, les salaires, comme écrasés entre deux meules, se maintenaient assez bas, bien qu'il ne semble pas historiquement exact de dire qu'ils restaient au niveau de subsistance.

Mais la situation fut changée de fond en comble, quand le flux croissant de la richesse dépassa de beaucoup le flux de la population, et quand le plus distingué de nos jeunes statisticiens put soutenir que la simple continuation des changements survenus entre 1875 et 1895 pourrait permettre l'accroissement de la population, pour l'Angleterre et le pays de Galles, de continuer jusque vers le milieu du xxᵉ siècle (M. Edwin Cannan, *Economic Journal*, 1895). Pourquoi en appeler à une époque où les conditions étaient essentiellement différentes, et ignorer l'histoire des trente dernières années ?

La conclusion semble être que, sous ce rapport, le Trade-Unionisme doit rabaisser beaucoup ses prétentions. Si l'on admet que la restriction imposée par le taux normal à l'employeur est, après tout, si faible et, sur tant de points, affecte si peu le fort employeur, il lui faut, pour sa défense, chercher un terrain autre que l'effet de la soi-disant pression exercée sur les employeurs pour les obliger à payer, malgré eux, des salaires élevés et croissants.

CHAPITRE XXV

TRADE-UNIONISME : SON ACTION INDIRECTE SUR LES SALAIRES

Spécialement en raison du caractère international de l'industrie, nous devons nous demander si le Trade-Unionisme peut avec raison être regardé comme accroissant la puissance productrice permanente de la communauté. Peut-être le meilleur service qu'il rend, est-ce l'élimination de la personne qui est exposée à la tentation de payer des salaires peu élevés, du petit employeur. Car les salaires inférieurs présentent un double danger : ils tendent non seulement à donner un travail inefficace dans le présent, mais aussi à affaiblir la race. A peine moins importante est la prime qu'elle donne au bon ouvrier, excluant des bénéfices des Trade-Unions ceux qui n'arrivent pas à mériter le taux normal. Ainsi, indirectement, l'influence du Trade-Unionisme peut être considérable.

« L'Économiste et l'homme d'Etat jugeront le Trade-Unionisme, non par les résultats qu'il obtient en améliorant la situation d'un groupe particulier d'ouvriers à un moment donné, mais par l'action qu'il exerce sur la puissance productive permanente d'une nation ». (*Industrial Democracy*, II, p. 702).

Pour beaucoup de gens, la défense du Trade-Unionisme n'a pas un intérêt prépondérant. Il est tout à fait évident qu'il est dans la place et qu'il y reste. C'est analogue à ce qui se passe dans les classes industrielles : la concurrence individuelle a ses limites ; l'instinct de chaque individu est de se construire un petit rempart à lui contre la concurrence (1) ; cette combinaison est aussi caractéristique du xix° siècle que la concurrence. Il était inévitable que le Trade-Unionisme s'affirmât lui-même quand l'ordre nouveau a aboli ce qui rendait supportable l'ordre ancien — le lien personnel. Dans les anciens temps l'ouvrier pouvait en appeler à la raison ou à l'humanité de l'employeur. Mais le lien personnel existe peu dans le dernier stade de l'industrie, les compagnies anonymes, ou, s'il existe, c'est à l'état de souvenir. Nous pourrions tout aussi bien argumenter contre le progrès de la démocratie dont le Trade-Unionisme, en vérité, est un phénomène et un incident. L'ancien ordre de choses change, et tout ce que chaque homme sage cherche à découvrir, c'est l'incorporation dans le nouvel ordre de ce qu'il y avait de bon dans l'ancien.

Tout de même, il y a un point sur lequel il est important de reconnaître la vraie position du Trade-Unionisme : c'est en ce qui regarde la concurrence étrangère. L'Anglais qui réfléchit peut à bon droit s'effrayer des difficultés de la tâche que ce pays de libre-échange a assumée. Notre industrie, avec ses salaires élevés, rencontre deux concurrences distinctes et formidables. L'une est la concurrence de pays similaires ayant autant de capitaux que nous, des ouvriers aussi bons que les nôtres. L'autre est la concurrence de pays neufs où le travail se paie en autant de pennys que le nôtre prend de shellings, où il n'y a point de Factory Acts pour restreindre les heures, et où l'industrie est soutenue par des capitaux anglais,

---

(1) Le lecteur est prié de se reporter aux passages admirables où M. et Mme Webb exposent en détail les divers remparts élevés par les propriétaires, les classes cultivées, les légistes, professeurs, etc., pour la défense de leurs intérêts respectifs. *Industrial Democracy*, II, p. 566.

administrée par des cerveaux anglais. En face de ces deux sortes de rivalités, la première idée de nos employeurs est de lutter avec leurs concurrents avec leurs propres armes, et de réduire les salaires.

Le Trade-Unionisme, bien entendu, s'attribue l'honneur d'empêcher cela. S'il examine la question tout à fait à part de ses propres intérêts immédiats, il cite Sir Robert Giffen disant « que le travail et le capital engagés dans l'industrie étrangère n'est qu'une fraction de notre industrie totale. L'Angleterre pourrait encore être une nation grande et prospère, même si cette fraction disparaissait en entier » (*Essays in Finance*, p. 146). Mais ceci ne satisfait pas ceux qui craignent, non seulement pour notre commerce extérieur, mais pour notre marché intérieur, et qui regardent d'un œil plutôt favorable la politique protectionniste des pays comme l'Amérique, seulement parce qu'ils savent que, si ces pays adoptaient le libre-échange, notre marché intérieur lui-même courrait quelque danger. D'autre part, on peut très bien admettre que toute réduction générale des salaires, fondée sur l'impossibilité de lutter avec d'autres contrées, conduirait la majorité électorale à suivre leur exemple et à s'efforcer de maintenir par la protection les salaires élevés.

C'est principalement dans cette vue que nous devons relever le défi qui est en tête de ce chapitre et nous demander si le Trade-Unionisme peut équitablement être regardé comme développant la puissance productrice du travail. Car s'il le fait, il a une action indirecte efficace sur les salaires, et nous n'avons que peu à redouter de la concurrence étrangère (1). Évidemment, il y a un

(1) « Il est digne de remarque que les industries qui contribuent pour les trois quarts à nos exportations, notamment

point de vue qui consiste à regarder le Trade-Unionisme comme un simple moyen d'élever le niveau du confort, et un tout autre point de vue qui consiste à l'envisager comme un moyen d'accroître la puissance productrice de l'ouvrier.

Nous avons déjà vu que le Trade-Unionisme peut être équitablement considéré comme donnant une prime au fort employeur. Plaçant tous les employeurs sur le même pied pour le taux auquel ils peuvent obtenir le travail, il agit contre l'employeur faible, et place les destinées des classes ouvrières dans les mains de ceux qui sont le plus en état de donner au travail une plus forte part, et le moins tentés de réduire leurs salaires ; il dirige les énergies de ces employeurs vers la réduction des frais par l'introduction des machines, des procédés les plus perfectionnés.

Maintenant on peut se demander si le plus grand service rendu par le Trade-Unionisme à la puissance productrice permanente de la communauté ne consiste pas précisément dans cette tendance à ne laisser subsister que les forts employeurs. Ici le Trade-Unionisme est dur, cruel même. Beaucoup de gens inclinent à penser que l'ouvrier méconnait son propre intérêt quand il ignore la solidarité qui existe entre lui et son patron et n'agit pas dans ce sens au lieu de se grouper avec ses compagnons. C'est le coup de la mort donné aux anciennes relations personnelles et, très souvent aussi, à l'employeur de l'ancien système. Mais ici, encore, il semble que le Trade-Unionisme fait « mieux qu'il ne croyait », en prenant franchement, inconsciemment, l'attitude appropriée au temps. Après tout,

les industries des tissus, de la construction des navires, de la fabrication des machines, des houillères, sont celles où le Trade-Unionisme domine. *Industrial Democracy*, II, p. 760.

l'employeur existe pour les employés — le petit nombre pour le grand — et les employeurs de la dernière génération, quelle que fussent leur générosité et leurs bonnes intentions, renversaient cette relation. Mais ceci reconnu et l'abolition du lien personnel rendant les intérêts des deux parties plus nettement séparables, on a vu que l'employeur faible est un danger pour l'ouvrier et pour la communauté. C'est l'homme qui travaille avec un capital insuffisant, un fonds de roulement trop faible et un outillage moins parfait, ou l'homme qui n'a ni l'intelligence ni les ressources nécessaires pour faire de larges économies, qui, par conséquent, est le plus accessible à la tentation de réduire les salaires. A la vérité, comme nous l'avons vu, beaucoup d'employeurs allégueraient leur faiblesse comme une raison ou une excuse de cette réduction. Il est assez vrai qu'ils ne peuvent pas arriver à payer beaucoup. Mais est-ce à considérer par l'ouvrier? Si le travail est le même, pourquoi le salaire ne serait-il pas le même? Quelle raison y a-t-il pour que l'ouvrier souffre parce que l'employeur est incapable ? Ainsi, bien que le fort employeur ne fût peut-être pas disposé, même sous le Trade-Unionisme, même, s'il était libre, à payer des salaires inférieurs, l'employeur faible le ferait à moins d'en être empêché par l'action de la Trade-Union (1), et nous devons mettre en évidence le fait qui, autrement, pourrait nous échapper, à savoir que les salaires inférieurs sont un danger social entraînant des conséquences économiques s'étendant très loin.

Ce qui endort la conscience de beaucoup de gens au

___

(1) Il est peut-être vrai que ceci ajoute une charge supplémentaire à ceux qui sont sous la coupe de la Trade-Union. Mais celle-ci répondrait probablement que cela tend, après tout, à éliminer les incapables et que l'intérêt permanent de la nation veut que tout ouvrier accepte la protection efficace d'une Trade-Union.

sujet des salaires inférieurs et leur persuade qu'ils n'en-
courent pas de responsabilité en pareille matière c'est,
au pis aller, qu'il y a une certaine compensation entre les
produits bon marché que ces ouvriers trop peu payés
sont censés produire. Mais il y a une chose qui n'est
évidemment pas sujette à compensation. C'est le tort fait
aux enfants. La seule chose bonne dans l'esclavage était
l'intérêt que le maître prenait à l'avenir de ses ouvriers.
Les enfants des esclaves étaient la propriété du maître.
Ils entraient au moins pour une certaine valeur dans
l'actif ; si le propriétaire engageait son capital pour les
former et les entraîner, ce capital n'était pas perdu, car
le jeune esclave pouvait être vendu. L'esclave était dans
la condition des chevaux de travail, et ses fils dans celle
des jeunes poulains. Ainsi si nos employeurs étaient des
propriétaires d'esclaves, ils ne les laisseraient jamais tomber au-dessous du niveau qui assurerait une bonne
santé aux enfants et permettrait aux parents de les élever et de les amener à la même puissance de production
qu'eux-mêmes — pas plus qu'ils n'infligeraient un rude
travail aux bêtes à l'élevage ou qu'ils ne tondraient prématurément leurs agneaux. Mais il n'existe pas une continuité semblable dans la relation entre l'employeur et
son bétail humain. On ne peut demander à l'employeur
le mieux intentionné de s'occuper beaucoup de former
l'enfant d'un ouvrier quand cet enfant est libre d'aller
où il veut. Chez nous, l'avenir de l'enfant est entre les
mains de son père et non entre celles de l'employeur.
L'intérêt de l'enfant est le même que celui du jeune esclave, c'est-à-dire qu'il doit recevoir la subsistance, l'éducation, l'entraînement qui doivent le mettre à même de
travailler aussi efficacement que son père. Mais, ma-
heureusement, le père lui-même a peu d'intérêt à donner
à son fils cette éducation. Il n'en bénéficiera pas plus

que l'employeur lui-même. Ainsi le sacrifice est fait par une personne qui n'en profitera pas et le profit est pour la personne qui ne fait aucun sacrifice. La communauté, il est vrai, veille à ce qui est une question nationale ; mais, cependant, l'avenir de l'enfant est lié au salaire du père. Le salaire peut être suffisant, quoique peu élevé, pour maintenir le père en forme, mais il n'est pas nécessairement suffisant pour assurer l'efficacité du travail jeune d'où dépend l'avenir (1).

Et ce point faible de notre système s'est manifesté dans la première partie du XIX⁰ siècle, quand les enfants, n'étant pas protégés par un fort salaire de leur père, étaient entassés dans les services industriels sans restriction, pour répondre aux exigences croissantes des machines. C'était le temps où Mᵐᵉ Browning écrivait le « *Cri des enfants* » et où Carlyle s'écriait : « Délivrez ces âmes périssantes d'enfants rachitiques et que notre industrie du coton s'arrange comme elle pourra ! (*Past and Present*, IV, III).

A peine moins importante est la prime que la restriction du Trade-Unionisme apporte au bon ouvrier. Quand un employeur est forcé de payer un certain salaire, quel que soit l'homme qu'il choisisse, il aura grand soin naturellement de prendre les gens dont le travail vaudra ce salaire. Et quand les ouvriers, en concurrence pour une situation, sont forcés de refuser un certain minimum, leur meilleure chance d'être choisis c'est

______

(1) C'est une des parties de l'ouvrage de M. et Mᵐᵉ Webb dont l'argumentation est la plus plausible que celle où ils montrent que le fermier anglais a toujours pu maintenir pratiquement son travail au niveau de la pure subsistance et qu'il est libre de travailler autant d'heures qu'il veut ; et qu'en conséquence, et comme châtiment, il ne peut recevoir de ses ouvriers plus que la valeur de leur salaire, en tant qu'il a à compter sur eux et sur les familles qu'ils élèvent. *Industrial Democracy*, II, p. 762.

de montrer qu'ils valent plus que le salaire qu'ils demandent. La concurrence des ouvriers entre eux n'est pas interdite, mais placée à un niveau plus élevé — transférée, en un mot, du prix à la qualité du travail, exactement comme dans le cas des produits où les arrangements ou la coutume empêchent la vente au-dessous d'un certain prix (1). Il est absolument vrai, en général, que les hommes d'une Union sont l'*élite* de leur métier. Plus l'Union est forte, plus, pour un ouvrier, ne pas en faire partie est une présomption d'incapacité. Quoique cette présomption puisse être contestée, il y a quelque chose en général qui milite pour elle c'est qu'une Trade-Union judicieuse ne prendra pas d'hommes qui seraient à charge à la corporation, comme il est sûr qu'ils le seraient si les employeurs les trouvent d'une valeur au-dessous du taux normal ; une Trade-Union, on peut en être sûr, veillera avec assez de soin sur ses propres intérêts.

Ici la défense du Trade-Unionisme c'est qu'il s'est avancé sur les mêmes lignes que l'action individuelle et a tendu à prendre la survivance des ouvriers les plus capables. En même temps, il peut revendiquer le mérite

(1) J'ai été plusieurs années dans une industrie où les prix, les escomptes et les conditions étaient, entre les firmes rivales, fixés à l'amiable à un certain niveau. L'arrangement stipulait que les voyageurs et les agents ne devaient donner « en prime ni argent, ni l'équivalent », une boîte de cigares ou même un dindon à Noël étant comptés comme des infractions à la règle. Et — ce qui n'est guère commun dans toutes les combinaisons — la convention était observée, parce que l'une des firmes était assez riche et assez résolue à punir une infraction par la rupture immédiate de l'arrangement et 30 % de réduction de prix. Tout cela n'empêchait pas une concurrence très ardente entre les firmes, pour la qualité, la belle apparence, l'adaptation aux vœux des consommateurs ; cela n'empêchait pas non plus les marchés d'être entièrement redistribués entre les firmes.

d'avoir atténué quelques-uns des pires inconvénients de
la concurrence individuelle. Il a empêché les employeurs
d'agir avec le travail comme ils le font et comme ils
peuvent le faire sans dommage pour les autres facteurs
— introduisant des changements brusques sans égard
aux personnes directement lésées. Même en admettant
que ceci ait pu retarder jusqu'à un certain point le progrès de la richesse matérielle, on peut soutenir que si
la communauté avait pu être consultée, elle se serait
prononcée pour le progrès moins rapide par la raison
qu'un accroissement de richesse qui sape les fondements
du bien-être est suspect.

Donc, la Trade-Union qui insiste pour que chaque
ouvrier soit traité suivant ses mérites, sans s'occuper des
exigences de l'employeur, tend à maintenir la puissance
productive de l'ouvrier, et ne blesse que l'employeur
qui, à certains égards, pourrait constituer un péril pour
la communauté.

Résumons cette partie de notre sujet. Comme les restrictions que le Trade-Unionisme apporte à la liberté de
l'employeur ne sont pas très sérieuses, son effet direct
sur la répartition du Revenu national n'est pas très grand.
Au moins, il ne fait pas plus que d'assurer par un
rempart artificiel la part qui, avec plus ou moins de
frottement, serait revenue au travail sans lui. Mais, indirectement, son action sur les salaires paraît considérable, en tant qu'elle tend à maintenir la puissance productrice du courant de travail en favorisant le fort
employeur et donnant une prime au bon ouvrier. Cette
conclusion, néanmoins, suppose que nous considérons
un Trade-Unionisme idéal, dégagé de ses accidents, de
ses erreurs, de ses abus.

CHAPITRE XXVI

RENTE

La démonstration classique de Ricardo nous a montré la rente comme une conséquence de la différence de qualité dans les facteurs de l'offre, quand la demande ne pouvait être satisfaite par la qualité la plus productive utilisable et devait sa force à la correspondance avec le caractère de la terre et la demande de substance alimentaire. Nous voyons maintenant que la rente est seulement « une espèce dans un genre très compréhensif » ; qu'il y a des rentes et des quasi-rentes pour tous les facteurs de l'offre. Ici nous avons une importante modification à ce qui précède : c'est que, dans le cas du grand nombre de produits, tandis que les facteurs ordinaires sont payés suivant leurs services, le prix laisse un excédent qui peut être détourné mais non éliminé.

Il y a une question qui, tout le temps, a dû être sur les lèvres du lecteur. Supposons que les tendances que nous avons considérées puissent avoir un libre cours. Supposons que tous les produits et services qui constituent le Revenu national soient exécutés sous la direction d'employeurs et dans le système industriel actuel. Dans ce cas, ce Revenu se composerait de produits à ce qu'on pourrait bien appeler des prix coûtants, le prix de chacun étant une somme de salaires, d'intérêts, de profits évalués dans la mesure usitée par l'employeur représentatif. Mais, dans tout ceci, où est la rente ?

La manière la plus aisée d'aborder la question est de

s'appuyer sur la vieille démonstration de Ricardo. Voici du blé poussé sur une terre qui rapporte, par exemple, 2 £. de rente par acre. Voilà du blé poussé sur une terre qui ne rapporte pas de rente du tout. Et le prix du blé, dans les deux cas, est de 40 sh. par quarter. Nous disons que le prix du blé est déterminé par les frais de production sur la terre qui ne paie pas de rente, et la rente de 2 £. par acre sur l'autre terre provient de ce qu'il coûte moins cher d'y produire le blé. Plus est grande la marge entre le prix et les frais de production, plus la rente est élevée; moindre est la marge, moindre est la rente, celle-ci disparaissant tout à fait si le prix et le coût de production sont identiques.

Suivant cette démonstration, deux choses sont impliquées dans l'existence de la rente : 1° Il doit y avoir une différence dans la qualité des terres cultivées. Cette différence peut résider dans les éléments chimiques du sol, ou dans l'absence d'éléments improductifs, ou dans son exposition, ou dans sa situation en général, mais, quoi qu'il en soit, il doit y avoir une différence des éléments différentiels dans chaque facteur. 2° La demande doit être assez grande pour que les terrains les plus pauvres doivent être utilisés. Maintenant, la force de la démonstration de Ricardo consiste en ce qu'elle s'applique au grain, objet de première nécessité que les gens doivent se procurer à n'importe quel prix ; et que cet objet de première nécessité ne peut être obtenu que sur un facteur qui contient des qualités différentes. Si le grain n'était pas un aliment, la demande qui en serait faite ne devrait pas nécessairement s'accroître et si les facteurs qui doivent le produire étaient des facteurs ordinaires, l'offre des qualités supérieures s'accroîtrait jusqu'à la limite où la demande est satisfaite sans recourir aux qualités inférieures. Si l'on admet ces conditions, la fameuse conclusion s'ensuit. « Le blé n'est pas à haut prix parce qu'on paye une rente, mais une rente est payée parce que le blé est à haut prix..... Le blé qui est produit par la plus grande somme de travail est le régulateur du prix du blé ; et la rente ne peut ni ne doit à aucun degré figurer parmi les éléments du prix. »

On doit, néanmoins, avoir soin que ce principe, dont Ricardo a dit — ce que tous les économistes ont répété — que « bien le comprendre est de la plus haute importance dans la science économique », soit correctement formulé. J'ai vu des étudiants qui, en lisant la proposition que la rente n'entre pas dans le prix, croyaient que le prix ne couvre pas et ne produit pas la rente ; que la rente n'est pas payée sur le prix (1). Evidemment, le propriétaire est payé, non sur une part de la récolte qu'il se réserve, mais sur le prix obtenu pour la totalité du grain vendu par la terre qu'il possède. Le prix peut couvrir ou ne pas couvrir une rente. Les mêmes 40 sh. formant le prix du grain, paient la rente sur une terre et ne laissent rien sur l'autre. La vérité est que, bien que le prix puisse couvrir ou non une rente — produire une rente — le prix n'est pas déterminé par la rente, c'est la rente qui est déterminée par le prix. Ou, en d'autres termes, la rente n'entre pas dans la détermination du prix, mais la force qui élève le prix est la même que celle qui fait la rente.

Mais, aussitôt qu'on a vu clairement que le phénomène de la rente dépendait de ces deux choses, la demande nécessaire et la différence des offres, la vieille théorie a perdu de son importance d'un côté, et gagné de l'autre. On a vu : 1° que bien que les aliments soient

(1) Ce qui embarrasse les étudiants, c'est de dire que la rente « n'entre pas dans le prix et que néanmoins le prix couvre la rente, comme si le prix pouvait donner ce qu'il n'a pas ».

un objet de première nécessité, cette nécessité ne croît pas strictement avec la richesse, mais seulement avec la population. Plus il y a de bouches, plus le besoin d'aliments augmente, mais chacune des bouches n'exige pas plus que les autres — tandis que pour presque toutes les autres formes de la richesse, la demande est illimitée. On a vu : 2° que la terre qui nous est donnée par la nature est un outil de production très différent de la terre d'un peuple civilisé. L'agriculture scientifique, avec ses défrichements, ses manipulations, la variété et la rotation des récoltes, nivelle les différences des terres et rend impossible de prédire d'une façon absolue la fertilité ou la stérilité d'une terre quelconque, ou son rang de 1re, de 2° classe, etc. Et quand la vapeur a commencé à mettre en communication les régions du monde entier, il devint évident que, malgré la limitation de l'aire cultivable du blé, il peut y en avoir assez pour faire face aux besoins limités de l'alimentation de plusieurs générations encore. En conséquence, non seulement la vieille loi a perdu de l'importance quand on dépeignait l'homme comme prisonnier dans une île rocheuse avec une famille affamée croissant en progression géométrique, mais les économistes à courte vue, prenant les accidents de la démonstration de Ricardo pour des caractères essentiels, ont refusé à cette loi la place qu'elle occupait sans contestation.

Néanmoins, la doctrine une fois débarrassée de ces parties accessoires, et la rente restant comme le paiement affecté à un facteur différentiel nécessaire et limité, son application a pu être étendue bien au-delà de l'agriculture. Suivant l'expression de M. le professeur Marshall, la rente est devenue purement et simplement une espèce dans un genre très étendu. Partout où il y a une offre différentielle d'un facteur quelconque et que la demande pour ce facteur ne peut être satisfaite par la portion la plus efficace, il y a paiement de rente. Et l'importance réelle d'une proposition moins connue de Ricardo a été reconnue. « La valeur échangeable de *tous* les produits, disait Ricardo, qu'ils soient manufacturés, ou viennent des mines, ou de la terre, est toujours réglée... par la plus grande quantité de travail nécessairement accordée à leur production par ceux qui continuent à les produire dans les circonstances les plus défavorables, c'est-à-dire dans lesquelles la quantité à produire rend la production nécessaire. »

Nous arrivons ainsi à cette importante modification de tout ce que nous avons dit. Supposons que tous les produits qui forment le Revenu national soient des produits dont le prix est déterminé par le coût de production — des sommes de frais ; tous ces produits sont distribués tant au travail, tant au capital, tant à l'organisation — et tant aux propriétaires du facteur différentiel dont la rémunération est la rente. Pour parler concrètement, supposons que le Revenu national contienne tant de millions de blé à 40 sh. ; il n'y a pas de doute que c'est là un prix coûtant, mais il laisse une somme assez grande distribuable sous forme de rente. C'est le coût « en marge de la culture », comme nous disons. La demande de blé est tant. Les frais de production des meilleures terres — dans ce pays-ci par exemple — sont de tant ; et, suivant les tendances déjà exposées, le prix s'abaissera jusqu'à ce que la demande soit atteinte par ce prix d'offre et ne puisse descendre au-dessous. Mais si, à ce point, on demande encore plus de blé et qu'on ne puisse en tirer, même de ces meilleures terres, sans élever le prix du *quarter*, ce prix doit s'élever jusqu'à couvrir ces frais.

Mais ce n'est pas seulement le prix de ce blé produit le dernier qui s'élève, mais le prix de tout le blé, car il no peut y avoir deux prix sur un marché pour la même qualité de produits et le seul prix possible est le plus haut. Dans ce cas, il y a un surplus qui provient du croît et de la vente d'un peu de ce blé produit en premier lieu — ce surplus, où qu'il aille, c'est la rente. Il peut pour un moment aller au fermier ou même aux laboureurs ; mais, comme dans ce cas il y aura transfert ou une nouvelle offre de travail et de capital à cet emploi plus profitable, le niveau du profit ou du salaire du fermier s'abaissera encore, et, en dernière analyse, la rente ira au propriétaire du facteur dont l'offre ne peut être augmentée — la terre.

Ou prenons un exemple concret du cas le plus difficile, l'usine. Supposons qu'une douzaine d'usines dans une industrie gouvernent le marché par leurs produits et que ces usines soient toutes employées. Supposons que, grâce au temps écoulé, et aux progrès constants de la science qui fait toujours, de la dernière construite, l'usine qui travaille au plus bas prix, il y ait une gradation dans le coût de production entre les usines de A jusqu'à F ; le coût dans l'usine A, la plus ancienne et, présumablement, celle qui dépense le plus de travail, réglera le prix du produit total. Dans cette usine le travail trouvera son salaire, le capital son intérêt, et le paiement de l'organisation sera un simple salaire de surintendance et une prime contre le risque. Mais tout autre usine gagnera un surplus s'élevant de B à F. Si maintenant on établit une autre usine, soit G, il y aura pour un moment une offre surabondante, et ceci abaissera le prix : à ce nouveau prix, A tombera au-dessous de la marge ; il ne paiera plus les salaires ni l'intérêt, et il cessera de fonctionner. Mais le prix sera encore réglé par les frais de production afférant à cette usine qui travaille dans les plus mauvaises conditions — seulement ce métier *marginal* sera maintenant B. Et encore, avec ce nouveau coût de production, C, D, E, F, G, donneront un surplus différentiel ou une rente.

A cette théorie, le professeur Marshall donne une extension bien connue. Il prend le cas d'un stock quelconque de produits dont la demande s'accroît subitement. Si le stock ne peut pas s'augmenter rapidement, le prix monte et le propriétaire du stock reçoit un excédent de même nature que la rente. Si la demande continue et qu'elle fasse appel aux facteurs pour un extra-produit qui n'est pas prêt à paraître, l'excédent peut être transféré, au moins en partie, aux facteurs et ils gagneront une rente. Le professeur Marshall donne à cet excédent le nom de « Quasi Rente », n'entendant pas qu'il est analogue à la rente, mais qu'il constitue une rente temporaire. Car si la demande continue encore, et que l'action des facteurs puisse être augmentée, l'extra-rémunération les fera s'accroître — en les prenant dans d'autres usines ou en employant de nouveau travail, de nouveau capital et, avec le temps, l'excédent disparaîtra. Le prix des produits qui, pour un moment, a été régi surtout par la demande et non par l'offre des facteurs, se réduira jusqu'à ce qu'il retombe à être une somme de prix d'offre et ceci restera le prix vrai, ou le prix normal pendant une longue période. Mais si les facteurs *ne peuvent pas* être accrus, le prix se comporte comme les produits de la terre. Ce sera un prix déterminé par le coût de la portion la plus coûteuse qui puisse arriver à satisfaire encore la demande et, bien que, dans les usines marginales, le prix soit réparti entre les salaires, les intérêts, les profits calculés au prix de revient, le prix réel couvrira une rente dans toutes les usines au-dessus de la marge. Ce ne sera pas un simple coût de production comme les autres.

Ce qui reste à ajouter, c'est que la rente est inévitable.

La rente foncière, comme l'a dit Ricardo, est le résultat de l'avarice de la nature qui ne nous a pas donné une quantité indéfinie de terres de la meilleure qualité, mais si peu de terres et des qualités si mêlées que nous ne pouvons en tirer ce dont nous avons besoin qu'au prix d'une grande dépense de travail et de capital. De même, si un facteur quelconque sur lequel il y a a demande peut être accru à volonté, il n'y a pas de rente. Il n'y a qu'une seule manière, p ar conséquent, de l'éliminer ; c'est de surprendre le secret de la création et de faire chaque facteur de la production à l'image de la machine, qui peut être employée à fabriquer des produits en quantité illimitée, du même modèle, de la même qualité et au même coût (1).

Mais si la rente ne peut être éliminée, il ne s'ensuit pas qu'elle ne puisse pas être détournée. Il est tout à fait possible et logique de soutenir que la rente n'est pas un mal, en tant qu'elle constitue un surplus aux salaires, aux intérêts et aux profits. Le fermier et ses hommes travaillent aussi dur sur les terres qui ne paient pas de rentes que sur celles qui paient 5 livres par acre. Mais ce qu'on doit ajouter en ce qui concerne la rente foncière, c'est que si la possession de ce facteur différentiel n'avait jamais été permise aux particuliers, la rente serait allée à l'État et aurait peut-être été appliquée au paiement d'autres services (2). Au moins, la vie aurait

(1) Le professeur Patten avance que la rente peut être limitée d'une manière absolue en dirigeant la demande sur des récoltes qui épuisent moins le sol et d'une manière relative par des procédés scientifiques (défrichements, rotations de culture) qui feraient disparaître les inégalités.

(2) Ce qu'on oublie quelquefois, c'est que le gain de la nation dans un cas de ce genre n'est pas aussi grand qu'il le paraît au premier abord. Si la terre est enlevée aux propriétaires particuliers, elle cesse d'être imposable. Par contre, le vice ou

été plus facile pour les autres d'entre nous. Mais, tandis que ceci est vrai de la rente foncière, il n'est pas aisé de voir comment les autres formes de la rente pourraient avoir été ainsi détournées.

Si donc la rente est due à une différence dans la qualité des facteurs de l'offre, et si la vraie rente ou la quasi rente dépendent de ce que l'offre est incapable d'augmenter dans une faible mesure, il est évident qu'elle entre plus ou moins dans la rémunération de chaque facteur. Elle rentre dans les salaires : 1° parce que le facteur humain présente naturellement des différences ; 2° parce qu'il faut beaucoup de temps avant qu'une classe particulière de travailleurs puisse être créée, instruite et mise en état d'accroître l'offre. Elle rentre dans le capital, quoique d'une façon moins saillante, partout où une forme concrète a garanti un droit de brevet, un monopole qui empêche son accroissement rapide, quoi qu'ici l'offre puisse venir des facteurs substitués.

Le Revenu national, par conséquent, est une somme de prix calculés à des marges où la rente n'existe pas. Mais ces prix peuvent, — et généralement ils le font — contenir des rentes et servir des rentes de tout genre. Ainsi les prix des produits qui constituent le revenu national se divisent de façon que chacun des facteurs en concurrence obtient le minimum tandis que les autres obtiennent plus que ce minimum.

« l'injustice » — comme certaines gens peu familiarisées avec Platon sont disposées à l'appeler — de la rente est présenté comme si elle consistait à permettre aux propriétaires fonciers de vivre sans travailler — sans contribuer personnellement à la formation du revenu national, ce qui est considéré comme un devoir *in abstracto* et est flétri *in concreto* comme une insulte, quand la rente vient ajouter un autre rival sur un marché souffrant de la « surproduction ». Mais il faudrait prouver que les propriétaires fonciers, en tant que classe, sont plus paresseux que les autres hommes de la classe capitaliste ou de la classe ouvrière ne le seraient à leur place.

CHAPITRE XXVII

REVENUS DES PROFESSIONS LIBÉRALES

Chapitre purement spéculatif. Dans la médecine et le barreau
et les professions connexes les prix sont réglés par une échell°
d'honoraires suivant l'aptitude à payer de l'employeur. Salaires
dans l'enseignement et dans l'Eglise. De ces données, seule.
ment trois conclusions à tirer : 1° le prix d'offre et 2° la rareté
ou le monopole jouent un grand rôle dans ces revenus ; 3° ces
revenus professionnels sont réglés par la concurrence a vec les
revenus industriels.

Jusqu'ici nous n'avons considéré que les revenus
gagnés sous des employeurs. Si le Revenu national se
composait seulement de produits manufacturés, nous
pourrions peut-être arriver à trouver un principe de
rémunération assez défini. Mais les cédules D et E de
l'Income-Tax nous parlent d'autres revenus, dont les
principaux sont les revenus professionnels et ceux distribués par les gouvernements et les munic ipalités. Dans
ce qui va suivre, je me borne à étudier les p remiers. Ici,
cependant, nous entrons dans une sphère rarement
effleurée par les économistes, et je dois me défendre de
faire ici plus qu'une entrée en matière.

En 1863, un Comité élu par la faculté des m édecins et
chirurgiens, la Société médicale et la Société médico-
chirurgicale de Glascow, trouva que « le taux des
charges dans les services professionnels est, dans chaque
localité, fondé sur le revenu professionnel annuel du

patient ou de l'employeur » et, se fondant là-dessus, « partagea la Société en cinq classes », établit une échelle d'honoraires différentiels, indiquant la rémunération à laquelle peut prétendre tout médecin praticien, quels que soient son âge et sa clientèle.

Les cinq classes sont : 1° les revenus excédant 1.000 l.; II, de 500 l., à 1.000 l.; III, de 250 l., à 500 l.; IV, de 100 l., à 250 l.; V, au-dessous de 100 l. Une seule visite entre neuf heures du matin et huit heures du soir aux classes I, II et III coûte au patient une guinée ; à la classe IV, 10 sh., 6 d.; à la IVe, 5 sh., et à la classe V, 2 s., 6 d. « Un petit nombre de visites » sont taxées, respectivement, 10 s., 6 d., 7 sh., 5 sh., 3 sh., 6 d., 2 sh., 6 d. Des « soins prolongés », 7 sh., 5 sh., 3 sh., 6 d., 2 sh., 6 d. Mais avant ou après l'heure usitée, le prix de la visite est augmenté de moitié ; les visites de nuit entre dix heures du soir et sept heures du matin coûtent deux et trois fois plus cher, et, à la campagne, la visite coûte double. On trouvera le tarif dans le pupitre de chaque médecin praticien — bien qu'il ne soit pas affiché sur les murs — et c'est ce tarif qui règle les prix jusqu'à ce jour. Ici *l'employeur*, pour adopter l'expression naïvement admise jusqu'ici, paie *l'employé*, le médecin, pour le service rendu, mais l'honoraire est mesuré au revenu présumé de « l'employeur ».

C'est comme si un employeur ordinaire payait ses ouvriers, non suivant les services qu'ils lui ont rendus, — sous forme de produit ou de coopération à la production ; non pas suivant le prix que doit prendre le service incorporé dans des produits, ni même suivant ce dont les ouvriers ont besoin pour leur subsistance ; mais suivant que l'employeur est supposé avoir de 500 l. à 1.000 l. de revenu annuel. On observera que le même principe est aujourd'hui généralement admis en matière de taxation, notamment pour l'aptitude à payer du contribuable ; c'est ainsi que les taxes municipales pour la distribution de l'eau sont proportionnelles au loyer de la maison, et que le gouvernement adopte une échelle dégressive pour l'income-tax. Mais, pour les médecins, le principe est moins déguisé que dans la taxation. Car, si l'on peut prétendre qu'un homme qui habite une grande maison doit avoir évidemment plus de baignoires et de robinets que celui qui en a une petite, et qu'un homme qui a un revenu de 5.000 l. a plus à protéger qu'un autre avec un revenu de 500 l., il est difficile de soutenir que la vie et la santé d'un riche sont plus précieuses que la vie et la santé d'un pauvre. En fait, il en résulte le principe uniquement adopté dans nos impôts sur les successions, le principe d'une taxation graduée.

Il est difficile de réduire ce revenu spécial à une commune mesure avec le revenu industriel. La relation est renversée ; un grand nombre d'employeurs emploient une seule personne, au lieu d'un patron employant beaucoup d'ouvriers. L'employeur n'est pas un intermédiaire ou l'agent d'un producteur ou d'un consommateur, c'est le consommateur lui-même. Le salaire payé ne dépend pas d'un prix réalisé ; il sort directement de la poche de l'employeur et même il dépend de la profondeur de cette poche. Tous les revenus que nous avons considérés jusqu'ici avaient un point de ressemblance — il y avait un même prix pour le riche et le pauvre sur le même marché pour des produits similaires. Ici, au contraire, le même service se paie différemment d'un employeur à un autre, plus cher pour le riche, moins cher pour le pauvre.

En Écosse, le prix des honoraires des légistes est réglé suivant un tarif établi et approuvé en 1876 par la Society of Writers to Her Majesty's Signet, la Society of Solicitors in the Supreme Cours of Scotland et la Faculty of Procurators in Glascow. Ce tarif contient une liste étudiée des honoraires pour les actes de notaire et les affaires en général, pour les praticiens auprès des Sheriff Courts etc. Dans ces honoraires variés, il n'y a peut-être qu'un principe commun : il s'agit de couvrir les frais auxquels il n'est pas pourvu autrement : une visite d'agent, en ville, c'est 10 sh. l'heure et 5 h. hors de la ville : 5 sh. par jour plus les voyages et les « déboursés raisonnables ».

Il y a lieu, néanmoins, de remarquer que ces honoraires prescrits représentent un tarif maximum (1). Un agent peut demander le maximum à un riche ou à un client occasionnel, mais prendra moins pour les affaires de famille ordinaires et sensiblement moins encore pour un client pauvre. Pour cette raison, les honoraires sont réglés par le même principe que dans la profession médicale. Ils varient avec le revenu de « l'employeur ».

Ce sont là les deux grandes professions dont les revenus pourraient vraisemblablement montrer quelque relation évidente avec les revenus gagnés dans l'industrie, en tant que les services rendus sont vendus individuellement tant par visite, par heure ou par folio. Mais ils ne se distinguent pas seulement par leur méthode de taxation ; ils forment à eux tout seuls presqu'une catégorie. Parmi les peintres, par exemple, le principe est le même : il y a beaucoup d'employeurs pour un ouvrier. Et la mesure du paiement est quelquefois, peut-être, semblable en tant que le contrat — un

---

(1) Une chose à noter pour quelqu'un répandu dans les cercles industriels est que, quoiqu'il y ait tant de différences, il y a peu de tendance à baisser intentionnellement les prix — au moins dans les affaires de famille. L'explication probable est que la raison qui pousse un homme d'affaire à confier ses intérêts à un légiste plutôt qu'à un autre est surtout personnelle.

contrat très aveugle — est conclu, avant peinture, entre l'artiste et son « patron » (ce mot étant le terme suggestif par lequel l'artiste désigne son employeur). Mais la mesure n'est pas applicable quand l'artiste met ses tableaux dans des expositions et chez des marchands et les vend un certain prix à un acheteur quelconque. Pour les écrivains, en revanche, le principe est le même, la mesure du paiement n'est pas différentielle, c'est la mesure commerciale ordinaire.

Les professions théâtrales et musicales, d'autre part, se conforment au type commercial ordinaire. Ici le directeur ou l'*entrepreneur* est simplement un employeur, quoique l'acteur directeur cumule le rôle de directeur avec celui d'ouvrier principal. Comme employeur, il envoie tous les soirs sur le marché les produits de sa troupe. Mais, bien que les loges vaillent une demi-guinée et le parterre une demi-couronne, les prix ne sont pas différentiels. Le directeur vend deux sortes de produits, savoir, des productions artistiques et une place confortable pour les apprécier ; les prix différents sont assimilables aux prix des différentes classes dans un train de chemin de fer.

D'autres professions, en général, sont rémunérées par des appointements fixes. La plus facilement mesurable de toutes est peut-être l'importante fonction d'enseigner. En Ecosse, dans les écoles publiques ou subventionnées par l'Etat, le traitement moyen d'un maître (1896-97) est de 169 l., 15 sh., 5 d. ; d'un maître-adjoint, 103 l., 7 sh., 9 d. ; d'une maîtresse institutrice « principale ou enseignant seule », 77 l., 1 sh., 8 d.; d'une maîtresse adjointe, 64 l., 13 sh., 8 d. 50 °/₀ des maîtres au-dessous de 150 l., 84 °/₀ des maîtresses au dessous de 100 l. Les traitements des deux sexes présentent un mouvement d'ascension constant et considérable depuis 1872, mais il faut noter l'accroissement de la proportion du sexe le moins payé. Par exemple, il y avait, en 1896-97, 54 maîtres de moins qu'en 1889-90, tandis qu'il y avait 160 maîtresses de plus. Actuellement, les professeurs-femmes représentent 56,6 % du corps enseignant contre 50,6 % en 1889-90. Les postes les plus appréciés sont les postes urbains comme Glascow ou Edimbourgh, de 230 l., au minimum et 500 l., au maximum : les moins recherchés sont les postes ruraux au-dessous de 75 l., pour les maîtres principaux, et de 50 l., pour les maîtresses principales.

La seule conclusion que j'incline à tirer de ces chiffres, c'est qu'il n'existe pas une relation bien définie entre le service rendu et le revenu, absolument ou comparativement. Pour un maître principal ou une maîtresse à la campagne avec 50 élèves et garder à eux seuls des enfants de toute catégorie intellectuellement actifs pendant quatre ou cinq heures, leur dispenser une somme, très définie, d'une instruction très définie elle-même, est une tâche utile à la communauté et rude pour le professeur, beaucoup plus rude que celle du maître adjoint urbain qui n'a affaire qu'à une seule catégorie et qui est mieux payé. On peut se demander même si le travail d'un professeur rural, auquel on laisse la direction et beaucoup d'initiative, n'est pas plus pénible que celui d'un maître principal dans une école urbaine élémentaire, depuis que, pour, cette catégorie, l'administration et l'organisation sont entre les mains de l'Education Départementale et des School Boards.

Dans les Universités écossaises, tandis que les traitements des chaires anciennes présentent de très grandes différences, et sont peu en rapport avec le nombre des étudiants, la dernière Commission a posé le principe qu'aucune chaire nouvelle ne serait fondée sans une dota-

tion représentant, avec d'autres fonds, au moins de 500 l.
par an ; et, comme dans d'autres cas, le minimum est
évidemment pour établir un maximum. Mais on peut se
demander s'il y a une conclusion quelconque à tirer des
revenus de cette nature. Les services rendus, les frais
d'éducation et de préparation, l'aptitude requise pourraient
probablement motiver dans l'industrie une rémunération beaucoup plus élevée. Mais l'emploi est assuré *ad
vitam aut culpam* ; la session est très courte (1) ; la position est très honorable, et l'œuvre à faire est ou doit
être entièrement sympathique. Il est incontestable
qu'un traitement pareil attire les candidatures d'hommes
de premier ordre dans toutes les parties du royaume
et même dans toutes les parties de l'Europe si les
étrangers avaient quelques chances d'arriver. Mais
peut-être un traitement moins élevé attirerait-il encore
les mêmes hommes ; et l'on peut se demander si
l'on aurait un personnel supérieur pour un traitement
de 1.000 l.

Dans la Free Church d'Ecosse, de ses 1130 ministres :

44	ont moins de	160	livres par an.		
390	—	180	—		
79	—	200	—		
278	ont entre	200	et	300	} généralement
119	—	300	et	400	} avec des manses.
65		400	et	500	par an.
2	—	500	et	600	—
8	—	600	et	700	—
5	—	700	et	800	—
1	—	800	et	900	—

(1) Le traitement paraît plus élevé qu'il n'est, d'après l'idée
populaire qu' « on est payé pendant un an pour six mois de travail », de même que certaines gens pensent que le prix d'un
livre correspond au temps qu'on a mis à l'écrire. Naturellement,
le professeur doit rentrer dans ce qu'il a dépensé, les six mois

Dans la United Presbyterian Church.

15	ont moins de	160	livres par an	
60	entre	160 et	180	—
103	—	180 et	200	—
147	—	200 et	300	—
52	—	300 et	400	—
22	—	400 et	500	—
27	—	500 et	600	—
3	—	600 et	700	—
2	—	700 et	800	—
1	—	800 et	900	—
1	—	900 et	1000	—

Dans l'Established Church.

187	ont moins de	160	livres par an	
51	entre	160 et	180	—
82	—	180 et	200	—
388	—	200 et	300	—
341	—	300 et	400	—
91	—	400 et	500	—
28	—	500 et	600	—
10	—	600 et	700	—
5	—	700 et	800	—
2	—	800 et	900	—
3	—	900 et	1000	—

Les données qui précèdent, si incomplètes qu'elles soient, semblent conduire à trois conclusions très générales.

1° La première que le prix d'offre se rattache pour une grande partie au revenu professionnel. Quand un garçon a dû être mis à l'école puis au collège, qu'il a été payé de fortes sommes aux corporations pour les examens, les grades, puis aux praticiens, il est inévitable

de loisir sont employés à préparer les six mois d'enseignement. Un professeur n'est pas un réservoir dont on tourne le robinet pendant tant de mois ; s'il en était ainsi, il serait bientôt vidé.

que le prix des services rendus soit dans une certaine proportion avec les frais.

Un étudiant en médecine écossais doit passer cinq ans rien que dans son stage professionnel (et il doit, auparavant, bien entendu, acquérir les bases d'une instruction générale universitaire) ; ordinairement il fait encore pendant un an ou deux un service gratuit dans un hôpital. Pendant tout ce temps il paiera de 18 s. à 24 sh. par semaine pour se loger et se nourrir pendant la session, plus ses habits, son argent de poche, etc. D'après un M. B. C. M. de Glascow, voici le détail des frais *minimum* à payer pour l'éducation médicale seule : Instruction et droits d'examen, 126 £ ; inscription comme praticien, 5 £ ; appareils nécessaires, 6 livres ; livres, 10 £, en tout 147 £ par session.

C'est donc un enseignement remarquablement peu coûteux et les accessoires mentionnés sont des *minima ;* mais l'estimation pour les autres enseignements ne peut tomber au-dessous de 120 livres, tandis qu'il peut s'élever indéfiniment au-dessus. Si, en outre, l'étudiant veut faire partie de collèges plus importants, la charge supplémentaire est assez lourde ; par exemple, l'admission à la Faculté coûte cinquante guinées, au Royal College of Physicians and Surgeons, £ 86 10 s. Les chiffres donnés ci-dessus représentent le tarif le plus faible auquel un étudiant puisse devenir « médecin praticien légalement qualifié et inscrit ». Il est évident que de pareils « frais de production » influent sur le revenu moyen des médecins en Écosse, lequel est d'environ 300 livres par an.

A Glascow un étudiant en droit, après avoir pris ses grades universitaires doit faire un noviciat de trois ans à des appointements de 10 livres, 15 livres, 20 livres ; s'il ne prend pas ses grades, il faut qu'il fasse un stage de 5 ans aux appointements de 10 livres, 15 livres, 20 livres, 25 livres et 30 livres. Après avoir passé son examen de droit, il doit payer à l'*Inland Revenue* un droit de timbre de 55 livres, puis une licence annuelle d'attorney de 6 livres. Il est alors qualifié pour faire la pratique ordinaire. Mais, pour se mettre sur un bon pied dans sa profession, il peut trouver utile de s'adjoindre à l'une ou l'autre des grandes sociétés ou facultés qui prennent un droit d'entrée considérable. La Faculty of Procurators, à Glascow, par exemple, demande cinquante guinées.

Dans les appointements cités plus haut des professeurs du Board School, il serait difficile de découvrir une relation quelconque entre la rémunération et le coût de production. Mais il y a ici une chose qui influe sur l'offre — le *boni* offert aux jeunes maîtres. Les garçons et les filles qui se vouent à l'enseignement reçoivent leur éducation et, généralement, leurs livres gratuitement, et, en outre, touchent des traitements de 8 à 20 £ (filles) et de 10 à 25 £ (garçons), pour un travail qui flatte leur vanité, leur donne une situation supérieure et n'est pas incompatible avec leur éducation. Certes, les candidats ne manquent pas. Mais quand l'élève maître a fini son stage et a passé deux ans de préparation très dure dans les Normal Collèges, il est prêt à déclarer que ces six années représentent plutôt des frais de production élevés par rapport à ce qu'il reçoit. Il est curieux de voir comme tout cela correspond à ce que remarquait Adam Smith à propos de l'Église, il y a plus de cent ans (1).

(1) « On a considéré comme si important qu'un certain nombre de jeunes gens fussent préparés pour certaines professions que quelquefois le public, et parfois la piété des particuliers, ont fondé un grand nombre de pensions, d'examens, de bourses. etc., pour attirer dans ces carrières plus de gens qu'il n'en viendrait

Dans l'une quelconque des trois Églises presbysté-riennes d'Écosse, un étudiant en théologie doit pratique-ment prendre ses grades universitaires, ce qui demande au moins trois ans. Dans les Established and United Presbyterian Churches, le cours de théologie dure trois ans ; dans la Free Church, quatre ans. Les frais de cette éducation sont très peu élevés ; peut-être 5 livres à 10 livres par an suffiraient et il n'y a guère d'*extras*. On peut admettre que ces bas prix se retrouvent dans les faibles appointements de la profession, mais, naturelle-ment, le traitement réel, non évaluable, qui résulte de la situation sociale et de l'attrait de l'œuvre à faire a une très grande importance.

2° Le second point est que l'élément de la rareté ou monopole entre pour une grande part dans ces revenus. Dans la plupart des professions, l'accès est sévèrement limité par les titres exigés du candidat par les corps pu-blics — on ne se fait ni avocat ni médecin quand on est vieux ; et les avances à faire limitent le nombre de ceux qui entrent dans la carrière. Il n'est pas vrai de dire que les professions ont élevé d'elles-mêmes « un obstacle défensif » contre la concurrence, et ont cherché cons-ciemment à maintenir leurs revenus, par la limitation des postulants. Sans doute, les grandes professions sont dirigées par des gens qui en défendent l'entrée, mais ils le font par des moyens très légitimes qui en interdisent

sans cela. Très peu d'ecclésiastiques sont élevés à leurs propres frais. La préparation longue, fastidieuse, coûteuse, pour ceux qui l'ont faite, ne leur procure pas toujours une rémunération con-venable, l'Église étant encombrée de gens qui, pour avoir un emploi, sont prêts à accepter des appointements beaucoup plus faibles que ce qu'une besogne pareille aurait pu leur valoir ; autrement et de cette façon la concurrence du pauvre vient affaiblir la rémunération du riche » (*Wealth of Nations*, bk. I, chap. x, 2e partie).

l'accès aux incapables. Et, bien que le capital de l'étudiant capable lui facilite l'entrée dans une profession, la limitation des candidats ne l'empêchera pas de mourir de faim si, après y être entré, il n'arrive pas à se former une clientèle.

3° Le troisième point est que les revenus professionnels constitués par des traitements ou des honoraires, sont fondés et régis sur et par la concurrence avec le revenu industriel. Cela ne veut pas dire qu'une comparaison directe soit faite entre les services rémunérés par des honoraires professionnels et les autres ; elle se fait entre le total des revenus obtenus de part et d'autre. La tendance à établir l'égalité du salaire net d'industrie à industrie, qui dépend de la mobilité du travail d'industrie à industrie, s'étend des industries aux professions par la mobilité de la jeune génération. Les nouvelles recrues, à la vérité, sont dirigées en grande partie vers les voies professionnelles par des considérations autres que des considérations économiques, mais, sans doute possible, elles font constamment la comparaison entre ce qu'on peut gagner pour vivre dans l'un et l'autre groupe. Nous trouvons dans la coopération une analogie très instructive. Les prix des produits dans les magasins coopératifs sont, on l'avoue, dans les environs des prix des boutiques de détail ; il n'y a pas d'autre moyen de les déterminer ; la coopération est donc fondée sur la concurrence. De même, dans les professions, il semble que nous trouvions que les prix assignés aux facteurs humains de produits immatériels soient fondés sur les prix obtenus par des services similaires et plus mesurables dans l'industrie ordinaire. Si l'on demande pourquoi le revenu d'un médecin monte à 1000 liv., la réponse indiquée est que ses honoraires sont élevés. Mais quand nous considérons les honoraires et que nous demandons pourquoi ils sont élevés, nous éprouvons de la difficulté à répondre quelque chose, si ce n'est que, en comparant le monde industriel au monde professionnel, il faut un certain revenu pour attirer les gens dans cette profession et que ce revenu doit résulter de la demande faite par le public.

Dans quelques professions la comparaison est plus directe. Les services d'un médecin sont comparés à ceux d'un pharmacien et son revenu s'en ressent. Le pharmacien est très souvent le médecin du pauvre ou plutôt celui de la classe moyenne inférieure. Le prix du « conseil » est compris dans le prix de la « fiole ». Des gens même riches n'appellent pas un médecin pour de petites indispositions quand le pharmacien est en état d'indiquer les remèdes ordinairement employés.

Dans le cas d'un dentiste, on m'a dit que l'honoraire est réglé d'abord par l'honoraire médical correspondant et, généralement, varie avec la solvabilité du patient ; mais, dans la profession de dentiste, il entre en jeu le salaire des aides et le matériel. Un dentiste très achalandé a nécessairement un cabinet de travail pour lui ; en fait, c'est un petit employeur se servant d'outils, fabriquant des dents, préparant des tampons, etc.

« Elles s'offrent en nombre quelconque » disait un célèbre dentiste, parlant de ses aides féminins à 5 sh. par semaine pour commencer ; c'est ce qu'elles reçoivent dans le service téléphonique. Je ne leur paie pas cela, bien entendu. Je leur donne 12 sh. par semaine une fois pour toutes ; je ne peux pas faire plus. Et, ajoutait-il par parenthèse et pathétiquement, elles ne valent pas cela. » Il résulte de cet exposé : 1° que le salaire de ces aides est déterminé par comparaison directe avec les salaires de l'industrie ordinaire et que le « prix du coût de produc tion » des services d'un dentiste est déterminé jusqu'à un certain point par des phénomènes industriels ; 2° que ce praticien avait dans la tête une idée de ce qu'il devrait gagner par an, qu'il réglait son prix de demande d'aides et, par là, son revenu, suivant cette idée.

Nous ne devons pas, néanmoins, tomber dans l'erreur de regarder les revenus professionnels comme des « revenus dérivés », comme si le revenu fourni par les produits matériels était le seul réel et si tous les autres n'étaient qu'une taxe établie sur ce revenu même en regardant cette taxe comme inévitable. Les commissaires de l'Income Tax ne taxent pas deux fois la richesse en portant ces revenus dans leurs cédules. Il y a certaines professions qui contribuent à créer la santé, à répandre l'éducation, à rendre efficace le travail des ouvriers, et, dans ce cas, le Revenu national matériel s'accroît de ces services. Il y en a d'autres qui contribuent à la sécurité de la vie et de la propriété, au bien-être en général, a l'efficacité de l'industrie organisée. Par elles aussi le revenu matériel est plus grand qu'il ne le serait sans elles. Il y a d'autres occupations qui produisent directement la richesse mais qui, par erreur, sont considérées comme parasites ; tels les services de ceux qui s'occupent d'art, de littérature, d'amusements, etc... Tant que le public demande et paie ces services, ils contribuent à former le Revenu national aussi directement que le pain et le beurre, et voilà l'avantage de la nomenclature que nous avons adoptée dès le début en disant que le Revenu national est un composé de services incorporés ou non dans des formes matérielles. Du point de vue auquel nous nous sommes placés, la différence est que ces revenus professionnels ne sont pas sujets aux mêmes comparaisons et aux mêmes limitations que les revenus industriels. Les « produits » ne sont pas fabriqués sous des formes semblables par milliers et par millions, mais ce sont, à un haut degré, des produits spéciaux. Ceci rend plus difficile à trouver un principe régissant les revenus de ces producteurs particuliers, mais ne constitue pas une différence *in natura*. Et ce que je crois pouvoir suggérer, c'est qu'à la longue, ces revenus tombent sous la loi économique, grâce à la mobilité de la jeune génération.

Mais, en ce qui concerne l'ensemble du chapitre, je dois répéter qu'il doit être considéré plutôt comme une contribution à des matériaux que d'autres mettront en œuvre, plutôt qu'épuisant le sujet.

CHAPITRE XXVIII

Il est facile de dire que la répartition actuelle est mauvaise tant qu'on n'a pas défini la mesure qu'il faut lui appliquer. Dans l'examen auquel nous nous sommes livrés, il a surgi quelque chose comme une sorte de justice approximative. Dans l'industrie divisée, les facteurs font en dernier ressort appel à la demande, et acceptent le prix comme limite extérieure. Si on nous demande de prouver que ce prix est « équitablement » réparti, tout ce que nous pouvons faire est de montrer à quel point l'arbitraire est éliminé de la répartition. Maintenant, en ce qui concerne le travail, dans les grandes industries enrégimentées, il y a le recours aux industries similaires et cet appel est rendu possible par la mobilité ; ce n'est que dans la mesure où la mobilité est incomplète qu'on ne peut garantir à l'ouvrier le prix qu'il demande. Cette mobilité, en revanche, s'étend à un degré considérable d'occupation à occupation, avec les mêmes résultats. Mais cela ne veut pas dire que la répartition soit « inique » quand il y a une mobilité imparfaite, et quand les ouvriers surabondent dans leur compartiment spécial. En ce qui regarde les employeurs, le paiement arbitraire est éliminé par leur concurrence mutuelle et, en ce qui regarde le capital, par la mobilité excessive de l'offre rapidement croissante. Mais la justice, il faut le rappeler, suppose la propriété privée librement transférable. Dans un système pareil, il doit y avoir une inégalité au point de départ. La protestation là contre provient du droit à la rente qu'entraîne la propriété privée et est corroborée par les possibilités de la rente foncière. Mais elle est affaiblie : 1° par les phénomènes actuels de la rente foncière ; 2° par l'extension de la rente devenant une catégorie économique et 3° par l'abaissement du taux de l'intérêt. Enfin la répartition du revenu en numéraire n'épuise pas les possibilités d'un revenu réel mais indivis.

Dans le premier chapitre de ce second livre on a dit que : l'homme d'Etat ou le publiciste le plus réservé hésite rarement à parler de la « mauvaise, ou même de l'injuste » répartition de la « richesse ». Après ce qui a été exposé dans les chapitres suivants, est-il possible d'acquiescer à cette condamnation ?

Une fois que nous nous sommes imprégnés de l'idée que l'égalité de revenu est l'idéal et que nous acceptons le principe suivant lequel, dans un monde comparativement aussi pauvre, un homme doit payer pour la situation qu'il y occupe et justifier son droit d'y être, il surgit — et c'est assez curieux — quelque chose comme l'apparence d'une justice distributive par à peu près. Au moins, la paresse en est exclue ; la force ou la fraude, la faveur des distributeurs, le patronage, le privilège n'y jouent qu'un rôle très effacé. Dans un certain sens, c'est une répartition suivant le produit et fondée sur les services mutuels. Si nous avions vécu dans le passé et si l'on nous avait parlé d'un pays où les hommes, en général, jouiraient d'un revenu quand ils rendraient des services à la communauté, quelque grossier et incomplet que fût l'étalon servant de mesure à ces services, nous aurions dit : c'est là un heureux pays. Nous aurions peut-être cru avoir affaire à un rêve ; car, même il y a un siècle, les idées des hommes d'Utopia n'étaient guère ambitieuses. Adam Smith, lui-même, ne disait-il pas « qu'espérer que la liberté du commerce puisse ja- « mais s'installer entièrement en Angleterre c'est aussi « absurde que d'espérer qu'Océana et Utopia doivent ja- « mais s'y transporter ».

Néanmoins, nous ne comprendrons et nous n'admet-

trons jamais cela, tant que nous attacherons à l'idée
abstraite qu'un « service » doit être mesuré. Cette mesure, en effet, est une question très difficile. Elle ne
semble aisée que tant que nous ne définissons pas l'unité
dont nous voulons nous servir ; comme, par exemple,
quand nous disons que la répartition est « mauvaise »,
entendant par là qu'elle est inique, injuste, que l'homme
qui peine du matin au soir ne reçoit pas plus de
20 shellings par semaine. Il est aussi difficile, en fait, de
chercher à évaluer le service autrement qu'on ne le fait
généralement en considérant l'effort ou la peine comme
créant un titre à une compensation (ce qui, naturellement, est l'abandon implicite de la véritable idée de
service) et finalement par la théorie de la subsistance
(qui en est l'abandon non dissimulé).

Dans l'industrie divisée, — c'est-à-dire dans l'industrie
où le travail et le capital déploient chacun individuellement leurs efforts en vue d'un revenu croissant — les
facteurs de la production envoient leurs produits sur le
marché et en appellent, en dernier ressort, à la demande.
Ils disent, pratiquement, qu'ils accepteront en paiement
de leurs services la valeur que la demande fixera pour
la valeur de leurs produits. C'est-à-dire qu'ils acceptent
le *prix* comme la limite extérieure de la répartition.
Aucune considération d'effort déployé, de peine endurée,
n'entre en jeu en dehors de cela. Pour mettre la chose
sous une forme concrète, si le total des prix de détail
réalisés par le marché du filé de coton est de dix millions de livres sterling, ces millions représentent la limite
de ce qui *peut* être payé à tous les facteurs qui ont contribué à faire venir ce filé dans les maisons des gens.
Cela étant ainsi, nous sommes amenés à rechercher
comment s'opère la répartition de ce prix entre les coopérateurs. Ici tout ce que nous pouvons faire, pour

établir notre justice par à peu près, c'est de déterminer à quel degré l'arbitraire est éliminé de cette répartition, entendant, par le mot « arbitraire », le partage qui donne aussi bien trop à l'un que trop peu à l'autre ; car il n'y a qu'une somme de produits dans laquelle les revenus en numéraire puissent convertir leurs titres, et donner trop à l'un est nécessairement donner trop peu à l'autre.

Ici nous trouvons que l'ouvrier individuel, et le répartiteur individuel du prix sont isolés, individualisés, chacun parmi beaucoup de gens de leur catégorie. A l'intérieur de chaque grande industrie, en vertu de l'enrégimentation, il y a la mobilité ; et, quant au degré de cette mobilité, il y a le recours du paiement donné par un patron, au paiement des patrons en général. Dans les niveaux usuels du salaire pour les grandes industries exercées par des femmes ainsi que dans le taux normal des industries organisées, nous trouvons la preuve que ce recours est très réel et qu'il force les employeurs à payer comme le ferait un employeur représentatif. Néanmoins, quand il n'y a plus de mobilité, les subdivisions d'une industrie deviennent des compartiments fermés, à l'intérieur desquels le niveau n'est pas tant déterminé par la demande de services faite par les employeurs, que par la subsistance qui, jusqu'à un certain point, empêche la rémunération de tomber plus bas. Mais c'est là seulement où le défaut de mobilité enferme le travail dans des compartiments, qu'on voit se manifester ce qu'on peut appeler le salaire de subsistance. Partout ailleurs, la rémunération a monté avec l'accroissement du Revenu national.

En dehors de cela, quand la mobilité existe d'industrie à industrie, ou d'industrie à profession, on rencontre la même tendance au nivellement — la même élimination de l'arbitraire dans le paiement. Et cette mobilité est considérable même dans cette dernière catégorie ; ce qui le prouve manifestement, c'est que toutes les industries et les professions sont constamment ouvertes aux enfants préparés au travail demandé, — exactement comme, par exemple l'absence ou l'abolition du patronage dans les églises écossaises a ouvert la carrière du ministère ecclésiastique à tous les jeunes gens qui peuvent être instruits à l'école et au collège, et a, notoirement, introduit une mobilité réelle même entre les occupations manuelles et cette profession spéciale.

Ce serait néanmoins aller trop loin que de dire que cette justice approximative disparaît là où la mobilité est imparfaite, de même qu'en sens opposé ce serait aller trop loin que de dire qu'elle existe quand l'action de la Trade-Union vient contrebalancer le défaut de mobilité en maintenant les salaires à l'intérieur d'une surface immobile. Avec la division du travail, la société ne s'engage pas, même implicitement, à garantir que, s'il y a trop d'ouvriers dans une industrie, lesquels refusent ou sont incapables d'en sortir, elle leur donnera le même salaire qu'à ceux qui, sagement, vont où il y a la place nécessaire pour utiliser leurs énergies ; l'abaissement des salaires, dans ce cas, même au-dessous du point de subsistance, n'apparaîtra pas à toute personne versée dans l'économie politique comme un argument décisif contre la répartition actuelle. Partout, depuis que l'homme respire gratuitement l'air qui l'entoure, il s'est familiarisé avec des lieux communs comme « ce qu'il y a de trop d'une chose n'est bon à rien » et il ne saurait lui paraître déraisonnable que tous les facteurs qui créent la richesse reçoivent le même traitement, en ce qui concerne la rétribution, que tous les hommes donnent aux produits terminés que ces facteurs fabriquent.

En ce qui concerne les employeurs, par contre, montrer que le travail a un recours de l'un à l'autre et que les employeurs sont ainsi amenés à payer suivant la capacité de l'employeur représentatif, c'est faire voir dans quelles limites l'arbitraire de leur rémunération est éliminé. Mais, en dehors de cela, ce que la solidarité a fait pour le travail enrégimenté, la concurrence le fait pour la classe des employeurs. La lutte incessante pour trouver et conserver les marchés éloigne l'arbitraire des profits, et tend à les réduire à un niveau qui a peut-être plus de droits au nom de « subsistance d'efficacité » que pour n'importe quel autre facteur.

En ce qui regarde le facteur restant, le capital, l'influence nivelante n'est pas celle de la solidarité, mais de la mobilité pure et simple ; et l'on en voit peut-être les résultats dans le fait qu'il est possible de parler du « taux » de l'intérêt dans un sens qui n'est applicable à aucune autre rémunération. La mobilité ici, néanmoins, a l'effet qu'on devait attendre quand l'offre augmente si rapidement qu'il est difficile de lui trouver un emploi ; c'est-à-dire que la mobilité devient une arme entre les mains des employeurs pour maintenir la rémunération à un certain niveau. Ceux d'entre nous qui ont eu affaire à des établissements de crédit, par exemple, et qui sont familiarisés avec la notification que « M. un Tel annonce qu'il soldera son compte à 3 1/2 % à moins que vous ne le renouveliez à 2 3/4 ou 3 % » peuvent en témoigner. C'est simplement que le capital se presse à la porte de ceux qui veulent faire des placements.

Ainsi, partout, il s'est trouvé que nous avions à faire à des niveaux, non à des paiements individuels. A chaque étape, le soupçon d'arbitraire a été repoussé à l'arrière-plan, et le règne de la loi économique a semblé s'affermir de plus en plus. Nous retrouvons ce fait dan la prétention émise par ceux qui combattent le plus énergiquement la répartition actuelle, les socialistes, à savoir qu'il est hors de la puissance des individus les mieux intentionnés de remédier au mal, même dans les limites restreintes de leur action, et que le système se tient si bien qu'il ne peut être amélioré que par une révolution complète. Mais, au contraire, à mesure que nous avançons dans la connaissance de sa complexité, de sa cohérence, nous sommes tout près de dire, avec Adam Smith, que, dans l'industrie, « l'individu est « conduit, par une main invisible, à réaliser une fin qui « n'était pas dans ses intentions » ; ou tout au moins à répéter en les approuvant les paroles qui suivent : « et ce n'était pas pour la société toujours ce qu'il « y a de pire que ce qui n'était pas dans ses intentions. En poursuivant son propre intérêt, il travaille souvent dans l'intérêt de la société plus efficacement que s'il avait réellement l'intention de lui être utile. Je ne sache pas qu'il y ait eu beaucoup de bien fait par ceux qui affectent de travailler pour le bien public. C'est une affectation, il est vrai, assez rare parmi les commerçants et il n'est pas besoin de beaucoup de paroles pour les en détourner (*Richesse des nations*, l. IV, chap. II).

Il y a, néanmoins, une modification — pour employer un terme sans couleur — qui doit être apportée dans l'établissement de cette justice approximative (1).

(1) Un économiste tiendra naturellement en suspicion cet appel à la justice dans un ouvrage d'économie politique. Cet appel lui suggérera que l'auteur dépasse les limites du domaine de la science économique. Je partage entièrement ce sentiment. Mais on rappellera les paroles de J. St. Mill : tandis que les lois et les conditions de la production de la richesse participent du caractère des vérités physiques, la répartition de cette richesse est une matière d'institution purement humaine ; et, cela étant, l'économiste, en dépit de lui-même, est généralement appelé à

C'est la justice telle que nous la concevons réalisable sous un régime de propriété privée librement transférable. Le paiement suivant le service que nous avons admis comme un équivalent plus ou moins exact au « paiement suivant le mérite » est le paiement des services rendus par les facteurs de la production. Maintenant nous avons vu que le processus industriel s'occupe peu de savoir si ces facteurs sont de la chair et du sang ou de la pierre et du fer, pourvu qu'ils soient en concurrence pour le même travail. Le paiement du travail est peut-être une rémunération proportionnée au mérite ; mais le paiement du capital est la rémunération suivant les mérites d'un facteur qui n'en profite pas, mais la transmet à son propriétaire. Comme principe de répartition, l'idée du mérite personnel doit être abandonnée ; nous ne parlons que du mérite du facteur de production.

Si l'on objecte *in limine* qu'il n'y a pas de justice possible sous le régime de la propriété privée librement transférable, il n'y a plus rien à dire ; nous pourrions cependant, avec quelque droit, demander à voir comment la justice est garantie dans une communauté socialiste, et repousser la réponse ordinaire qui est qu'on aura

exprimer, sur les résultats de la répartition, une opinion qui sous quelque déguisement qu'il la formule, se rapproche beaucoup d'un jugement éthique. Il est certain qu'il n'y a point d'institution humaine qui puisse subsister d'une manière permanente si les gens sont convaincus une bonne fois qu'elle est injuste. En cela, on peut s'abriter sous l'égide d'une autorité dont les arrêts, dans l'éthique et l'économique, commandent le plus profond respect : « les conclusions de la science économique sont toujours supposées, quelle que soit la valeur qu'on leur attribue — s'adapter en dernière analyse aux êtres humains actuels ; et les êtres humains actuels n'admettront pas d'une manière permanente un ordre social que l'opinion morale généralement répandue condamnerait comme injuste. » (*Principles of Political Economy*, Henry Sidgwick, 2ᵉ éd., p. 500).

assez de temps pour s'occuper des détails quand une pareille société deviendra possible. Car la justice, s'il y en a une, est précisément déterminée par ces détails. Mais, en retour, nous pourrons peut-être demander ce qu'on entend par une répartition conforme à la « justice distributive ». Est-ce quelque chose comme une sorte de capitation, qui ne tient pas compte des difficultés naturelles et inévitables de la répartition, ou qui prend la nature et l'homme comme ils sont ?

En supposant même que nous acceptions pleinement l'objection qui veut que le système de la propriété privée librement transférable détruise l'idée du mérite personnel à laquelle la justice est supposée attachée, cela peut nous réconcilier avec l'inévitable, si nous voyons que ce paiement suivant les mérites des facteurs résulte d'un droit qui semble assez innocent, et sans lequel la liberté ne serait qu'une chose limitée, — le droit de chacun à jouir des produits de son propre travail.

Que signifie ce droit ? Probablement le droit de dépenser ce qu'on a gagné ; autrement ce serait quelque chose d'assez vide. Mais on pourrait à peine dire qu'un père serait admis à jouir de ce qu'il a gagné si on l'empêchait d'en jouir en compagnie de sa famille. Et si on ne l'en empêche pas, qu'est-ce que cela, sinon un don qu'il fait à sa famille ? Et si nous admettons ce droit en ce qui concerne la famille, pourquoi pas en ce qui regarde les parents pauvres, et les amis ? Mais si les gens pendant leur vie sont autorisés à donner de leur richesse à d'autres, il n'y a pas de raison pour les empêcher de s'en défaire quand ils ne peuvent plus la tenir ou l'administrer eux-mêmes. En tout cas, la prohibition conduirait à faire ce transfert seulement pendant leur vie.

Mais si nous accordons cette liberté — et elle semble

attachée à l'existence de ce qui est ordinairement considéré comme reliant la société et la rendant possible, de la famille — il en résulte en plein épanouissement le système sous lequel nous vivons, savoir : que quelques hommes commencent la vie avec une propriété foncière, d'autres avec un capital, d'autres avec le travail seulement ; mais si nous sommes disposés à payer à ces derniers des salaires parce que, — et seulement parce que — ce travail produit ce dont nous et les autres avons besoin, comment pourrons-nous tirer une ligne de séparation et dire que, ni la terre ni le capital ne pourront donner lieu à aucun salaire ? Le résultat est le même — le produit. Quelle différence cela peut-il faire que ce soit un facteur humain qui produise pour nous, ou un facteur de boue et d'engrais, ou un facteur de pierre et de fer ? Ce dont nous avons besoin — ce qu'on demande à l'industrie, c'est le produit.

Incontestablement, ce qui donne de la force à l'argument contre la propriété privée, c'est qu'elle entraîne avec elle, non pas tant le gain de l'intérêt que le droit à la rente. La rente avait une importance artificielle, due dans les conditions et dans l'économie politique du passé, à ce qu'elle se limitait au revenu de la terre. Et la rente foncière, à son tour, prenait une importance artificielle empruntée à l'hypothèse facile que la terre, en général, avait passé dans les familles depuis le temps de Guillaume le Conquérant, et que les propriétaires actuels détenaient, sans l'avoir gagné, l'accroissement résultant des siècles. Jusqu'à quel point cette proposition s'accorde-t-elle avec ce fait bien connu qu'une moitié de la terre en Ecosse est à vendre entre les mains d'un seul légiste d'Edimbourg, et que d'immenses étendues partout ne peuvent être ni vendues, ni louées, c'est une question dont on peut laisser l'examen aux économistes encore assez jeunes et inexpérimentés pour s'intéresser à l'école réformatrice de « Morisson's Pill ». (1)

Il suffit de dire ici que la vente et la revente continuelles de la terre, à titre de « placement », en même temps que, le monde entier, rapppoché de ses produits minéraux et alimentaires par les voies rapides et à bon marché, leur envoi de la ville à la campagne par des moteurs peu coûteux, est en train de réduire la terre, dans l'évaluation économique, au rang d'une forme spéciale du capital. En même temps l'acceptation très générale de la thèse du professeur Marshall disant « que la rente foncière n'est pas une chose par elle-même mais une espèce dans un genre plus vaste » et qu'elle doit exister tant qu'il y aura des qualités différentielles dans un agent de production quelconque, le travail compris, nous empêche de regarder la rente en elle-même comme un argument sérieux contre la propriété privée.

L'objection contre le capital, comme donnant à son possesseur un titre dans la répartition à part de la rente, serait beaucoup plus forte, si le capital, en tant que capital, ne donnait à une personne si peu de puissance, à moins d'être lui-même très considérable. La possession d'un capital de 100 livres ne donnera pas même à l'ouvrier plus de 50 sh. par an. Et, par contre, on doit considérer que cette faible rémunération du capital le met à la libre disposition de tout homme qui a un cerveau et sait s'en servir. Le véritable avantage du capital c'est la base initiale qu'il fournit aux enfants de ceux qui l'ont, pour leur donner une éducation et un entraînement, et cet avantage est quelque peu altruistique. Si nous le mettons de côté, la rémunération de chaque

(1) Dans une phrase de Carlyle, les « Morissons's Pills » sont des pilules qui guérissent tous les maux.

100 livres de capital par un revenu annuel de 50 sh. pour le travail qu'il rend possible ne peut passer pour une injustice criante aux yeux de ceux qui le font travailler.

Finalement, on remarquera que ce que nous avons examiné, c'est la répartition du revenu en numéraire et du revenu réel qu'il représente et non du revenu extra décrit dans le chap. xi du livre Ier (Cf. *Studies in Economics*, p. 219). Nous rappelons qu'outre ce qui passe aux différents serviteurs de la communauté, il y a toujours quelque chose qui s'ajoute à la richesse des classes ou à celle de la communauté tout entière, sous forme de confort et de bien-être, dont elle profite, quoique à titre indivis. En reconnaissant ce qu'il y a de bon là-dedans et en approuvant l'accroissement de cette part indivise, nous sommes d'accord avec le socialisme.

Quand on attribue à toutes ces considérations la valeur légitime qui leur revient, il me semble que, étant donné la propriété privée librement transmissible et l'inégalité de la base initiale que donne la possession de deux des facteurs de la production ou d'un facteur différentiel, on peut dire, dans une large mesure, que la répartition actuelle s'opère conformément aux services rendus. Au moins elle présente une justice « approximative » suffisante pour que ceux d'entre nous qui en sentent le plus vivement les imperfections, y regardent à deux fois avant de lui préférer un quelconque des systèmes rivaux qui ont été proposés jusqu'ici.

TABLE DES MATIÈRES

PREMIÈRE PARTIE

Le Revenu national.

DEUXIÈME PARTIE

La Répartition.

Saint-Amand (Cher). — Imprimerie BUSSIÈRE.

BIBLIOTHÈQUE INTERNATIONALE D'ÉCONOMIE POLITIQUE

(SÉRIE IN-8)

COSSA (Luigi), professeur à l'Université de Pavie. — **Histoire des doctrines économiques**, traduit par Alfred Bonnet, avec une préface de A. Deschamps, 1899. 1 volume in-8, avec reliure de la Bibliothèque : 11 fr. Broché. . . . . 10 fr. »»

ASHLEY (W. J.), professeur d'histoire économique à Harvard University. — **Histoire et Doctrines économiques de l'Angleterre**. Tome I. *Le Moyen Age*, traduit par P. Bondois. Tome II. *La Fin du Moyen Age*, traduit par S. Bouyssy, 1900. 2 volumes in-8, avec reliure de la Bibliothèque : 17 fr. Broché . . . . 15 fr. »»

SÉE (H.), professeur d'histoire à l'Université de Rennes. — **Les classes rurales et le régime domanial au moyen-âge en France**, 1901. 1 vol. in-8, avec reliure de la Bibliothèque : 13 fr. Broché. . . . . 12 fr. »»

CAIRNES (J. E.), professeur d'économie politique à l'« University College » de Londres.— **Le caractère et la méthode logique de l'Economie politique**. Traduit sur la 2e édition par G. Valran, docteur ès-lettres. 1 vol. in-8, avec reliure de la Bibliothèque. 6 fr. Broché . . . . 5 fr. »»

CARROLL D. WRIGHT, commissaire du travail des Etats Unis.— **L'Evolution industrielle des Etats-Unis**, traduit par F. Lepelletier, avec une Préface de E. Levasseur, membre de l'Institut, 1901. 1 vol. in-8, avec reliure de la Bibliothèque : 8 fr. Broché. 7 fr. »»

SCHMOLLER. — **Questions fondamentales d'Economie politique et de politique sociale**, 1901. 1 vol. in-8 avec reliure de la Bibliothèque : 8 fr. 50. Broché . . . . 7 fr. 50

SMART (William), professeur à l'Université de Glascow. — **La Répartition du revenu national**, traduit par G. Guéroult, avec une préface de P. Leroy-Beaulieu. 1 vol. in-8, avec reliure de la bibliothèque : 8 fr. Broché . . . . 7 fr. »»

(SÉRIE IN-18)

MENGER (Anton), professeur de droit à l'Université de Vienne. — **Le droit au produit intégral du travail** (essai historique), traduit par Alfred Bonnet, avec une préface de Charles Andler. 1900. 1 vol. in-18, avec reliure de la Bibliothèque : 4 fr. Broché. 3 fr. 50

PATTEN (S. N.), professeur d'économie politique à l'Université de Pensylvanie. — **Les fondements économiques de la protection**, traduit par F. Lepelletier, avec une préface de Paul Cauwès, 1899. 1 volume in-18, avec reliure de la Bibliothèque : 3 fr. Broché . . . . 2 fr. 50

BASTABLE (C. F.), professeur à l'Université de Dublin. — **La théorie du commerce international**, traduit et précédé d'une introduction par Sauvaire-Jourdan, 1900. 1 vol. in-18, avec reliure de la Bibliothèque : 3 fr. 50. Broché . . . . 3 fr. »»

En Préparation

PANTALEONI. — **Principes d'Economie pure**.

MENGER (Karl). — **La Monnaie**.

DENIS (Hector). — **Histoire des systèmes économiques et socialistes au XIXe siècle**.

MARSHALL. — **Principes d'Economie politique**.

WAGNER (Ad.). — **Traité d'Economie politique**.

WAGNER (Ad.). — **Traité de la science des finances**.

SAINT-AMAND, CHER. — IMPRIMERIE BUSSIÈRE

www.ingramcontent.com/pod-product-compliance
Lightning Source LLC
LaVergne TN
LVHW010846060726
842526LV00002B/391